Ekkehard Felder

Einführung in die Varietätenlinguistik

Germanistik kompakt

Ekkehard Felder ist Professor für Germanistische Linguistik an der Universität Heidelberg.

Ekkehard Felder

Einführung in die Varietätenlinguistik

WBG
Wissen *verbindet*

Die Deutsche Nationalbibliothek verzeichnet diese Publikation in der Deutschen
Nationalbibliografie; detaillierte bibliografische Daten sind im Internet über
http://dnb.de abrufbar.

© 2016 by WBG (Wissenschaftliche Buchgesellschaft), Darmstadt
Die Herausgabe dieses Werkes wurde durch
die Vereinsmitglieder der WBG ermöglicht.
Satz: Lichtsatz Michael Glaese GmbH, Hemsbach
Einbandgestaltung: schreiberVIS, Bickenbach
Gedruckt auf säurefreiem und alterungsbeständigem Papier
Printed in Germany

Besuchen Sie uns im Internet: www.wbg-wissenverbindet.de

ISBN 978-3-534-26796-5

Elektronisch sind folgende Ausgaben erhältlich:
eBook (PDF): 978-3-534-74115-1
eBook (epub): 978-3-534-74116-8

Inhaltsverzeichnis

I. Einleitung: Was sind Varietäten?

Überblick

In der Einleitung wird anhand konkreter Beispiele der Gegenstandsbereich der Varietätenlinguistik vorgestellt. Dadurch werden auch die Möglichkeiten aufgezeigt, sprachliche Variation zu beschreiben und zu erfassen (und zwar durch innersprachliche und außersprachliche Bestimmungsmerkmale sprachlicher Variationen). Präsentiert werden zudem eine Definition von „Varietät" und die Beantwortung der Frage, ob „Varietätenlinguistik" und „Soziolinguistik" in der Sprachwissenschaft Synonyme sind.

Mit diesem Definitionswissen über den zentralen Fachausdruck *Varietät* und seiner Verortung innerhalb der sprachwissenschaftlichen Teildisziplinen ist eine erste Orientierung der Varietätenlinguistik bereitgestellt, die es ermöglicht, die erkenntnissteuernden Leitfragen des Vier-Dimensionen-Modells als Kategorisierungsschema zu begreifen, auf dessen Grundlage sprachliche Variation mit linguistischen Kriterien diskutiert und bestimmt werden kann.

1. Variationen im Deutschen

Der germanistische Sprachwissenschaftler Hermann Paul behauptet in seinem berühmten Werk *Prinzipien der Sprachgeschichte*, „innerhalb einer Volksgemeinschaft [werden] so viele Dialekte geredet als redende Individuen vorhanden sind" (Paul 1880/⁶1960: 38). Übertragen bedeutet dies, es gebe so viele deutsche Sprachen wie Einwohner in den deutschsprachigen Ländern. Das ist sicherlich eine zugespitzte Sichtweise. Und wie lässt sich diese Behauptung in umgekehrter Weise betrachten? Es kann wohl niemand behaupten, dass das Deutsche eine einheitliche Sprache ist, die der Flensburger Rechtsanwalt und der Passauer Installateur gleichermaßen gebrauchen ebenso wie Kölner Jugendliche auf dem Schulhof oder eine Gruppe älterer Menschen in einem Dresdner Altenheim. Gleichermaßen dynamisch zeigt sich die Sprache aus historischer Perspektive, wie die Geschichte des Wortes „geil" zeigt, das im Mittelhochdeutschen „kraftvoll; üppig; lustig, fröhlich" bedeutete, im Neuhochdeutschen im Sinne von „geschlechtlich erregt, brünstig" verwendet wurde, bis es jugendsprachlich zu einem Synonym für „großartig, toll" wurde (Das Herkunftswörterbuch 2013). Damit stellt sich eine Grundsatzfrage: Wie einheitlich ist das Deutsche in der Kommunikationspraxis der Menschen, und wie lassen sich die vielfältigen Gebrauchsformen innerhalb des Deutschen plausibel darstellen? Dieser Frage widmete sich schon in den 1970er Jahren

Ein Deutsch, viele *Deutschs

eine Fernsehserie, die in dem Buch von Hermann Bausinger (1972) mit dem sprechenden Titel *Deutsch für Deutsche: Dialekte, Sprachbarrieren, Sondersprachen* dokumentiert ist.

Ausgangspunkt Sprachgebrauch

Vor diesem Hintergrund wird häufig der Sprachgebrauch von sozial, fachlich, regional oder anderweitig abgrenzbaren Gruppen als Dreh- und Angelpunkt herangezogen. Aber gibt es denn so viele deutsche „Sprachen", wie es einschlägige Gruppen gibt – so zum Beispiel die Gruppe der Dialektsprecher (auf die Doppelformen „Sprecherinnen und Sprecher" wird hier aus Gründen der eingängigeren Lesbarkeit verzichtet) oder Sprecher von Jugend- und Seniorengruppierungen? Mit dieser Bandbreite ist die sprachwissenschaftlich und gesellschaftlich bedeutende Frage verbunden, welche sprachlichen Variationen sich in ein Bündel oder Set von Variationen zusammenpacken und als eine in sich relativ „abgeschlossene Sprache" (Sprache in der Sprache) bezeichnen lassen.

Funktionalistische Sprachauffassung

Die diesem Buch zugrundeliegende Sprachauffassung ist eine funktionalistische, das heißt: Sprache wird als ein System von zweckdienlichen Äußerungsmitteln aufgefasst (Daneš 2005: 39). Auf dieser Grundlage vertrat der Prager Linguist Vilém Mathesius (1961/1975) die Annahme, dass mit Blick auf die Sprachgemeinschaft und ihre Mitglieder das sprachliche „System als eine Gesamtheit von Möglichkeiten erscheint", die den unterschiedlich sprachkompetenten Mitgliedern einer Sprachgemeinschaft „in gegebener Zeit und an gegebenem Ort für die Kommunikation durch Rede zur Verfügung steht" (abhängig von ihren Sprachkompetenzen) und „die wir aus ihren Realisationen in einzelnen Redeakten erkennen" (Daneš 2005: 39f.). Ein Ausgangspunkt beim Beschreiben und Erfassen von Sprachvariation ist demnach die virtuelle Gesamtgrammatik (Steger 1988: 304) einer Sprachgemeinschaft. Steger geht von einer „Gesamtsprache als Thesaurus [sprachliche Schatzkammer/Anm. E.F.] einer Sprachbevölkerung" (Steger 1988: 311) aus. Damit ist gemeint, dass jede Sprachausformung vor der Erklärungsfolie einer „ganzen" Sprache (mit einer virtuellen Gesamtgrammatik als Gesamtsystem) dargestellt werden kann (Steger 1988: 304).

Eigenschaften von Sprachen

Für die Beschäftigung mit sprachlicher Variation sind die folgenden Eigenschaften von Sprache zentral, die Daneš wie folgt prägnant zusammenfasst:

Zitat

„1. Sie ist nicht statisch, sondern befindet sich dauernd im Wandel und ihr System hat offene Grenzen.
2. Ihre Struktur besitzt einen nicht idealen Charakter: Sie ist weder ganz regulär, noch ganz chaotisch [...].
3. Sie ist nicht monolithisch, sondern in hohem Maße heterogen (in vielerlei Hinsicht), und es ist eben diese Heterogenität, die für das Konzept der Varietät wesentlich ist." (Daneš 2005: 40)

Vor diesem Hintergrund spezifischer Sprachausprägungen und ihrer kategoriengeleiteten Erklärung sind **Varietäten** zu sehen. Sie sind (im Gesamtorganismus Sprache systemisch wirkende) Subsprachen mit regional (z.B. *Semmeln*), fachlich (z.B. *Klemmmuffe*) oder sozial (z.B. *gehst du Bus?*) bestimmbaren Sprachvarianten, die von zusammengehörenden Akteuren oder Gruppen verwendet werden (spezifische Sprachgebrauchsformen).

Stichwort

Varietät

Eine Varietät ist eine Sprache in der Sprache oder eine strukturell abgrenzbare Subsprache (Teilsprache) innerhalb einer Gesamtsprache. Varietäten sind Subsysteme in einem sprachlichen Gesamtsystem. Aus dem Gesamtsystem wählen Sprecher nach bestimmten Prinzipien einzelne Komponenten aus. Diesen Vorgang will die Varietätenlinguistik in Anbetracht der systematisch geordneten Heterogenität einer natürlichen Sprache mit Hilfe von Modellen erklären. Ein System wird also als eine Gesamtheit von Möglichkeiten verstanden – genauer von sprachlichen Handlungsmöglichkeiten. Varietäten als linguistische Subsysteme definieren wir als spezifische, systematisch vorkommende Sprachvarianten (Sprachgebrauchsformen), die sich durch signifikante und mehrfach auftretende Merkmale in Texten, Gesprächen oder multimedialen Einheiten auszeichnen (spezifische Kombination von Varianten in typologisierten Text- und Gesprächsexemplaren). Diese Merkmalbündel von Sprachvarianten erscheinen im Kontrast zu anderen systematisch auftretenden Variantenrealisierungen (z.B. zum Standard) als markiert und rechtfertigen die Varietätenabgrenzung.

Die markierten Differenzierungsmerkmale lassen sich in zwei Gruppen einteilen: in innersprachliche und in außersprachliche. Innersprachliche Merkmale einer Varietät zeichnen sich durch charakteristische Spezifika auf phonetisch-phonologischer, graphematischer, morphologischer, lexikalischer, syntaktischer und textueller Ebene aus. Sprachexterne Merkmale sind zur Erklärung von markierten Sprachphänomenen im Wesentlichen durch die Bestimmungsfaktoren des Arealen (z.B. die räumlich begrenzte Verbreitung von *heben* im Sinne von ›halten‹), des Sozialen (z.B. *chillen* als jugendsprachlicher Ausdruck) und des Fachlich-Funktionalen (z.B. die Verwendung des Fachworts *Angiographie*) bestimmt. Beide Merkmalsebenen sind auch unter diachronen oder synchronen Gesichtspunkten zu betrachten ebenso wie im Hinblick auf die Medialitätstypik *geschrieben – gesprochen – multimedial*.

Eine Varietät ist also eine Subsprache einer Gesamtsprache. Innerhalb der idealisierten Vorstellung einer Gesamtsprache Deutsch werden das Deutsche in Deutschland, Österreich, Liechtenstein, Luxemburg und der Schweiz unterschieden (Kellermeier-Rehbein 2014) und als nationale Amtssprachen (Ammon 2015: 206) bzw. Varietäten bezeichnet (zur Problematik der Bezeichnung „nationale Varietäten" siehe Dürscheid/Elspaß 2015: 564). Realisierungen nationaler Varianten finden sich auf allen Ebenen des Sprachsystems. So ist z.B. das in Österreich übliche Lexem *Wissenschafter* in Deutschland als *Wissen-*

Nationale Varietäten

schaftler verbreitet und das in Deutschland übliche Graphem ⟨ß⟩ wird in der Schweiz als ⟨ss⟩ realisiert. Wir haben es also im Gesamtsystem mit einer Variablen zu tun, die mit verschiedenen Varianten gefüllt werden kann. Ob Varietäten grundsätzlich auf der *langue*- oder der *parole*-Ebene anzusiedeln sind, muss Gegenstand der weiteren Feinbestimmung im Hauptteil dieses Buches sein. Die deutsche Sprache ist demnach kein homogenes Gebilde, sondern wir haben es mit „Sprachen in der Sprache" (Varietäten) zu tun – also mit der systematisch „geordneten Heterogenität" (Weinreich/Labov/Herzog 1968, zitiert nach Gilles/Scharloth/Ziegler 2010: 4) einer natürlichen Sprache.

Variation – Variante – Variable – Varietät

Beiläufig sind in den bisherigen Ausführungen die folgenden Ausdrücke gefallen, die der Abgrenzung bedürfen: *Variation, Variante, Variable, Varietät* (und in Form des Kompositums mit dem Bestimmungswort *Sprach-*). Der Ausdruck *Variation* fungiert als unspezifischer Oberbegriff und verweist auf „lat. *variāre* ‚(sich) verändern, mannigfaltig machen' zu lat. varius ‚mannigfaltig, bunt, abwechselnd, verschiedenartig'" (Sinner 2014: 25). Sinner präzisiert die restlichen Ausdrücke wie folgt:

> „*Variante* wird für die einzelsprachliche Einheit und *Varietät* für das System verwendet. Sprachliche Variablen können (wie die aus der Mathematik bekannten Variablen x, y, z usw.) unterschiedliche Werte annehmen: die sprachlichen Varianten." (Sinner 2014: 25)

Varianten sind also Realisierungsmöglichkeiten oder Realisierungsoptionen von Variablen. Szmrecsanyi verweist bei der sprachlichen Variablen darauf hin, dass sie „verschiedene sprachliche Ausdrucksformen" annehmen kann, welche die gleiche „sprachliche Funktion ausdrücken können" (Szmrecsanyi 2013: 261). Varietät hingegen bezeichnet eine Menge von Varianten, die in Bezug auf Variablen einen Wert angenommen haben – und zwar in signifikanter, die Variantenhäufung charakterisierender Art und Weise. Varietät kann man in diesem Sinne als spezifische Konstellation von Variablen-Varianten-Kombinationen auffassen. Der Varietätenbegriff ist vor allem ein heuristisches Hilfsmittel zur Kategorisierung von sprachlichen Erscheinungsformen, wie wir in Kapitel VI noch zeigen werden.

Komplementär zu der oben gegebenen Definition von Varietät sei noch der Soziolinguist Dittmar erwähnt, der metaphorisch sehr anschaulich von einem Varietätenraum spricht. Er versteht Varietäten als

Zitat

„Menge sprachlicher Strukturen (Phonologie, Morphologie, Syntax, Semantik, Lexikon, Pragmatik) […], die relativ zu außersprachlichen Faktoren (z.B. Alter, Geschlecht, Gruppe, Region, historische Periode, […] etc.) in einem Varietätenraum geordnet sind." (Dittmar 1997: 177)

2. Varietätenlinguistisch relevante Phänomene

Auf Grundlage der soeben vorgestellten Definitionen gilt es zunächst darzulegen, welche sprachlichen Phänomene für eine sprachwissenschaftliche Beschreibung im Rahmen der Varietätenlinguistik überhaupt von Interesse sein können. Dafür ist es erforderlich, auf alle sprachwissenschaftlichen Beschreibungsebenen zu blicken – d.h. Phonetik/Phonologie (zusammen mit der Prosodie) und Graphematik, Morphologie (mitsamt der Wortbildung), Lexik (einschließlich Phraseologismen), Syntax und Text. Die Pragmatik (= Lehre vom sprachlichen Handeln) ist eine übergeordnete, alles umfassende und querliegende Ebene, sie situiert die Kommunikation in Kontexten, und sie bezieht beispielsweise das Welt- und Sprachwissen von Gruppen sowie para- und nonverbale Zeichen mit ein. Diese linguistischen oder sprachwissenschaftlichen Beschreibungsebenen bieten einen Orientierungsrahmen für die auffälligen Variationen, die in der Varietätenlinguistik behandelt werden. Die Ausdrücke *Sprachwissenschaft* und *Linguistik* werden im Folgenden synonym verwendet, ohne konnotativ einen Unterschied anzudeuten. Die Semantik als die grundlegende Dimension jeder linguistischen Beschreibung, die sich mit der Bedeutung sprachlicher Zeichen und Zeichenfolgen beschäftigt, ist allen Ebenen immanent.

Linguistische Einteilung

Im Folgenden werden exemplarisch einige Variationen präsentiert, die schon dem Sprache beobachtenden Laien auffallen. Diese Beispiele sollen zeigen, wie Variationen unterschiedlichen Ebenen zugeordnet werden können, um sie anschließend im Lichte einschlägiger Beschreibungsparameter zu erläutern. Die hier erwähnen Beispiele sind zum Teil empirische Belege, zum Teil aber auch konstruiert, weil mit ihnen weniger etwas belegt als vielmehr das Verständnis erleichtert werden soll. Wenn man das Wort *Variation* verwendet oder behauptet, das Phänomen x variiere, dann muss es ein y geben, in dessen Kontrast x erst als Variation erkennbar wird. Betrachten wir daher ein paar wenige ausgewählte Beispiele auf verschiedenen sprachwissenschaftlichen Ebenen und versuchen wir diese im Hinblick auf ihre Charakteristika näher zu beschreiben. Denn genau dies tun Varietätenlinguisten. In den folgenden Kapiteln dieses Buches werden diese Beschreibungskriterien und Kategorisierungsversuche ausführlich erklärt.

Variation nur im Kontrast

Relevante Phänomene auf der Wortebene

Beginnen wir mit der Wortebene. Das Kompositum *Subsidiaritätsprinzip* ist ein Kompositum, das für Nicht-Experten sehr fachsprachlich anmutet. Das Wort *Schokoladeneis* erinnert prototypisch an eine alltagssprachliche Sprechsituation (wenn man nicht gerade bei der Lebensmittelüberwachung arbeitet). *Schienenersatzverkehr* ist hingegen eines, das man aus dem Alltag kennt, das

Wort

aber sehr institutionell klingt. Vermutlich versteht man es gar nicht, wenn man eine entsprechende Situation (der Zug fällt aus, die Fahrgäste müssen zur Weiterfahrt in Busse umsteigen) nicht schon einmal erlebt hat. Wir haben also intuitiv schon einmal drei Kategorien identifiziert, die zur Bestimmung von sprachlichen Erscheinungsformen wichtig sein können: Fachsprache – Alltagssprache – Institutionensprache.

Relevante Phänomene auf der Satzebene

Satz, funktionale Einheit

Schauen wir uns die folgenden Äußerungen an: Die Mitteilung *bin ich grad am überlege* weist typische Merkmale gesprochener Sprache auf: Auf syntaktischer Ebene ist zuerst einmal die Prädikat-Subjekt-Anordnung auffällig. Und in der Tat handelt es sich hierbei um die Äußerung eines Mitarbeiters in einer sozialen Einrichtung bei einer Besprechung. Kenner regionaler Sprachgepflogenheiten fällt vielleicht die Verlaufsform auf, die mitunter als „rheinisches Gerundium" bezeichnet wird (der fachwissenschaftliche Terminus lautet „Progressiv"). Die Darstellung des Schwa-Lautes [ə] durch ⟨-e⟩ anstelle von ⟨-en⟩ und die Kleinschreibung des substantivierten Verbs „überlege" deutet schon darauf hin, dass es sich um ein Transkript zur Darstellung gesprochener Sprache und nicht um einen schriftsprachlichen Text handelt (das Beispiel ist dem *Forschungs- und Lehrkorpus Gesprochenes Deutsch* (FOLK) entnommen).

Oder nehmen wir die erzürnte Antwort eines Automobilmitarbeiters während eines Warnstreiks, als dieser auf die Frage eines Journalisten, was er von dem aktuellen Tarifangebot seines Arbeitgebers halte, antwortet: *mit 2,1 abspeise – des is ä hamma is des* (Tagesschau 29.04.2016). Die Äußerung ist nicht nur aufgrund der markanten Realisierung des Schwa-Lauts [ə] in „abspeiße" und des Schwa-Lauts [ɐ] in „hamma" charakteristisch für gesprochene Sprache, sondern auch wegen des Drehsatzes (der Apokoinu-Konstruktion) mit der Satzteil wiederholenden und spiegelbildlichen Struktur (die Sequenz *ä hamma* wird doppelt genutzt; für den Satz *des is ä hamma* und den Satz *ä hamma is des*). Wir haben also intuitiv weitere einschlägige Merkmale identifiziert: Mundart/Dialekt (wir verwenden beide Wörter synonym) versus Hoch-/Standardsprache, grammatische Richtigkeit versus situative Angemessenheit, gesprochene versus geschriebene Sprache.

Relevante Phänomene auf der Textebene

Text

„Sitzen ein alter Bayer mit landestypischer Tracht und ein junger Preuße mit Anzug und Krawatte im Zugabteil. Schaut der Bayer unentwegt auf sein Smartphone und liest dem Berliner in bemühtem Hochdeutsch vor: …" Diese aneinandergereihten Sätze können wir als einen Textanfang etikettieren. Warum eigentlich? Zum einen erinnert die Satzfolge an eine bestimmte Form von Texten (Textsorten), nämlich an einen Witz. Schon der Eröffnungssatz ist derart spezifisch und wirkt auf uns auffällig (markiert), so dass wir die Textsorte unmittelbar identifizieren. Im weiteren Textverlauf weiß man spätestens nach der Pointe, dass es sich um einen Witz handelt – oder falls die Art des Witzes dem eigenen Humor nicht entsprechen sollte – um einen Witz handeln soll. Wir halten also fest: Selbst wenn der Text die erwünschte Wirkung (den perlokutionären Effekt) nicht erzielt, wird er dennoch als Witz erkannt. Das spricht für sprachliche Besonderheiten auf der Textebene. Folgende weitere Kategorien sind damit für unsere varietätenlinguistischen Einordnungsversuche von Bedeutung: Textsortencharakteristika, Gruppenzugehörigkeit versus Gruppenabgrenzungsbedürfnis als soziokulturelle Stereotype der Textsorte Witz, Identität, Herkunft, Erwartungshaltung usw.

3. Ordnungs- und Beschreibungskriterien

Die soeben dargelegten Beispiele sollen zeigen, dass es im Deutschen viele verschiedene sprachliche Erscheinungsformen gibt, die uns Sprachbeobachtern und an Sprache Interessierten intuitiv und ohne jeden Zweifel als auffällig oder – in linguistischer Sprechweise – als markiert erscheinen und die sich grundständig und charakteristisch von anderen Erscheinungsformen unterscheiden. Es stellt sich daher die grundsätzliche Frage, anhand welcher Kriterien diese sprachlichen Erscheinungsformen präzise erfasst und voneinander abgegrenzt werden können. Welche Sprachformen gehören in eine Kategorie, welche in eine andere? Auf Grund welcher Kriterien werden diese Einteilungen vorgenommen, und wie lassen sich wiederum diese Kriterien bestimmen und erklären?

Kategorienbildung

Betrachtet man die bisher erwähnten Kriterien, so scheint es zwei verschiedene Typen zu geben: Zum einen sind dies Kriterien, die im engeren Sinne zum Sprachsystem gehören (innersprachliche Merkmale der linguistischen Beschreibungsebenen von der kleinsten Einheit, dem Laut, bis zum Text) (Daneš 2005: 42); und zum anderen handelt es sich um Kriterien, die außersprachlicher Natur (Daneš 2005: 43) sind (z. B. areale Herkunft, Alter, Geschlecht, Akteursinteressen, soziale Rollen usw.) und die die Auswahl bestimmter Formulierungen (Sprachproduktion) und ihr Verstehen (Sprachrezeption) stark beeinflussen (außersprachliche Merkmale).

Typen von Merkmalen

Alle sprachlichen Erscheinungsformen, die von Laien als intuitiv zusammengehörend wahrgenommen werden und die von Linguisten systematisch mit Hilfe nachvollziehbarer Kriterien in Kategorien eingeteilt werden, zeichnen sich also einerseits durch sprachinterne Merkmale aus und lassen sich durch sprachexterne Faktoren näher bestimmen. Die dafür zuständige Teildisziplin firmiert unter zwei Bezeichnungen – nämlich unter *Varietätenlinguistik*

Soziolinguistik

und *Soziolinguistik*. Der varietätenlinguistische Blickwinkel fokussiert zunächst die innersprachlichen Merkmale auf phonetisch-phonologischer, morphologischer, lexikalischer, syntaktischer und textueller Ebene und setzt diese in einen Erklärungszusammenhang mit außersprachlichen Faktoren wie beispielsweise

- Individuum in Bezug auf (virtuellen) Raum, Zeit und Ort;
- soziale Gruppierung im Hinblick auf Alter, Geschlecht, Identität, Milieu, Lebensstil, Herkunft, Sozialprestige und Gruppenzugehörigkeits- und Gruppenabgrenzungsbedürfnis;
- Situation, was den Grad der Öffentlichkeit, Hierarchie und soziale Rollen, Akteure und ihre Interessen, Erwartungshaltungen, Kontextinterpretationen, Loyalität gegenüber Normen anbelangt.

Der soziolinguistische Zugang setzt meist bei eben diesen außersprachlichen Faktoren an und verknüpft sie mit konkreten Phänomenen (Varianten) sprachlicher Erscheinungsformen innerhalb des grammatischen Gesamtsystems. **Soziolinguistik** (siehe dazu auch die Einführungen von Löffler [5]2016, Veith [2]2005) **und Varietätenlinguistik** (vgl. die Einführung von Sinner 2014) lassen sich demnach als zwei Seiten einer Medaille versinnbildlichen.

Stichwort

Varietätenlinguistik und Soziolinguistik

Varietätenlinguistik und Soziolinguistik sind keine Synonyme, sondern stehen für zwei ähnliche – wenn auch unterschiedliche – Herangehensweisen an sprachlich markierte Phänomene: Die Varietätenlinguistik betrachtet das zu analysierende Phänomen aus dem Blickwinkel der systemlinguistischen Ordnung und korreliert die Auffälligkeiten mit sprachexternen – zumeist sozialen, arealen oder fach-/sachbezogenen – Faktoren. Die Soziolinguistik fokussiert bei der Analyse des Phänomens zunächst soziale oder andere sprachexterne Faktoren und spiegelt diese mit den systemlinguistischen Ordnungsschemata. Es liegt damit ein ähnliches Erkenntnisinteresse vor, wenngleich auch zwei unterschiedliche Ausgangspunkte eingenommen und Analyserichtungen vorgenommen werden.

Sprachsystem und Gebrauch

Beschäftigt sich also die Soziolinguistik mit dem Sprachgebrauch unter besonderer Berücksichtigung sozialer Faktoren und die Varietätenlinguistik mit Sprache und ihrem Gebrauch unter besonderer Berücksichtigung ihrer systematischen Geordnetheit, so steht die eingeschlagene Herangehensweise, die von konkreten zu bestimmenden sprachlichen Phänomenen ausgeht, vor einem Erläuterungsproblem: Wie lassen sich unter Variationsgesichtspunkten auffällige Sprachphänomene im Spannungsfeld von System und Gebrauch vor dem Hintergrund spezifischer Situationen (Kontextkonstellationen) erklären? Hinweise auf das Sprachsystem finden wir kodifiziert in Wörterbüchern,

Grammatiken und wissenschaftlichen Darstellungen. Beispiele für einen nicht-kodifizierten Gebrauch kommen in verbreiteten Variationen vor, die nicht unbedingt systemkonform sind (z. B. die Verwendung eines „Sternchens", fachsprachlich Asterisk, im Wortinnern wie z. B. in *Politiker*innen*). Es ist also in Bezug auf konkrete Kommunikationssituationen zu fragen, welche Faktoren in bestimmten Sprachhandlungsprozessen eine Rolle spielen

Ordnungsschema zur Bestimmung von Varietäten oder die Suche nach Prinzipien

Der Untersuchungsgegenstand der Variationen erscheint auf den ersten Blick ungeordnet, wenngleich auch irgendwie regelhaft. Die Aufgabe der Varietätenlinguistik besteht nun darin, die vielfältigen Phänomene verstehbar zu machen, indem sie ein plausibles System an Erklärungs- und Beschreibungszusammenhängen für vorkommende Variationen formuliert. Dazu müssen die zu erklärenden Variationen in Zusammenhang gebracht werden mit Faktoren (= Bedingungen innerhalb und außerhalb des Sprachsystems), die ihr Vorkommen bestimmen können. Gelingt es der Varietätenlinguistik, die vorkommenden Variationen in einen immer wieder vorkommenden und eine Regelhaftigkeit offenbarenden Erklärungszusammenhang zu stellen (wie zum Beispiel dem Umstand, dass bestimmte verwendete Ausdrücke mit der Herkunft der Sprecher aus einer bestimmten Region oder ihrem Alter zu tun haben könnten), dann hat sie ein Prinzip entdeckt, welches die Fülle immer wieder auftretender Variationen zu erklären vermag. Als Beobachter kann ich nun der Fülle der vorkommenden Phänomene ein Prinzip an die Seite stellen, so dass ich von der „Sprachwirklichkeit" (Löffler [5]2016: 79) der konkreten Sprachvariationen auf eine abstraktere Ebene komme, die im Rahmen eines Theoriegebäudes die in der Praxis vorkommende Variationen systematisch beschreiben kann. Das ist der große und praktische Nutzen von Theorien: Man verliert sich nicht in der Fülle der Einzelwahrnehmungen, sondern kann durch übergeordnete Prinzipien ein Ordnungsschema formulieren, welches beim Erkennen der komplexen Sprachwirklichkeit hilft.

Ordnungsversuch

In den folgenden Ausführungen wird vor diesem Hintergrund ein Vier-Dimensionen-Modell als Kategorisierungsschema vorgestellt, das sprachliche Erscheinungsformen verschiedener Provenienz präziser bestimmen kann. Das Vier-Dimensionen-Modell bietet einen Orientierungsrahmen und versteht sich als ein integratives Beschreibungsmodell, das neben den sprachwissenschaftlichen Ebenen auch soziologische Kriterien berücksichtigt. Es greift die gängigen, aber uneinheitlich gebrauchten Bezeichnungen und Gewichtungen der Varietätenlinguistik auf, die von Flydal (1952), Coseriu (1970, 1988), Klein (1974), Nabrings (1981), Steger (1988) und Löffler [5]2016 in die Diskussion eingebracht wurden und

Vier-Dimensionen-Modell

Zitat

„die als […] Determinanten der sprachlichen Variation gelten können […].
(i) die kommunikative Reichweite (diatopische Dimension)
(ii) die soziale Gruppe der Sprechenden (diastratische Dimension)
(iii) die kommunikative Funktion (diasituative Dimension)
(iv) der historische Zeitpunkt (diachronische Dimension)."

(Becker/Hundt 1998: 124)

Im Folgenden wird leicht modifiziert und unter expliziter Bezugnahme auf die oben erwähnte Forschungsliteratur von vier Dimensionen ausgegangen:

- der Ausdrucksformen (die geographisch und/oder sozial bestimmt sein können),
- der Zweckspezifik des Inhalts (die von der kommunikativen Funktion geprägt ist),
- der Realisierungsarten des Mündlichen und/oder Schriftlichen (Medialität) und
- der historischen Zeitstufen und diachroner Entwicklungen

Damit übernimmt das hier vorgestellte Modell die zentralen Komponenten der gängigen Erklärungsansätze, spitzt sie aber im Hinblick auf die Dimensionen spezifisch zu – und zwar mit dem Ziel, dass dadurch das Verständnis varietätenlinguistischer Beschreibungs- und Erklärungsbemühungen erleichtert wird. Unterschiede zeigen sich nur in zwei Punkten: Die diastratische Dimension wird im Vier-Dimensionen-Modell in den Ausdrucksformen berücksichtigt (siehe dazu die Aufspaltung der Ausdrucksdimensionen in *sozial-räumlich* und *gruppenhaft* in Kapitel IV). Und der diamediale Faktor der Mündlichkeit und Schriftlichkeit wird hier als ein eigener Variationsfaktor stark gemacht.

Die Kommunikationssituation der zu untersuchenden sprachlichen Erscheinungsformen ist in der varietätenlinguistischen Betrachtung von besonderer Bedeutung. Sie steht gleichsam im Zentrum der Analyse. Dazu werden an alle zu analysierenden Phänomene bzw. sprachlichen Erscheinungsformen vier Fragen gerichtet, welche die zentralen Aspekte der Varietätenbestimmung darstellen:

1. Dimension: Ausdruckssystem

Wer versteht und verwendet die untersuchten Ausdrucksformen, wie weit ist also die Reichweite (Geltungsradius) z. B. der Ausdrücke *Semmeln, chillen, Klemmmuffe*? Oder anders ausgedrückt: Durch welche Faktoren (z. B. Areal-, Sozial- oder Fachspezifik) ist die Verstehbarkeit und Verwendbarkeit begrenzt? Diese Frage betrifft die kommunikative Reichweite der Ausdrücke und charakterisiert das Ausdruckssystem.

2. Dimension: Inhaltssystem

Wie sind die Semantik (also die Bedeutung von Wort, Satz und Text) und das Inhaltssystem zu kennzeichnen? Wo ist die Semantik der Erscheinungsformen bzw. die Fachlichkeit in einer durchlaufenden Skala von *fachlich* bis *alltagsweltlich (= nicht fachlich)* zu verorten? Wie lassen sich verschiedene Teilbedeutungen bzw. Fachlichkeitsaspekte wie z. B. beim Fachwort *anbluten* bei Farbechtheitsprüfungen von Textilien dingfest machen, während Laien nur unscharfe Bedeutungsaspekte wie z. B. ›Farbänderung bestimmen‹ oder ›Farbe wäscht sich aus‹ damit verbinden? Der Skala *fachlich* bis *alltagsweltlich* liegt ein kontinuierlich gedachtes Spektrum zugrunde – und zwar von hoher Fachlichkeit oder Expertentum (Fachkommunikation zwischen Experten z. B. Korrespondenz zweier Rechtsanwälte) über einen mittleren Fachlichkeitsgrad zwecks Vermittlung fachlicher Inhalte (Kommunikation zwischen Experten und relativen Laien z. B. Arzt-Patienten-Gespräch) bis zu einem geringen Fachlichkeitsgrad alltagsweltlicher Interaktionen mit geringen Verstehenshindernissen oder -beschränkungen (also Kommunikation zwischen Menschen, die für die Bewältigung dieser Interaktion kein oder kaum Fachwissen benötigen z. B. Small-Talk zwischen Nachbarn). Dieser Aspekt betrifft die kommunikative Funktion, genauer die Funktionsreichweite der Wortinhalte und charakterisiert das semantische Inhaltssystem.

3. Dimension: Medium und Medialität

Ist die sprachliche Oberfläche eher durch Konventionen und Regeln des Geschriebenen oder des Gesprochenen charakterisiert, oder handelt es sich um eine multimediale Mischform (Text, Bild, Film, Audioaufnahmen, Grafik, Ikon usw.), wie sie für elektronische Geräte der digitalen Kommunikation einschlägig ist? Diese Frage beschäftigt sich mit den Eigenschaften des Mediums (*Medium* im Sinne von ›Mittel‹), also mit der Medialität der verwendeten Zeichen.

4. Dimension: Diachrone Entwicklung und synchrone Einordnung

Welcher der historischen Zeitstufen (Alt-, Mittel-, Frühneuhochdeutsch, Neuhochdeutsch, Spätneuhochdeutsch) lässt sich die Interaktion zuordnen, und welche feineren historischen Bestimmungsfaktoren können benannt werden? Diese Frage erfasst die jeweilige Zeitstufe oder Sprachentwicklungen vom Alt- bis zum Neuhochdeutschen (z. B. *bruoh, bruoch, bruch, Hose*) und charakterisiert die zeithistorischen Einflussfaktoren.

Bezeichnung von
Varietäten

Mit der Einordnung der sprachlichen Erscheinungsform geht auch die Vergabe einer Bezeichnung einher, die man der analysierten Varietät verleiht. Folgende prototypische Exempel seien dabei zur Illustrierung angeführt: Ein Alltagsgespräch in Mundart (Beispiel 1), ein Fachbuch für Fachleute im Bereich Steuerrecht (Beispiel 2) und eine multimediale Infotainment-Show im Küstenmuseum einer ostfriesischen Insel (mit den Themen Geomorphologie der südlichen Nordsee, Warftenkultur, Sturmfluten/Deichbau/Küstenschutz, Inselgeschichte, Seebädergeschichte, Schifffahrt/Seezeichen, Fischerei, Seenot/ Strandung/Rettung sowie Erdöl- und Gasgewinnung in der Nordsee), das sich in leicht regionaler Sprachfärbung (Hundt 1992 spricht von „dialektal gefärbter Standardsprache") an alle deutschsprachigen Touristen der ostfriesischen Ferieninsel richtet (Beispiel 3). Damit sei hier nur die Art und Weise angedeutet, wie Varietäten bezeichnet werden können (im weiteren Buch wird dies ausführlich erklärt).

Tabelle: Beispiele
für die Varietäten-
Benennung

Bezeichnungs-muster:	Attribut 1	Attribut 2	Substantiv	Attribut 3 (postnominal)
Beispiel 1:	Gesprochene	dialektale	Alltagssprache	des Nhd.
Beispiel 2:	Geschriebene	standardlektale	Fachsprache	des Nhd.
Beispiel 3:	Multimediale	regiolektale	Vermittlungssprache	des Nhd.
Bezug zum Vier-Dimensionen-Modell	3. Dimension: Welches Medium?	1. Dimension: Wie weit reichen die Ausdrücke?	2. Dimension: Welche Semantik ist relevant?	4. Dimension: Welche historische Zeitstufe?
Bezeichnungs-möglichkeiten des Modells	Geschriebene/ Gesprochene/ multimediale	standardlektale/ regiolektale/ dialektale	Fachsprache/ Vermittlungs-/ Alltagssprache	des Ahd./ Mhd./ Fnhd./ Nhd.

Soziale
Differenzierung

Diese vier Beschreibungsdimensionen mit differenzierteren Kriterien werden im Folgenden zur Erklärung und Bestimmung von Varianten und Varietäten herangezogen. Man muss sich dabei immer im Klaren sein, dass die linguistische Differenzierung der Einzelsprache eng verknüpft ist mit der sozialen Differenzierung der Gesellschaft und der in ihr üblichen (privaten, offiziellen, öffentlichen, virtuellen usw.) Situationskontexte. Dies ist der Hintergrund für den abstrakt anmutenden Gedanken, dass wir Menschen als sprechende Akteure in der Kommunikation sozio-kulturelle Praktiken vollziehen, die wir zuvor in ähnlicher Form erlebt haben. Bevor die Verschränkung von linguistischer und sozialer Differenzierung in einer Sprachkultur genauer erklärt wird, gilt es im folgenden Kapitel, die Relevanz zentraler Fachtermini (Schlüsselwörter der Varietätenlinguistik) zu erläutern. Dabei ist zu bedenken: Varietätenlinguistik reagiert auf sprachliche Heterogenität mit erklärenden Homogenitätsannahmen. Varietätenlinguistische Modelle wollen die sprachliche Vielfalt geordnet darstellen und interne Relationen und Wechselwirkungen aufzeigen. ∎

1. Grenzen Sie die Ausdrücke *Variation*, *Variante*, *Variable* und *Varietät* voneinander ab.

2. Wie kann man sich das Verhältnis von Gesamtsprache zu Subsprachen vorstellen?

3. Beschreiben Sie den kleinen Unterschied zwischen Varietäten- und Soziolinguistik.

4. Welche vier Dimensionen sind für die Beschreibung systematisch vorkommender Merkmalbündel von Sprachvarianten (= Varietäten) zu unterscheiden?

Kommentierte Literatur

Szmrecsanyi, Benedict (2013): Variation und Wandel. In: Auer, Peter (Hg.): Sprachwissenschaft. Grammatik – Interaktion – Kognition. Stuttgart: Metzler, S. 261–284. Der Beitrag von Benedict Szmrecsanyi gibt einen prägnanten sprachvergleichenden Einblick in die Sozio- und Varietätenlinguistik und zeigt damit die Relevanz des Themas in verschiedenen Sprachen.

Lehmann, Christian: „Wissenschaft – Science", online erreichbar unter http://www.christianlehmann.eu/ling/variation/index.html. Christian Lehmann fasst auf seiner Online-Plattform zentrale Aspekte auf verständliche Weise zusammen.

Riecke, Jörg (2016): Geschichte der deutschen Sprache. Eine Einführung. Stuttgart: Reclam. Jörg Riecke bietet eine erzählende Sprachgeschichte.

II. Schlüsselwörter der Varietätenlinguistik

Überblick

Nachdem in der Einleitung das Phänomen der Sprachvariation an einigen Beispielen umrissen und die Möglichkeiten der Einordnung skizziert wurden, wird in diesem Kapitel der Gegenstandsbereich strukturiert und übersichtlich geordnet. Die Zusammenstellung der varietätenlinguistischen Schlüsselwörter dienen dem folgenden Zweck: Lassen sich die zu untersuchenden Phänomene (also die vielfältigen Formen der Sprachvariation) über ihre Beschreibung auf den Begriff bringen, so kann eine Theorie vorgestellt werden, mit deren Hilfe wir eine komplexe Wirklichkeit präziser erfassen und verstehen können. Die Sicherheit im Umgang mit den Fachausdrücken ist Grundlage für die Fähigkeit, die Vielgestaltigkeit der deutschen Sprache mit klaren und nachvollziehbaren Kategorien zu charakterisieren. Diese Kompetenz ist insbesondere für den Schulunterricht unabdingbar, wenn die Vielgestaltigkeit der deutschen Sprache behandelt wird. Am Ende des Kapitels werden die wichtigsten Termini in ihren Erklärungszusammenhängen anhand eines terminologischen Schaubilds präsentiert.

1. Innere Mehrsprachigkeit und Standardsprache

Ausformungen von Sprache

In diesem Kapitel werden zentrale Termini der Varietätenlinguistik vorgestellt und erklärt, die zum Verstehen des varietätenlinguistischen Gesamtzusammenhangs (wie er in den weiteren Kapiteln entfaltet wird) grundlegend sind. Die Darlegung der einschlägigen Termini bedient sich der folgenden Idee: Ich nehme einen fiktiven und idealtypisch skizzierten Lebenslauf eines Menschen von der Geburt bis ins Erwachsenenalter zum Anlass, um davon ausgehend prinzipiell denkbare Begegnungen eines Individuums mit verschiedenen Sprachgebrauchsformen der Muttersprache (also Varietäten) prototypisch nachzuzeichnen und zu charakterisieren (vgl. zum Spracherwerb als dem Erlangen von Varietätenkompetenz Klein 1974: 16). Diese Figur meiner fiktiven Sprachbiographie nenne ich Lilo Lingue. Die Beschreibung und Erfassung von Sprachgebrauchsformen, die in den vielfältigen Lebenszusammenhängen eines Menschen eine Rolle spielen können, basieren auf Unterscheidungen, die in Fachtermini gefasst werden können und dessen Beherrschung die genaue Charakterisierung aller vorkommenden sprachlichen Erscheinungsformen ermöglicht.

Nonverbale Kommunikation und die Wahrnehmung der Muttersprache

Beginnen wir den fiktiven Lebenslauf von Lilo Lingue unmittelbar nach der Geburt. Zunächst erfährt ein Säugling seine Umwelt durch vielfältigen körperlichen Kontakt, der flankiert ist von Sinneswahrnehmungen wie Lauten, Geräuschen und Gerüchen. In diesem Zusammenhang gehören natürlich auch schon die Schallkontinua natürlicher Sprachen, die in der Umgebung des Kindes vorkommen. Denn die wahrnehmbare Sprache ist aus physikalischer Sicht in Schallwellen messbar, die kontinuierlich von unserem Gehör aufgenommen werden. In der weiteren Sozialisation ist neben dem Verbalen auch Gestik, Mimik und Habitus von ausschlaggebender Bedeutung. Dieser Gedanke findet sich verdichtet in dem kommunikationstheoretisch und -praktisch viel diskutierten Phänomen der Körpersprache (Scherer/Wallbott 1984), die in besonderem Maße durch kulturspezifische Einflüsse geprägt ist. Offensichtlich ist auch der Umstand, dass die Körpersprache bei der Rezeption sprachlicher Äußerungen mitentscheidend ist und letztlich die Wirkung einer Person und ihrer Sprachhandlungen auf den Gesprächspartner prägen. | Körpersprache

In der Kinderkrippe oder im Kindergarten – so setzen wir den fiktiven Lauf der einsprachig erzogenen Lilo fort – ist das Kind spätestens fähig, Sprachbewusstheit zu entwickeln, die das Kind zwischen ihm vertrauten Lauten und ungewohnten Schallkontinua differenzieren lässt (diese Fähigkeit auf Lautebene bildet sich schon bei unter Einjährigen sukzessive aus). Dadurch entsteht ein Bewusstsein für die eigene Sprache, die – trotz regionaler Eigenheiten – doch im Großen und Ganzen verstehbar ist und damit einen Referenzpunkt in der Sprachenvielfalt darstellt. Die Muttersprache lässt sich in frühkindlichen Entwicklungsstadien von Fremdsprachen dadurch abgrenzen, dass die Kommunikation (obgleich es im Duktus und Habitus der Sprecher wie eine Sprache wirkt) nicht verstanden wird. Damit wird im kognitiven Wissens- und Erfahrungsschatz von Lilo Lingue die Skala *verstehbar versus nicht verstehbar* als ein zentrales Merkmal menschlicher Kommunikation aufgespannt. Das Etikett *verstehbar* wird der Muttersprache zugeordnet, das Label *nicht verstehbar* der Fremdsprache. | Mutter- und Fremdsprache

Das Kind begegnet in dieser Lebensphase vermutlich auch Menschen, die aus anderen Regionen desselben Sprachengroßgebiets (nationale Varietät) kommen und deren Sprache zum Teil verständlich ist (norddeutsche Grußformel *Moin* oder der mundartliche Werbeslogan *Ik snack platt! Du ok?*), zum Teil aber auch unverständlich ist (das niederdeutsche Wort *Plattdütsk* oder der niederdeutshe Ausspruch *gah mi af* für ›Lass mich in Ruhe‹). Diese Erfahrung lässt sich sprachwissenschaftlich beschreiben als die Konfrontation mit (bisher nicht bekannten) Ausschnitten des gesamten Varietätenspektrums einer Sprache. Besonders eindrücklich sind dabei im Alltag vorkommende Benennungsunterschiede auf Wortebene (vgl. dazu exemplarisch die Karte 19 in Band 1 | Sprache und Areal des *Wortatlas der deutschen Umgangssprache* von Eichhoff 1997–2000 mit are-alspezifischen Benennungen für ›Fleischer‹ mit den Ausdrücken *Fleischer, Schlachter, Schlächter, Metzger, Fleischhauer, Fleischhacker*). Dittmar definiert Sprache aus diesem Grund als eine

> **Zitat**
>
> „Menge von ‚Varietäten‘, (= verschiedene Sprachgebrauchssysteme) [...], deren Eigenschaften in einem mehrdimensionalen Raum – Beispiele als Schnittpunkte historischer, regionaler, sozialer oder situativer Koordinaten – festgelegt sind. Die Beschreibung eines Varietätenraums ist wesentlich an die Beobachtung sprachlichen Verhaltens und sprachlicher Regelhaftigkeit gebunden." (Dittmar 1997: 175)

Sprache und Gruppe

Der areale Bestimmungsfaktor wird im Erfahrungszusammenhang der sprachlichen Sozialisation für die meisten Mitglieder einer Sprachgemeinschaft intuitiv zu *der* basalen Erklärungsvariablen, wenn es um die Beschreibung und Erfassung ausdrucksseitiger Sprachauffälligkeiten geht – hier also der regionalen oder dialektalen Ausprägung. Aber auch der soziale Bestimmungsfaktor ist für jeden sprachsensiblen Laien unmittelbar einsichtig, sobald man selbst die spezifische Redeweise einer Gruppe hautnah erfährt und gleichzeitig ein Gespür für die Bedeutung von Variantenrealisierungen als Identitätsmarker entwickelt (z. B. eine Gruppe begeisterter Kartenspieler, die beim Spielen leidenschaftlich viel sprechen und sich über die spielbegleitenden Sprüche mindestens genauso erfreuen wie über das Spiel selbst). Daraus lässt sich folgern: Das Erleben von und das Bewusstsein für verschiedene Ausformungen einer zusammengehörenden und einheitlich wahrgenommenen Sprache erklärt die Redeweise von den „Sprachen in der Sprache". Ammon (1995) weist in diesem Zusammenhang trotz unserer Wahrnehmungssensibilität für die sprachlichen Spezifika zu Recht darauf hin, dass Varietäten einer Sprache mehr Konstanten – also konstante, nicht variierende Einheiten – als Varianten aufweisen. Dem schließt sich Berruto an:

> **Zitat**
>
> „Schließlich darf nicht übersehen werden, dass in einer Sprache nicht alles variabel ist, sondern es einen stattlichen invariablen Kern des Systems gibt, und folglich alle Varietäten ein und derselben Sprache einen nicht geringen gemeinsamen Teil (common core) haben." (Berruto 2004: 189)

Innere – äußere Mehrsprachigkeit

Unsere Protagonistin Lilo Lingue kann wie viele Kinder gegebenenfalls auch mitbekommen, wie die eigenen Eltern beispielsweise am Telefon ein professionelles Gespräch mit einer Kollegin oder einem Kollegen führen. Nach Beendigung des Telefonats bedienen sich die Eltern im familiären Gespräch der Alltagssprache. In diesem Szenario lassen wir noch die Großmutter anrufen, die mit den Eltern Mundart spricht und damit eine weitere Sprachgebrauchsform unmittelbar in Erscheinung und ins Bewusstsein des Kindes treten lässt. Damit wird Kindern wie Lilo das Code-Switching, also der Wechsel zwischen verschiedenen Varietäten in Abhängigkeit der jeweiligen Situation vorgelebt. Von innerer Mehrsprachigkeit spricht man also, wenn Sprecher innerhalb einer Muttersprache zum Wechsel zwischen verschiedenen Varietäten in der Lage sind (Wandruszka 1979). Damit ist auch die Abgrenzung zur Bilingualität offensichtlich, bei der zwei vollständig ausgebaute Kultursprachen (wie z. B. Italienisch, Französisch) auf jeweils muttersprachlichem Niveau beherrscht werden. In diesem Fall spricht man von äußerer Mehrsprachigkeit, die sich dadurch auszeichnet, dass der Abstand zwischen den Sprachsystemen deutlich größer ist als bei der Diglossie (intralinguale Zweisprachigkeit, z. B. die Beherrschung einer Mundart und dem Standard). Herkömmlich denkt man bei dem Wort *Mehrsprachigkeit* zuerst an die äußere (schließlich ist diese auch ein ganz zentraler Baustein im schulischen Curriculum, wie gegebenenfalls unsere Protagonisten Lilo Lingue bei der Wahl der Fremdsprachenkombination erlebt). Erst Wandruszka (1979) hat die Übertragung hin zur inneren *Mehrsprachigkeit* prominent gemacht.

Die Hoch- und Standardsprache als zu erlernende Sprache

Spätestens mit Schuleintritt wird bei Kindern das Bewusstsein für die Standard- oder Hochsprache geschaffen, denn die Beherrschung des kodifizierten Standards gilt als ein wichtiges Ziel aller sprachdidaktischen Bemühungen beim Schreiben- und Lesen-Lernen. *Hochsprache* und *Standardsprache* werden hier synonym verwendet. In der Vergangenheit wurde mit dem Terminus *Hochsprache* mitunter die Vorstellung assoziiert, er impliziere eine Wertigkeit verschiedener Varietäten dergestalt, dass der Standardsprache näherstehende Sprachgebrauchsformen „höher" einzustufen seien als alltagsweltliche Varietäten wie Dialekte oder im Freizeitbereich angesiedelte Sondersprachen (z. B. die Sprache der Hobbysegelflieger). Der Grund lag darin, dass durch die bewusste Kultivierung einer Standardvarietät (z. B. in Schule, Hochschule oder anderen Ausbildungseinrichtungen) dieser Existenzform ein besonderer Entwicklungsstatus zugesprochen wurde im Vergleich zu den institutionell weniger gesteuerten Sprachgebrauchsformen wie z. B. Dialekten oder Soziolekten. Vor diesem Hintergrund konnte seit den 1970er Jahren der linguistische Fachausdruck *Standardsprache* reüssieren, weil er auf Grund des deskriptiven Anspruchs der Sprachwissenschaft weit entfernt von der Bewertung einzelner Sprachgebrauchsformen zu sein schien und sich ausschließlich auf die deskriptive plausible Beschreibung und Erfassung konzentrierte. Heute können beide Ausdrücke als nahezu gleichbedeutend angesehen werden, die eben angedeuteten Konnotationen spielen nur noch am Rande eine Rolle.

Während die Schutzbedürftigkeit von Minderheitensprachen (vgl. die *Europäische Charta der Regional- oder Minderheitensprachen* aus den 1990er Jahren) als allgemein anerkannt gilt (so zum Beispiel der Schutz von Dänisch in

Standardsprache, Hochsprache

Schutzbedürftigkeit von Sprachen

Schleswig-Holstein oder die Regionalsprache Niederdeutsch in Bremen, Hamburg, Mecklenburg-Vorpommern, Niedersachsen und Schleswig-Holstein und eingeschränkt auch in Brandenburg, Nordrhein-Westfalen und Sachsen-Anhalt), mehrten sich mit der Jahrtausendwende die Stimmen, die viele europäische nationale Hochsprachen in die Obhut nehmen möchten, da vielerorts in Europa Auflösungserscheinungen des sprachlichen Standards beobachtet werden (Radtke 1997, Mattheier 1997, Ehlich/Ossner/Stammerjohann (Hg.) 2001, Trabant 2014 und zum germanistischen Forschungsstand Ammon 2015). Manche Skeptiker prophezeiten am Ende des 20. Jahrhunderts eine Zweisprachigkeit aus Dialekt und Englisch unter Vernachlässigung der jeweiligen Hochsprache. Im Kontext dieser provokativen Vision haben prominente Sprachwissenschaftler in den „Homburger Empfehlungen zur Förderung der europäischen Hochsprachen" (publiziert in Ehlich/Ossner/Stammerjohann (Hg.) 2001: 387-389) die Förderung, Weiterentwicklung und Pflege von Hochsprachen gefordert. In diesem Zusammenhang wird der Ausdruck *Hochsprache* in bewusster Abgrenzung zum deskriptiven Ausdruck *Standardsprache* mit sprachpolitischem Duktus verwendet. In Deutschland gibt es immer wieder eine Debatte darüber, ob der deutschen Sprache im Grundgesetz Verfassungsrang zugebilligt werden soll, was bisher aber nicht geschah. Die Wirkung solcher Maßnahmen ist höchst umstritten (Limbach 2008: 375). In Frankreich gab es dahingegen in den 1990er Jahren entsprechende Gesetze, welche die jeweilige nationale Hochsprache als schützenswert ausweisen. Welche konkreten Veränderungen es in der deutschen Sprache gibt und dass diese keinen Verfall der deutschen Sprache erkennen lassen, zeigt der Sammelband „Reichtum und Armut der deutschen Sprache: Erster Bericht zur Lage der deutschen Sprache" (Herausgegeben von der Deutschen Akademie für Sprache und Dichtung und der Union der Deutschen Akademien der Wissenschaften 2013).

Standardvarietät   Der Ausdruck *Standardvarietät* ist aus sprachwissenschaftlicher Sicht der adäquateste Ausdruck, wenn es um die Erfassung einer real vorkommenden sprachlichen Erscheinungsform gehen soll, die den festgelegten (kodifizierten) Normen des korrekten mündlichen und schriftlichen Gebrauchs entspricht. Denn der Ausdruck *Standardvarietät* meint im Zusammenhang der Bestimmung verschiedener standardnaher und standardferner Varietäten nur eine - aus dem virtuellen Gesamtsystem ausgewählte - Ausprägung, die unter das Dach der „ganzen" Sprache gestellt werden kann. So hat die deutsche Sprache als plurizentrische Sprache verschiedene nationale Standardvarietäten (Barbour/Stevenson 1998, Kellermeier-Rehbein 2014, Ammon 1995). In diesem Zusammenhang einschlägig ist das internationale Projekt „Variantengrammatik des Standarddeutschen", in welchem „die nationalen und regionalen Unterschiede in der Grammatik der deutschen Standardsprache systematisch im Rahmen eines grenzüberschreitenden Projekts erforscht" (http://www.varian tengrammatik.net/) werden (Dürscheid/Elspaß 2015).

Kategorisiert man eine konkrete Sprachgebrauchsform als ein Beispiel der Standardvarietät, so betrachtet man vorrangig die äußere Gestalt der Sprache oder die Sprachoberfläche. Mit dem Wort *Sprachoberfläche* klammert man bewusst inhaltliche oder semantische Aspekte aus und fokussiert ausschließlich die wortbezogene (Rechtschreibung, Aussprache) und grammatisch kodifizierte Sprachrichtigkeit. **Standardvarietät** kann als eine Realisierung der Norm innerhalb des Systems der deutschen Sprache aufgefasst werden oder „als Gesamtheit derjenigen kollektiven Realisierungen des Sprachsystems, die durch eine Standardnorm geprägt sind" (Mattheier 1997: 2). Standardnorm fasst Mattheier als „Wissen um die Gesamtheit derjenigen kollektiven Realisierungsmöglichkeiten eines Sprachsystems, das von einer bestimmten Gesellschaftsformation als erwünscht, richtig bzw. vorbildlich aufgefasst wird" (Mattheier 1997: 2).

Wissen um
Möglichkeiten

Stichwort

Standardvarietät

Sprachliche Erscheinungsformen der Standardvarietät sind weder regional noch sozial markierte Ausprägungen einer Gesamtsprache, deren Sprachoberfläche den kodifizierten Regeln akzeptierter Grammatiken und Wörterbücher entspricht und die den sprachlichen Erwartungshaltungen von kompetenten Sprechern und Schreibern einer Gesellschaft genügen. Die Standardvarietät hat sich in der Sprachgemeinschaft über Jahrhunderte historisch zum Zweck der Kommunikation mit größtmöglicher Reichweite innerhalb einer nationalen Varietät herausgebildet, basiert wesentlich auf dem Prestige der Literatur („schöngeistiges Schrifttum") sowie einer areal unmarkierten Aussprachenorm und stellt im Unterschied zu Dialekten und Regiolekten mit ihrer lokal und regional begrenzten Identitätswirkung für die gesamte Gesellschaft (Sprachbevölkerung) einen Identifikationsfaktor dar (zumindest im Kontakt mit Menschen anderer Kultursprachen) und wird durch staatlich legitimierte Institutionen gefördert.

In Abgrenzung zum Terminus *Standardvarietät* bezeichnet die Sprachwissenschaft die Vielzahl der nicht standardnahen Sprachgebrauchsformen bzw. Ausprägungen als *Substandardvarietäten*. Diese als nicht standardkonform wahrgenommenen Varietäten sind herkömmlich durch den sozialen (z.B. Soziolekte) oder arealen (z.B. Regiolekte) Bestimmungsfaktor markiert. Das Präfix *Sub-* in dem Fachterminus *Substandardvarietäten* ist rein deskriptiv und in keiner Weise abwertend gemeint. Aus linguistischer Sicht erfahren alle Varietäten die gleiche Wertschätzung und fordern Sprachwissenschaftler heraus, sie für sich genommen und in Relation zu anderen Varietäten zu charakterisieren.

Standard wird hier sowohl auf die geschriebene als auch auf die gesprochene Sprache bezogen. Für den geschriebenen Standard ist dabei zu berücksichtigen, dass diese Realisierungsform „im allgemeinen nicht mit der Muttermilch, sondern in einem jahrelangen, explizit gesteuerten Prozess als Sprache der Distanz erworben" (Eisenberg 2007: 226) wird. Auf die Frage, wo man konkrete Textbeispiele für Standardsprache findet, wird häufig auf den „Gebrauchsstandard" (Ammon 1995) in Form von Pressetexten verwiesen, da dort Standard im Großen und Ganzen regelhaft und mit der Kodifikation übereinstimmend vorkommt, wenngleich auch nicht ausnahmslos (Dürscheid/Elspaß 2015: 563).

2. Mündlichkeit, Schriftlichkeit, Multimedialität

Telekommunikations-
geräte

Betrachten wir im Folgenden – um den fiktiven Lebenslauf von Lilo Lingue nach Schuleintritt fortzusetzen – die Interaktionsformen zwischen Schülern und Jugendlichen, die mittels elektronischer Telekommunikationsgeräte stattfinden. Die dort vorkommenden Erscheinungsformen graphischer, visueller, auditiver und symbolischer Zeichen erkennen wir als Kommunikationseinheiten, weil mit ihnen etwas bei einem Rezipienten bewirkt oder bezweckt werden soll (z. B. *gute n8* für ›Gute Nacht‹ oder die ikonische Darstellung für eine Kaffeetasse c(_) oder die animierte Darstellung eines pulsierenden Herzens). Daher fallen diese Einheiten in den Bereich der Kommunikation.

> **Zitat**
>
> „Die technischen Entwicklungen der letzten Jahrzehnte brachten Formen der Kommunikation hervor, wie sie die Kommunikationsgeschichte bisher nicht kannte. Der Computer als Kommunikationsmedium ermöglicht eine Kombination unterschiedlicher, bisher nur getrennt voneinander verfügbarer Übertragungskanäle (Ton, Bild, Schrift) und somit eine Zusammenführung kommunikativer Rahmenbedingungen, wie sie von keinem anderen der bisher bekannten Medien in dieser Form geboten werden. Computervermittelte Kommunikation nimmt in Folge dessen in mehrerlei Hinsicht eine Sonderstellung innerhalb der Vielzahl möglicher Kommunikationsformen ein. Der Versuch einer adäquaten Beschreibung und Einordnung derselben führt an die Grenzen der Leistungsfähigkeit bestehender begrifflicher Kategorisierungen. Bewährte linguistische und kommunikationswissenschaftliche Kategorien wie Mündlichkeit/Schriftlichkeit, monologisch/dialogisch und Individual-/Massenmedien werden aufgebrochen und bedürfen einer an die neuen kommunikativen Bedingungen angepassten Überarbeitung. Andere, bislang wenig beachtete Konzepte, wie jenes der Synchronizität vs. Asynchronizität von Kommunikationsformen, gewinnen demgegenüber an Bedeutung und werden zur Beschreibung technisch vermittelter Kommunikationsformen als gewinnbringend erkannt." (Thaler 2007: 146f.)

Diese Einschätzung zeigt also: Wie immer bei relativ neuen Erscheinungsformen versucht man sich auf schon erforschte Kommunikationseinheiten zu stützen. In diesem Fall ist das die Sprache. Dementsprechend werden diese multimedialen Kommunikationseinheiten elektronischer Geräte vor dem Hintergrund unseres Wissens über sprachliche Zeichen und deren Wirkung analysiert (Dürscheid 2005). In einem gemeinsprachlichen Sinne wird die Bezeichnung *neue Medien* hier für interaktive Kommunikationstechnologien verwendet.

Sprache und soziale Kontrolle

Die soziale Kontrolle gesprochener und geschriebener Sprache durch Institutionen und ihre Vertreter wurde durch den Schulkontext schon angedeutet. Die sprachliche Sozialisation von Individuen wird nicht nur im institutionellen Rahmen staatlich überwachter Ausbildung reglementiert, sondern auch im Berufsleben durch Konventionen des Interagierens z. B. in wirtschaftlichen Zusammenhängen. Vor diesem Hintergrund ist aus linguistischer Sicht besonders interessant, wie sich Sprachgebrauchsformen entfalten, wenn diese Kontroll- und Zensurinstanzen wegfallen. Und genau dies trifft auf einen Teil der sprachlichen Zeichen und ihre Verknüpfung zu, wenn wir die Kommunikationsformate wie beispielsweise Foren, Blogs, SMS, Twitter, Facebook, WhatsApp oder Chats (Schmitz 2015, Kap. 10) genauer betrachten (als Exemplare kaum regulierter und nur wenigen institutionellen Verhaltenskodizes unterliegender Erscheinungsformen).

Institutionelle Reglementierung

Unsere fiktive Protagonistin Lilo Lingue erfährt die kaum reglementierenden Sprachgebrauchsformen einerseits als befreiend, weil sie außerhalb des Einflussbereiches der Lehrkräfte und Eltern stehen. Andererseits ist sie dort aber auch Menschen mit vorgetäuschter Identität und mitunter unlauteren oder gar kriminellen Intentionen ausgesetzt, die das Vertrauen von Kindern und Teenagern im Netz erschleichen (und dies mit teilweise schlimmen Folgen). Leider erleben junge Menschen in den neuen Medien allerdings auch recht früh, wie diese institutionell nicht kontrollierten Kommunikationsformen ihren faszinierenden Freiheitsnimbus verlieren können, wenn durch sprachliche Stigmatisierungsverfahren Vorwürfe des Mobbings oder der sozialen Ausgrenzung im Raum stehen (z. B. bei Gruppenbildungsprozessen in sogenannten sozialen Medien) und soziale Intervention von Schulleitung oder Schulbehörde auf den Plan rufen.

Vor- und Nachteile

Sprache zwischen Mündlichkeit und Schriftlichkeit

Die institutionell geringfügig reglementierte Sprachverwendung in den relativ neuen Medien zeichnet sich in nicht-beruflichen und inoffiziellen Alltagskontexten durch eine Besonderheit aus: Die Sprachgebrauchsformen, obwohl im Medium Schrift verfasst und durch ikonische Zeichen (z. B. Smileys, Memes) unterstützt, ähneln mündlichen Sprachkonventionen. Unter lexikalischen und grammatikalischen Gesichtspunkten gehorchen sie weder der Norm des Geschriebenen noch der des Gesprochenen. Bei den multimedialen Kommunikationseinheiten in der elektronisch gestützten Interaktion handelt

Zwischenformen

es sich um eine Mischung, ein Hybrid aus Mündlichkeit und Schriftlichkeit (Schmitz 2015: 53). Dieses Phänomen lässt sich durch einen Blick auf die Unterschiede zwischen gesprochener und geschriebener Sprache und auf die etablierte Unterscheidung von konzeptioneller und medialer Schriftlichkeit bzw. Mündlichkeit erhellen.

Gesprochen oder geschrieben?

„Gesprochene Sprache stellt von ihren äußeren Bedingungen her die primäre Art der Sprachverwendung dar." (Löffler [5]2016: 81) Ihre Hervorbringung ist nur auf die menschlichen Sprechwerkzeuge angewiesen. Die Schriftlichkeit bedarf im Unterschied dazu weiterer Werkzeuge (Stift, Papier, Bildschirm, Touch-Screen usw.). Gesprochene Sprache ist sowohl hinsichtlich der Menschheitsgeschichte (phylogenetisch) als auch der Entwicklung des einzelnen Menschen (ontogenetisch) primär. Die Schriftlichkeit ist im Vergleich dazu sekundär, der Schriftspracherwerb bedarf der bewussten Vermittlung und bezieht sich auf die gesprochene Sprache. Ludwig Söll ([3]1985) hat die Verschiedenheit zwischen gesprochener und geschriebener Sprache eindrücklich vergegenwärtigt, als er auf den Unterschied aufmerksam macht, ob etwas ursprünglich Gesprochenes nachträglich wörtlich aufgeschrieben wird (z.B. Wortlautprotokoll einer Konferenz) oder ob eine Mitteilung von vornherein im Hinblick auf einen schriftlichen Vermittlungsakt in Form eines geschriebenen Textes verfasst wird (z.B. ein Brief der städtischen Behörde an Lilo Lingue wegen ihres Motorradführerscheins). Gleiches gilt, wenn eine rein schriftliche Fassung im Nachhinein vorgelesen wird (z.B. Testament, literarische Lesung). Söll bezeichnet die phonische bzw. graphische Präsentation von Sprache als „medial", den ursprünglichen Formulierungskontext oder die zuerst geplante Übermittlungssituation als die „konzeptionelle" Seite. Eine SMS zwischen Lilo und einer Freundin wäre also medial schriftlich realisiert und konzeptionell mündlich konzipiert (als ob es sich um eine Face-to-Face-Kommunikation handeln würde, trotz räumlicher Trennung). Dies ist gemeint, wenn man von konzeptioneller Mündlichkeit oder Schriftlichkeit spricht und auf den Formulierungsduktus zielt, der entweder prototypisch an eine schriftliche und textbasierte Vermittlung mit zeitversetzter Rezeption durch den Leser denkt oder der protoypisch eine direkte Face-to-Face-Kommunikation unterstellt. Davon zu unterscheiden ist die tatsächliche Übermittlungsform der Botschaft – also die mediale Seite. Diese kann phonetisch in Form von Schallwellen (das gesprochene Wort ist in diesem Fall das Medium) oder graphisch in Form von Schriftzeichen auf Materie (das Geschriebene ist dann das Medium) übermittelt werden.

Kommunikation der Nähe und Distanz in Abhängigkeit von Situationstypen

Situationskontext

Vor diesem Hintergrund sind die viel zitierten Ausführungen von Koch/ Österreicher (1985) zu sehen (vgl. zur Rezeption Dürscheid 2016a). Sie verorten Kommunikation in einem übergangslosen Kontinuum der beiden Pole

Nähe und Distanz. Als prototypische Kommunikation der Nähe (als ein Pol der Skala) fassen sie Situationen, in denen die Kommunikationspartner sich direkt gegenüberstehen (Face-to-Face-Kommunikation mit der Möglichkeit, auf Gegenstände der unmittelbaren Umgebung z.B. mit Handzeichen zu verweisen (Deixis)). Als Gegenpol sehen sie eine Kommunikation der Distanz, die sich durch die Eigenschaften auszeichnet, dass beide Interaktanten örtlich getrennt sind und die jeweiligen Äußerungen zeitlich versetzt rezipiert werden. Um die beiden Pole des Nähe-/Distanz-Kontinuums mit je einem Beispiel zu versehen, stelle ich mir im fiktiven Lebenslauf von Lilo Lingue die Situation vor, dass sie auf dem 80. Geburtstag ihrer Großmutter eine Tischrede halten soll (Situationstyp Nähe) und anschließend für den Deutschunterricht noch einen Erörterungsaufsatz zum Thema „Sinn und Unsinn familiärer Traditionspflege" verfassen muss (Distanzkommunikation). Damit soll der Ansatz von Koch/Österreicher deutlich geworden sein: Sie situieren das Vorkommen einer Äußerung in einem Situationstyp, der sich im Nähe-/Distanz-Kontinuum darstellen lässt (vgl. weiterführend Dürscheid 2003, 2016a).

Kriterien der Nähe-/Distanz-Kommunikation

Entscheidend für die Bestimmung von Nähe und Distanz ist also der Situationsbegriff. Steger/Deutrich/Schank/Schütz (1974: 76ff.) nennen Bündel von Sprechbedingungen „Redekonstellationen" und führen neun Merkmalsdimensionen zur Definition einzelner abstrakter Redekonstellationstypen an. Schwitalla (⁴2012: 21) fasst diese folgendermaßen zusammen:

Redekonstellationstypen

- Sprecherzahl: unterscheidet Monologe von Dialogen
- Zeitreferenz: unterscheidet z.B. Berichte (vorzeitige Referenz) von Vorträgen, Diskussionen, Unterhaltungen (keine vorausgesetzte Zeitreferenz), Interviews (mögliche vor- oder nachzeitige Referenz) und Rundfunkreportagen (Gegenwart);
- Situationsverschränkung (Referenzen auf Objekte oder Ereignisse innerhalb des gemeinsamen Raumes): gilt z.B. für Reportagen und Unterhaltungen;
- Rang: ein Beteiligter hat einen privilegierten Rang (z.B. in Vorträgen, Berichten, Reportagen und Interviews);
- Grad der Vorbereitetheit mit den Unterscheidungen: speziell vorbereitet (z.B. Vortrag), routiniert (z.B. Diskussionsbeitrag in einer Rundfunksendung), nicht vorbereitet (z.B. Unterhaltung);
- Zahl der Sprecherwechsel: viele (in Unterhaltungen), relativ wenige (in Diskussionen, Interviews), keine (in Reportagen);
- Themafixierung: im Voraus festgelegt oder nicht;

- Art und Weise der Themenbehandlung: narrativ (z.B. Bericht, Erzählung), argumentativ (z.B. Diskussion), assoziativ (z.B. Unterhaltung);
- Öffentlichkeitsgrad: öffentlich (z.B. Vortrag), halb-öffentlich (z.B. Schulstunde), nicht öffentlich (z.B. Prüfung), privat (z.B. Familiengespräch).

Nähe- und Distanz-
kommunikation

Es kann also festgehalten werden: Wir haben es bei der Beschreibung von Kommunikationsformen im Spiegel der Nähe und Distanz mit einem Kontinuum zu tun: Je offizieller, öffentlicher oder förmlicher die Situationsbedingungen von den Beteiligten wahrgenommen werden, desto mehr werden die Interaktanten einen Sprachgebrauch realisieren, der durch das Merkmal der Distanz charakterisiert ist. Vice versa: Je inoffizieller, weniger öffentlich oder formalen Vorgaben unterstellt die Redekonstellation von den Teilnehmern empfunden wird, desto eher werden Sprachvarianten realisiert, die sich mit den Merkmalen der Nähe-Kommunikation beschreiben lassen. Auch wenn diese Modellierung nicht alle zu erklärenden Phänomene klar in die eine oder andere Richtung einordnet, so lässt sich auch über die unvollständige und zwischen beiden Polen changierende Einordnung die Kommunikationsform genauer erfassen. Gerade die Tatsache, dass sich ein Phänomen nicht klar einordnen lässt, ist dann ein aufschlussreiches Merkmal (vgl. auch die Erweiterungen des Nähe-Distanz-Konzepts in dem Band *Nähe und Distanz im Kontext variationslinguistischer Forschung*; herausgegeben von Ágel/Hennig 2010).

Herstellung des Kontextes durch die Kommunikationsteilnehmer

Kontextualisierungs-
theorie

Die in den 1980er Jahren entstandene Kontextualisierungstheorie (Gumperz 1982) lassen diese Bedingungsfaktoren zur Bestimmung der Redekonstellation nicht obsolet werden, sondern in neuem Licht erscheinen: Die Kontextualisierungsthese (vgl. grundlegend dazu Müller 2015: 68 ff.) geht davon aus, dass durch Situationen nur bestimmte Bedingungen als Erwartungshaltung der Interaktanten gegeben sind, dass aber erst die Kommunikationsteilnehmer selbst im Rahmen ihrer Interaktion durch ihre Art des Sprechens den Interpretationsrahmen herstellen, bestätigen oder unter Umständen ändern (Schmitt 1993: 331 f.) Damit sind wir inmitten der beiden etablierten Forschungsbereiche der Sprachwissenschaft angelangt, nämlich der Medialität der Mündlichkeit und der Medialität der Schriftlichkeit. Die Frage, ob es sich dabei um zwei getrennte Varietäten handelt oder ob innerhalb einer Varietät gesprochene und geschriebene Erscheinungsformen als zwei Ausprägungen einer Varietät verstanden werden, klammern wir hier vorerst aus und verschieben die Frage in das vierte Kapitel.

Schriftlichkeit und
Mündlichkeit

Die beiden Medialitäten *Schriftlichkeit und Mündlichkeit* sind bei Schuleintritt unterschiedlich entwickelt und spielen während der ganzen Schullaufbahn eine zentrale Rolle. Aus Sicht einer Schülerin – in unserem Fall von Lilo Lingue – gestalten sich die Erfahrungen zwiespältig: Intuitiv werden die unterschiedlichen Rahmenbedingungen von mündlicher und schriftlicher Kommunikation ohne Probleme wahrgenommen. Was das Erlernen schriftlicher Kommunikationsgepflogenheiten angeht (von der Rechtschreibung bis zum Verfassen eines Erörterungsaufsatzes in Sekundarstufe I oder II), erfährt die Heranwachsende, dass Schriftlichkeit und ihr sicherer Umgang einerseits anstrengend und arbeitsintensiv ist und andererseits von gebildeten Persönlichkeiten mit hohem Prestige (Strasser/Brömme 2004) belegt wird. Daher wird ab der ersten Klasse in einem anstrengenden und welterschließenden Lernprozess die Schriftsprache gelehrt und gelernt, die in einem für die Schüler nicht eindeutig erkennbaren Zusammenhang mit der schon beherrschten Sprechsprache steht. Das Verhältnis von Lauten zu Buchstaben (Phonem-Graphem-Korrespondenz) spielt für viele Jahre im Schulalltag eine wichtige Rolle und die dort entstandenen Defizite beschäftigen auch noch weiterführende Ausbildungsstätten im Hochschulbereich und der beruflichen Ausbildung.

Fragen des Sprachstils, die mit verschiedenen Sprachgebrauchsformen assoziiert werden, lernt das Kind intuitiv kennen, ohne dass es unbedingt zur Explikation in der Lage wäre. Die für Schüler leicht zu erwerbende mündliche Alltagssprache – und dort vor allem die Jugendsprache (Neuland 2008), wie sie beispielsweise auf dem Pausenhof in der Schule gesprochen oder in sogenannten sozialen Netzwerken geschrieben wird – steht im Kontrast zum Erwerb der mit Einsatz und Ausdauer zu lernenden Schriftsprache, welche wiederum Grundvoraussetzung für die weitere Partizipation am Wissen in entwickelten Gesellschaften ist. Defizite in diesem Bereich können mitunter die Teilhabe an gesellschaftlichen Errungenschaften, an praktischem sowie theoretischem Wissen und letztlich auch an wirtschaftlichem Wohlstand erschweren. Mündliche Sprachkompetenz in fachsprachlichen Kontexten, wie sie für schulische, betriebliche und weitere Ausbildungsgänge einschlägig ist, muss dahingegen ebenfalls bewusst einstudiert werden wie der Erwerb der schriftsprachlichen Kompetenz (Kilian/Lüttenberg 2009). Die Fähigkeit, in diversen Situationen angemessene Sprachhandlungen (ob gesprochen oder geschrieben) vollziehen zu können, gehört zur kulturell geprägten Lebenspraxis einer jeden Gesellschaft und stellt eine der Herausforderungen individueller Sozialisation dar.

Sprachkompetenz

3. Sprache als soziales Handeln in Routinen

Die Frage, nach welchen Regeln Menschen in diversen gesellschaftlichen Tätigkeitsfeldern und Situationen (ob privat, öffentlich, beruflich usw.) sprachlich handeln, erweist sich als komplex, weil die verschiedenen Handlungs- oder Wissensdomänen als sehr heterogen erscheinen, obgleich manche

Typen sozialen Handelns

Praktiken Ähnlichkeiten aufweisen (zum Beispiel sind Sprachhandlungen des Bittens im privaten, öffentlichen oder beruflich-offiziellen Situationen zwar einander ähnlich, aber hinsichtlich der Höflichkeit ausdrucksseitig unterschiedlich realisiert). Sprachhandeln in Tätigkeitsfeldern vollzieht und manifestiert sich in konkreten Texten („Texten-in-Funktion") und Gesprächen als Exempel von Routinen. Dementsprechend weisen Texte und Gespräche (also die Manifestationen der Sprachhandlungen und der kommunikativ-kulturellen Praxis) Musterhaftes auf der Ausdrucksseite (Feilke 2003), aber auch Spezifisches (Originäres) auf. Um Verwechslungen zu vermeiden: Mit dem Ausdruck *Muster* wird hier auf die Sprachoberfläche verwiesen (bezogen auf die sprachlichen Formen), und mit dem Wort *Routine* beziehen wir uns auf die im jeweiligen Kontext getätigten Sprachhandlungen, die in Kommunikationssituationen im Rahmen von Äußerungen vollzogen werden. Es geht also um typische Handlungsabläufe und Handlungsprozesse, die von der Pragmatik erfasst und beschrieben werden.

Kommunikative Routinen und Muster der Sprachoberfläche

Routinen und Muster

Kommunikativ pragmatische Routinen manifestieren sich ausdrucksseitig zum Teil (aber nicht nur) in Mustern auf der Sprachoberfläche. Texte und Gespräche (als Manifestationen von sprachlichem Handeln) sind eingebunden in ein Geflecht von Texten und Gesprächen und lassen sich unter typologischen und klassifikatorischen Gesichtspunkten beschreiben. Texttypologien geht es um „systematische Klassifizierung von Texten mittels universell anwendbarer wissenschaftlicher Kategorien" (Adamzik 1995, 30). Textsortenklassifikationen richten ihr Augenmerk auf die sprachsystematische und handlungstheoretische Erfassung „einzelsprachlicher kommunikativer Routinen" (Adamzik 1995, 30). Gleiches gilt für die gesprochene Sprache.

Sprachpraxis und Muster

Betrachten wir die Sprache, wie sie uns aus der Sicht des Individuums – in unserem Fall aus dem Blickwinkel der inzwischen als Erwachsene gedachten Lilo Lingue – in der Praxis begegnet, so erkennen wir in den erwähnten kommunikativen Routinen (also der pragmatisch-semantischen Inhaltsseite) bestimmte Regularitäten bis hin zu Verhaltensregeln. Um gesellschaftliche Erwartungen zu erfüllen und damit einhergehende Verhaltensregeln einzuhalten (z.B. beim Entschuldigen im Freundeskreis oder in beruflichen Kontexten), können wir auf feste Sprachbausteine, also Muster, zurückgreifen. Ausdruckseitige Muster erleichtern uns die Produktion von Texten und Gesprächsbeiträgen ebenso wie das Verstehen derselben (z.B. mündliche und schriftliche Formen des Kondolierens, also des Beileid-Aussprechens in Todesfällen). Andererseits stellen aber vorgegebene Verhaltenserwartungen insofern ein Problem dar, als wir uns in der Interaktion manchmal fürchten, die erwarteten Routinen nicht zu erfüllen – und dies erkennt man daran, dass wir gegen situationsbedingte Rahmenvorgaben verstoßen. Und wie tun wir dies? Indem wir ausdrucksseitig Sprachvarianten realisieren, die von unserem Gegenüber als unpassend eingestuft werden.

Routinen und Muster in Text- und Gesprächssorten

In diesem Zusammenhang sind die Ausdrücke *Text-* und *Gesprächssorte* einschlägig. Denn jede sprachliche Erscheinungsform oder jedes varietätenlinguistisch interessante Sprachphänomen kommt in einer bestimmten Sorte von Texten oder Gesprächen mit spezifischen Erkennungszeichen vor und rahmt unser Sprechen, Schreiben und Verstehen durch kommunikative Routinen und ausdrucksseitige Muster. Sprache begegnet uns also meistens reguliert beziehungsweise vorbestimmt durch kontextuell spezifische Erwartungen. Sprache zu beherrschen bedeutet daher auch, über Sprachwissen und Sprachintuition zu verfügen – und zwar in Bezug auf Texte bzw. Gespräche, ihre Musterhaftigkeit und ihre daraus resultierende Zugehörigkeit zu Varietäten.

Textsorten als „etwas intuitiv ungemein Einleuchtendes" (Sitta 1973: 64) werden hier als „Klassen von Texten [verstanden], die in Bezug auf mehrere Merkmale spezifiziert sind, die [...] auf einer relativ niedrigen Abstraktionsstufe stehen" (Adamzik 1995: 16). Die einschlägigen Merkmale sind sowohl textexterner als auch textinterner Natur und werden durch ihre Außenstruktur (soziale Zwecke, Handlungskontexte, Rollenkonstellationen) und Binnenstruktur (strukturelle Merkmale der Formen und Mittel) charakterisiert (Habscheid 2009: 57). Textsorten sind als konventionell geltende Sprach- und Kommunikationsmanifestationen für komplexe sprachliche Handlungen zu begreifen „und lassen sich als jeweils typische Verbindungen von kontextuellen (situativen), kommunikativ-funktionalen und strukturellen (grammatischen und thematischen) Merkmalen beschreiben" (Brinker/Cölfen/Pappert [8]2014: 139). In Text- und Gesprächssorten manifestiert sich das in der Sprachgemeinschaft konventionalisierte Handlungswissen um die sprachliche Bewältigung wiederkehrender Aufgaben (Brinker/Cölfen/Pappert [8]2014: 142). Die praktizierten Bewältigungsformen strahlen einerseits eine gewisse Verbindlichkeit aus und helfen andererseits, die jeweils erforderlichen Kommunikationstätigkeiten (im Hinblick auf Textlänge und Inhalt) sprachökonomisch effizient zu bewältigen (z.B. Geschäftsbrief, Gutachten, Trauerreden, Dienstbesprechungen). Aus der Perspektive von Texten bzw. **Textsorten** und **Gesprächssorten** sind Varietäten „gebündelte Textexemplare [...], deren sprachliche Merkmale in der Hauptsache von Redekonstellationstypen oder sozio-pragmatischen Bedingungen wie Individuum, Gruppe, Gesellschaft, Situation, Milieu oder Funktion geprägt sind" (Löffler [5]2016: 79) und die auf der Systemseite wie auch in der konkreten Sprachverwendung „ein Konglomerat verschiedener Subsysteme und Äußerungsvarianten [darstellen], die von inner-

Text- und
Gesprächssorten

Gebündelte
Textexemplare

sprachlichen und außersprachlichen Faktoren bestimmt sind" (Löffler ²2016: 21). Varietäten verweisen mit dieser Definition sowohl auf die *langue*-Ebene (Textem) als auch auf die *parole*-Ebene (konkrete Textexemplare) und fokussieren in Abhängigkeit von Situationstypen Muster auf der Sprachoberfläche und Routinen auf der pragmatischen Seite zur Erfassung von Sprachhandlungen und ihrer Typik (z.B. Textsorten des Rechts zur Bewältigung der dort anfallenden Aufgaben).

Stichwort

Textsorte – Gesprächssorte

Mit Text- und Gesprächssorten sollen konventionell geltende Sprach- und Kommunikationsmanifestationen für komplexe sprachliche Handlungen erfasst werden. Auf Grund dessen sind Text- und Gesprächssorten als sprachliche Erscheinungsformen zu verstehen, die sich durch textinterne und textexterne Eigenschaften charakteristisch von anderen Erscheinungsformen abgrenzen lassen. Die Texte und Gespräche, die aufgrund signifikanter Ähnlichkeiten als zusammengehörend wahrgenommen werden, zeichnen sich auf pragmatischer Ebene durch konsistente Routinen der Aufgabenbewältigung in bestimmten Lebenssituationen aus, also durch die prototypische Abfolge von Sprachhandlungen (z.B. beim Wetterbericht darstellende Sprachhandlungen über Ist-Zustand und Prognose). Ausdrucksseitig sind diese Routinen durch wiederkehrende Muster auf der Sprachoberfläche und ihre moderate Variation gekennzeichnet. Eine Textsorte besteht aus einer Menge von Texten mit spezifischen pragmatischen Eigenschaften, die durch die Situationen geprägt werden, in denen sie vorkommen (Analoges gilt für Gespräche). Alltagsweltliche Text- und Gesprächssorten sind z.B. ein Infobrief eines Versorgers über die zeitweilige Stromabschaltung oder eine Fahrplanauskunft. Beispiele für fachsprachliche Textsorten sind Fachaufsätze; für Gesprächssorten lässt sich ein Anleitungsgespräch an der Werkbank anführen. Institutionelle Text- und Gesprächssorten sind zum Beispiel ein Strafzettel bzw. die Vernehmung als Zeuge vor Gericht. Ein Textsortenbeispiel im Kunstbereich ist der Ausstellungskatalog, ein Gesprächsbeispiel die Museumsführung. Im Bereich Religion fallen vor allem mündliche Formen wie z.B. das Gebet oder Predigt ein, als Textsortenbeispiel kann z.B. der Gemeindebrief genannt werden.

Sozialisation durch
Spracherwerb

  Mit Bezug auf unseren fiktiven Lebenslauf von Lilo Lingue zeigt sich die enorme Bedeutung der Sprachsozialisation, denn Erziehung kann als eine Hinführung und Eingliederung (Inkorporierung) in gesellschaftliche Handlungstätigkeit gesehen werden, die auf bestimmten Sprachverhaltenskodizes im mündlichen und schriftlichen Sprachgebrauch beruhen. Das implizite Wissen um die einerseits intuitiv einleuchtenden Text- und Gesprächssorten (vorwiegend des Alltags) ebenso wie das explizite Wissen um die anspruchsvoll zu erwerbenden Kompetenzen fachlicher oder beruflicher Interaktion (gesprochener und geschriebener sowie nonverbaler Art) in Form von Text- und Gesprächssorten zeigen die Relevanz varietätenlinguistischen Wissens für Bil-

dung und Ausbildung in unserer Gesellschaft. Deswegen kann man resümieren: „Variation spielt sich auf der Diskursebene ab" (Lüdtke/Mattheier 2005:
15) bzw. wird dort erprobt und erlernt.

> **Zitat**
>
> „Dabei verstehen wir Variation als Eigenschaft natürlicher Sprachen, unterschied-
> liche materielle Ausprägungen zu erzeugen. Variation manifestiert die Verschie-
> denartigkeit in einer Sprache, wobei zwischen Variation des Sprechens und Varia-
> tion der Sprache zu unterscheiden ist." (Lüdtke/Mattheier 2005: 15)

Somit wird die Unterscheidung zwischen implizitem und explizitem
Sprachwissen der Sprecher virulent.

Implizites Sprachwissen zielt auf die Fähigkeit des adäquaten Gebrauchs
der Sprache gemäß den Anforderungen und Erwartungen der Umwelt im
Hinblick auf Sprachrichtigkeit und Sprachverhaltensmuster hin, ohne dass
dieses Wissen unbedingt von denen, die es adäquat anwenden, expliziert oder
erklärt werden könnte. Explizites Sprachwissen erfasst das Wissen über Sprache, wie es beispielsweise in der Schule zum Gegenstand gemacht wird (z. B.
Bestimmung verschiedener Wortarten oder Satzglieder, Reflexion über Sprache und ihre Wirkung auf das Gegenüber, Verhältnis von Standardvarietät
und Substandardvarietäten). Die Reflexion über „richtige" Sprache und ange-
messenes Sprachverhalten profitiert von der Überführung von implizitem
oder intuitiv erahntem Wissen in explizites Wissen, damit Individuen als
Staatsbürger, als Arbeitnehmer oder Arbeitgeber sowie als Privatpersonen am
Diskurs über kommunikative Praktiken aktiv teilnehmen können (z. B. Diskussionen über angemessene Ausdrucks- und Verhaltensweisen am Arbeits-
platz oder der Mediation in betrieblichen oder privaten Konfliktfällen).

Implizites und explizites Sprach- wissen

4. Von Ad-hoc-Vorkommen zur Norm

Fragen der sprachlichen Richtigkeit oder des angemessenen Sprachhandelns sind von besonderer Relevanz für den beruflichen Erfolg und das Errei-
chen persönlicher Ziele eines Individuums in der Gesellschaft. Diese Aussage
mag vielleicht den einen oder anderen Leser überraschen, ist aber in jedem
Lebenslauf – nicht nur in dem unserer fiktiven Figur Lilo Lingue – von zentraler Bedeutung. Denn das sprachliche Handeln (mit dem sich die linguistische
Teildisziplin der Pragmatik beschäftigt) und die erworbene Sprachkompetenz
entscheiden neben den fachlichen und sozialen Kompetenzen über den per-
sönlichen und beruflichen Werdegang eines Menschen. Zu bedenken ist in
diesem Kontext, dass z. B. Germanistikstudierende, die Lehrer werden wollen
und vielleicht sich selbst noch wegen der Einstellungschancen in den Schul-
dienst vor den Korrekturen ihrer Hochschuldozenten und Fachleiter fürchten,

Sprache als Machtinstrument

schon morgen über die Korrektur von Texten und die Bewertung von mündlichen Schülerbeiträgen in Form von Noten über die berufliche Zukunft von jungen Menschen mitentscheiden.

Richtig und falsch   Die Vergabe von Zensuren – gerade auch im Deutschunterricht – ist damit an Fragen gekoppelt, ob etwas richtig oder falsch ist. Die Etiketten *richtig* und *falsch* sind im Kontext von Lehr-Lern-Situationen nicht immer ganz einfach zu vergeben. Insofern sollte auch jede zukünftige Lehrkraft über Grammatikwissen und Kategorien und Kriterien der Varietätenlinguistik verfügen, um Zensuren im Zweifelsfall auch plausibel erläutern zu können. Für Lilo Lingue in unserem fiktiven Lebenslauf bedeutet dies: Als Individuen in Ausbildungs- und Berufskontexten sind wir sehr häufig in Rollen unterschiedlicher Abhängigkeitsstruktur: Mal sind wir anderen Menschen als Entscheider ausgeliefert, mal sind andere von unseren Entscheidungen abhängig.

Neuaufkommen (Ad-hoc-Vorkommen) von Sprachvarianten

Neue Varianten   Nicht nur im schulischen Bereich, sondern auch in anderen gesellschaftlichen Kontexten kann das Erstvorkommen einer Variante kontrovers diskutiert werden. Nehmen wir exemplarisch einen Textbeleg aus der Bild-Zeitung vom 10.07.2015, in welchem eigentlich der unbestimmte Artikel *einen* zu erwarten ist: „Bei den Bayern hat Schweinsteiger Vertrag bis 2016." (Den Hinweis verdanke ich Marcus Müller). Abgesehen vom bildungsbürgerlichen Naserümpfen ob des Sprachstils in dem auflagenstarken Boulevardblatt kann unabhängig von diesem Beispiel und auch ungeachtet der Frage, ob diese Variation schon morgen wieder aus dem Sprachgebrauch verschwindet, festgestellt werden: Es gibt auch in weiteren Zeitungen Belege für die Konstruktion, und diese sind schon aus den 1990er Jahren, wie eine Recherche in dem großen Textkorpus *Cosmas II* des Instituts für Deutsche Sprache ergibt. Die meisten Belege kommen aus der gesprochenen Sprache, einen schriftsprachlichen Beleg stellt der folgende dar:

> „Juve wiederum findet zwar offenbar den Betrag in Ordnung, möchte aber statt der drei Kicker lieber nur einen: Figo. Der Portugiese will jedoch sicher nicht schon wieder weg, er hat Vertrag bis 2006, betont durch eine Ablösesumme von 352 Millionen Mark." (Süddeutsche Zeitung, 18.05.2001, S. 38)

Wie kann man diese Belege interpretieren? Es gibt gerade im Mündlichen immer wieder feste Mehrwortverbindungen (Syntagmen), die auf Grund ihrer Festigkeit und Musterhaftigkeit vermeintlich oder tatsächlich nicht funktional bedeutende Teile weglassen und auch über das Ausstrahlungspotential ins Schriftliche verfügen. Solche Phänomene ebenso wie die viel diskutierte Verbzweitstellung in adverbialen Nebensätzen (z.B. „Ich komme heute nicht mit ins Training, weil ich hab' morgen eine schwierige Prüfung" anstelle der Verbletztstellung „[…], weil ich morgen eine schwierige Prüfung hab'.") finden sich im Mündlichen zunehmend. Aber nicht nur dort, mitunter kommen solche Phänomene auch in Printmedien mit größerer Reputation vor, wie das folgende Beispiel der schönen Literatur belegt: „Es hat mir ja keiner gesagt, dass es wohl unmöglich ist bei mir, weil das Cortison ist ein lebensnotwendiger Stoff zur Streßabwehr, den ansonsten die Nebennieren produzieren, wozu meine durch die jahrelange Überdosis nicht mehr in der Lage sind." (Berliner Morgenpost, 19.10.1997, S. 42: Ressort: ROMAN; den Hinweis verdanke ich Jörn Stegmeier). In einem solchen Fall stellt sich in Bezug auf das zu beobachtende Sprachphänomen die Frage, wie sich der Übergang vom Ad-hoc-Vorkommen eines Phänomens über eine gewisse Regelmäßigkeit bis hin zur Regelhaftigkeit (inklusive der Kodifikation in einer Grammatik oder einem Wörterbuch) beschreiben und bewerten lässt (natürlich nur in Bezug auf die Phänomene, die sich dauerhaft durchsetzen; viele Neuerungen verschwinden wieder).

Zur Illustrierung sei ein weiteres Beispiel angeführt, über das man schon mehr aussagen kann als über die Prognose, ob der unbestimmte Artikel *ein* im Deutschen zukünftig in bestimmten Konstellationen systematisch weggelassen wird. Die Mehrwortverbindung (Syntagma) *Am Ende diesen Jahres* wird von den meisten Muttersprachlern nicht als problematisch betrachtet und findet sich in vielen standardnahen und renommierten Texten, obwohl *Die Grammatik* des Duden-Verlages (⁷2005: 268) – um nur eine anerkannte Kodifikationsinstanz zu nennen – diese Form eindeutig als falsch ausweist (richtig ist *Am Ende dieses Jahres*). Mit diesem Beispiel lässt sich zeigen, dass auch Textsorten mit hoher Reputation und Autoren mit zweifellos hohem Bildungsgrad zur Verbreitung und letztlich auch Akzeptanz einer Variante beitragen können, die in der Kodifikation von Grammatiken ausdrücklich als falsch ausgewiesen wird. Es bleibt abzuwarten, ob die Grammatiken ihre Einschätzung ändern werden.

So geschehen ist es in dem folgenden Fall (den Hinweis verdanke ich Jörn Stegmeier). Pointiert und exemplarisch erkennt man an diesem „den langen Marsch" einer Variante vom Ad-hoc-Vorkommen bis zur Kodifikation. Es geht um das Relativpronomen *deren*, das als Relativpronomen – wenn es im Relativsatz gleichzeitig Genitivobjekt des Verbs ist – schon seit längerem auch durch *derer* ersetzt wird. Die 3. Auflage des vierten Bandes (der zwölfbändigen Duden-Reihe) mit dem Titel *Die Grammatik* aus dem Jahre 1973 gibt dazu anhand ausgewählter Beispiele ein eindeutiges Urteil ab. Dort wird die Form als falsch etikettiert: „Es war die Frau, *deren* (nicht derer) er sich annahm. Die beiden Leute, *deren* (nicht derer) er sich gut erinnerte, standen plötzlich vor ihm." (Die Grammatik. Duden 4. ³1973: 289). Der Online-Duden im Jahre 2016 vertritt hingegen eine andere Position:

Gebrauch und Normverstoß

Normwandel

Frage: Wessen
bediente sich der
dicke Dozent?

„Besetzt das Relativpronomen im Relativsatz die Stelle eines Genitivob-
jekts (man fragt mithilfe des Verbs: Wessen?) oder ist es auf eine Präposition bezogen, kann man sowohl *deren* als auch *derer* verwenden: Die Ar-
gumente, deren / derer sich der dicke Dozent bediente , hatten etwas
Bestechendes. Es waren nicht nur Philosophen und Mathematiker, inmitten deren / derer Russell sich wohlgefühlt hat." (http://www.duden.de/
sprachwissen/sprachratgeber/deren-derer)

Dieser Weg zur Kodifizierung zeichnete sich schon ab. Denn in ihrer
7. Auflage bestätigt *Die Grammatik* des Duden-Verlags im Jahre 2005 ihre ge-
änderte Position, indem sie beide Varianten durch Nachweis von Internetbele-
gen als gleichrangig einstuft: „Er hatte einige Zaubersprüche, derer er sich
nicht mehr ganz entsinnen konnte. Vor ihm lag seine ehemalige Heimatstadt,
deren er sich noch gut entsinnen konnte. (Internetbelege)" (Die Grammatik.
Duden 4. ⁷2005: 292) Das gleiche Bild zeichnet *Richtiges und gutes Deutsch.
Duden Band 9* in der 7. Auflage des Jahres 2011: Dort werden großzügig beide
Formen zugelassen, während in der 5. Auflage des Jahres 2001 nur „deren" als
richtig ausgewiesen wurde.

Was ist daraus abzuleiten? Es ist also sehr wohl denkbar – wie dieses Beispiel belegt –, dass ein Phänomen, das zu einem bestimmten Zeitpunkt nur ad
hoc verwendet wird, nach einer gewissen Zeit in einer breit akzeptierten
Grammatik kodifiziert wird, obgleich es zu Beginn seines Vorkommens von
derselben Grammatik als falsch etikettiert wurde.

Akzeptanz oder Ablehnung neuer Sprachvarianten

Skalare Akzeptanz-
modellierung

Solche auffälligen Variationen – falls sie es bis zur Kodifikation bringen
sollten – lassen sich als Sprachwandelprozesse auf einem Kontinuum mit den
gedachten Polen *nicht akzeptiert – akzeptiert* abbilden: Beschäftigt man sich
mit solchen Grenzfällen, so steht man vor dem Problem, wie solche Phänomene im Spannungsfeld von System und Gebrauch (Feilke 2015) vor dem
Hintergrund spezifischer Kontextkonstellationen zu erklären sind. Es ist zu
fragen, welche Faktoren in bestimmten Prozessen eine Rolle spielen. Peter v.
Polenz stellte schon in den 1960er Jahren fest, dass „sich die Weiterentwicklung der lebendigen deutschen Sprache mitunter gegen die schriftliche Norm
vollzieht" (Sperber/v. Polenz 1966: 103 ff.). Mattheier bezeichnet diese Erscheinungen als „Destandardisierungsphänomene" und sieht solche Phänomene in
verschiedenen europäischen Nationalsprachen gegeben (Mattheier 1997: 2).

(Sub-)Standard

Standardvarietät – so haben wir oben definiert – wird als Realisierung
einer normgerechten Erscheinungsform innerhalb eines Sprachsystems definiert. Unter *Substandardvarietäten* – so sei erinnert – verstehen wir durch soziale (z. B. Soziolekte) oder areale (z. B. Regiolekte) Merkmale markierte

Sprachgebrauchsformen, in welchen die Bestimmungsfaktoren des Sozialen oder des Arealen als dominant erscheinen (wobei die als nicht-dominant eingestuften Bestimmungsfaktoren ebenfalls durchscheinen, aber weniger stark). Mit Blick auf einzelne Realisierungen (also sprachliche Varianten), die bestimmten Teilen der Sprachgemeinschaft nicht normgerecht erscheinen, gilt: Sie können unter Umständen wieder verschwinden, oder sie können zu kollektiv gebrauchten und damit auch akzeptierten Realisierungsvarianten werden. Bartsch (1987) betrachtet demgemäß Sprachnormen als sinnhafte, hermeneutisch zu rekonstruierende Größen. Diese interpretierten Größen erwirbt auch Lilo Lingue wie alle anderen Sprecher (teils bewusst, teils unbewusst) in ihrer Sprachsozialisation. Es handelt sich also um Sprachgebrauchserfahrungen. Sie verankern sich als Erwartungshaltungen im Sprachbewusstsein (und zwar durch die wiederholte gleichförmige Kontextualisierung). Diese Phänomene erlangen dadurch in der Interaktion dauerhaft soziale Geltung.

Sprachintern zeichnet sich eine Varietät durch charakteristische Spezifika auf lexikalischer, grammatischer (= phonologischer, morphologischer, syntaktischer) oder textueller Ebene aus – kurz: durch charakteristische Merkmalbündel. Diese konkreten Sprachgebrauchsformen innerhalb einer Varietät sind zu spiegeln mit dem Sprachsystem als Ganzem, das die sprachlichen Erscheinungsformen aller Varietäten instruiert. Somit sind wir bei dem Korrelationsverhältnis von Sprachsystem – Sprachnorm – Sprachgebrauch (Coseriu 1970) angelangt, das in den unterschiedlichen Sprachvarietäten je spezifisch aufscheint. Es handelt sich bei der Trias *Sprachsystem – Sprachnorm – Sprachgebrauch* um eine Heuristik, mit deren Hilfe die allseits bekannte Festigkeit des regulären Sprachgebrauchs ebenso erfasst werden soll wie die zu beobachtende Möglichkeit der Sprachvariation. Norm umfasst also einerseits die nach dem Sprachsystem möglichen Formulierungen und andererseits die durch Sprachgebrauch usuell gewordenen Realisierungen, die unter Umständen nicht systemgemäß sind. Bei den nicht systemgemäßen Realisierungen handelt es sich nicht um viele Fälle, sie bekommen nur dadurch eine gewisse Prominenz, dass häufig Sprachkritiker und Sprachwissenschaftler sich darauf stürzen.

Normakzeptanz

> **Zitat**
>
> „Sprachsystem ist also das, was aufgrund der Regeln einer Sprache möglich ist. Norm ist hingegen das, was tatsächlich realisiert wird und realisiert worden ist." (Coseriu 1988: 52)

Ob eine Sprachvariante als ein Einzelphänomen zu betrachten ist oder kollektiv akzeptiert wird und sich unter Umständen verstetigt, sich also im Sprachsystem verankert, sind Fragen des Sprachwandels.

Sprachnorm als Scharnier zwischen System und Gebrauch

Norm, Regel, Regularität

Die terminologische Abgrenzung zwischen *Norm, Regel* und *Regularität* liegt den folgenden Ausführungen zugrunde. Eine Norm entspricht einer oder mehreren explizierbaren Regeln für sprachliches Formulieren beim Handeln in spezifischen Situationskontexten (z. B. innerhalb eines Wortes wird klein, also mit Minuskel, geschrieben; bei der Aussprache von z. B. *Hund* gilt die Auslautverhärtung). Einer sukzessiv aufkommenden sprachlichen Regularität (wie z. B. der Binnenmajuskelschreibung in *BahnCard, KollegInnen, HafenCity, FernUniversität und PrivatKredit*) muss keine Regel zugrunde liegen, sie kann sogar einer Regel widersprechen. Neu erscheinende Regularitäten können, müssen aber nicht zu einer Regel werden, wenn sie über einen längeren Zeitraum regelmäßig auftreten. Eine Regel kann also als erlernbare und beibehaltene Regularität aufgefasst werden, wobei sich der Sprecher der Anwendung einer Regel nicht unbedingt bewusst sein muss. Normativität in der Sprache kann man dann mit Peter Hartmann als „Regularitätsgebundenheit" (1976: 28) verstehen. In der Sprachwissenschaft werden herkömmlich nur solche Regularitäten zu Sprachnormen, die irgendwann einmal eine „bestimmte Verbindlichkeit (,Geltung') erlangt haben – sei es legalistisch (als Verordnung, Erlass, Richtlinie oder Gesetz), faktisch (als etablierter, vorherrschender Sprachgebrauch) oder definitorisch (als sprachwissenschaftlich expliziertes Richtigkeitsurteil)" (Gloy 1998: 396).

Sprachnorm als Scharnier

Aus diesem Grund kommt der Sprachnorm besondere Aufmerksamkeit zu, weil sie einerseits die Festigkeit der Sprachverwendung in Form konventionalisierter Regularitäten als Regeln sicherstellt – also die Basis für einen einheitlichen Sprachgebrauch darstellt. Andererseits kann sich die Norm aber auch auf Grund geänderter Regularitäten im Sprachgebrauch ändern. Aus diesem Blickwinkel fungiert sie als Absorptionsbecken potentieller Veränderungen im Regelapparat. So gesehen justiert die Sprachnorm zwischen System und Gebrauch. Sie ist als implizites Wissen der inneren Grammatik in den Köpfen der Kommunikationsteilnehmer wirksam (oft in der Form einer Regelbewusstheit, ohne die Regel selbst explizieren zu können). Darüber hinaus manifestiert sie sich in der Kodifikation sprachlicher Regeln im Rahmen akzeptierter Referenzwerke wie wissenschaftlicher Darstellungen, einschlägiger Wörterbücher und Grammatiken (wobei der Band 4 der Duden-Reihe mit dem Titel *Die Grammatik* auf Grund seiner Stellung in der schulischen Bildung besonderer Erwähnung bedarf). Der sprachlichen Norm als Scharnier zwischen systeminduzierter Festigkeit und gebrauchsgeprägter gradueller Flexibilität kommt demnach eine besondere Bedeutung zu.

Nonstandard- Standard

Sprachphänomene, die hinsichtlich ihres Normstatus nicht eindeutig kodifiziert sind, lassen sich auf ihrem Weg zur relativ breiten Akzeptanz oder gar bis hin zur Kodifikation am besten beschreiben und erläutern, wenn man – wie im folgenden Schaubild – den Weg der sprachlichen Variation modelliert als ein Kontinuum von der Ad-hoc-Bildung bis zur Kodifikation. Aus linguistischer Perspektive können sich Sprachnormen als orthoepische (Orthoepie ist die Lehre von der richtigen Aussprache der Wörter), orthographische, syntaktische, lexikalisch-semantische, semantisch-pragmatische, rhetorische und stilistische Regeln manifestieren. Zu unterscheiden sind konventionelle Normen von gesetzten Normen (Steger 1988: 306). Konventionelle Normen referieren auf ein Regelsystem einer Sprache, das aus vorkommenden Äußerungen zu erschließen ist (deskriptive Erfassung einer Sprache „von unten") und das auf einem weitgehend unreflektierten Konsens einer Sprachgemeinschaft basiert. Gesetzte Normen sind dahingegen in einem anerkannten Wörterbuch oder einer Grammatik kodifiziert.

Abb. 1: Das Kontinuum *Ad-hoc-Vorkommen – Regularität – Regel – Kodifikation* im Spiegel von *Sprachgebrauch – Sprachnorm – Sprachsystem*

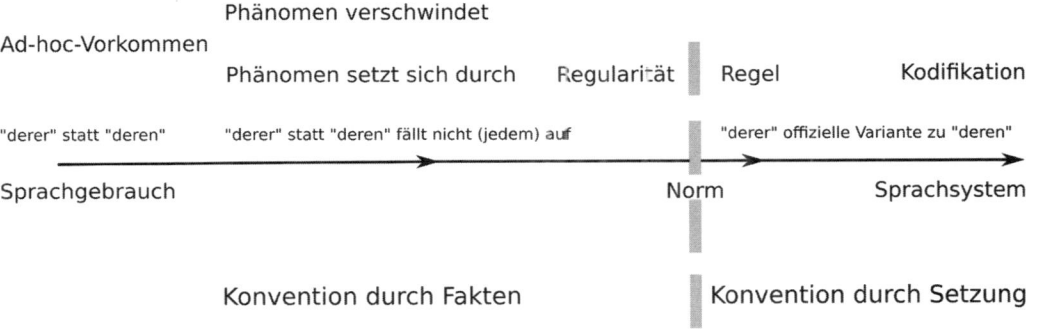

Das Schaubild illustriert, wie ein sprachliches Phänomen zunächst vereinzelt auftritt (Ad-hoc-Bildung), dann möglicherweise wieder verschwindet, weil es von der Sprachgemeinschaft nicht akzeptiert, sprich übernommen wird – wie z. B. das von einem Wörterbuchverlag und einem Getränkehersteller vorgeschlagene Kunstwort *sitt* als Gegenteil von *durstig* und als Pendant zu *satt* (Antonym von *hungrig*). Das Wort wurde in einem Wettbewerb ermittelt und sollte eine lexikalische Lücke im Deutschen schließen. Nach diesem Beispiel des Scheiterns (weil das Wort *sitt* von der Sprachgemeinschaft nicht angenommen wurde) soll nun überlegt werden, was passiert, wenn ein neues Phänomen von vielen Kommunikationsteilnehmern akzeptiert und weiterverwendet wird, so dass es zur Regel werden könnte. In einem solchen Fall entsteht die schwierige, aber sprachwissenschaftlich besonders interessante Frage, ob es zur Kodifikation in Wörterbüchern und Grammatiken kommt oder nicht.

Was ist normgerecht?

Doch nicht jede Aufnahme in ein Wörterbuch oder eine Grammatik bedeutet, dass die Sprachvariante nun der kodifizierten Norm zuzurechnen ist. Mitunter betrachten jedoch manche Sprecher die Aufnahme eines Wortes in ein Wörterbuch (z. B. das Wort *Rudelgucken* für *Public Viewing*, das im Duden-Online mit „salopp" markiert ist; oder *googeln*, um dessen Verwendung Anfang der 2000er-Jahre nach der Wörterbuchaufnahme eine große Debatte entstand,

Norm-Autoritäten

ob es als Synonym für ›suchen/im Internet recherchieren‹ genutzt werden könne) als Beleg dafür, dass die Variante der Norm entspricht, obwohl der Anspruch der Lexikographen vielmehr in der deskriptiven Erfassung des sprachlichen Ist-Zustandes als in der Setzung einer verbindlichen Norm besteht (das Verhältnis von Deskription und Präskription klären die Wörterbücher meist in ihren Vorworten). In diesem Zusammenhang darf nicht vergessen werden, dass Wörterbücher von Verlagen herausgegeben werden, die sich unter wirtschaftlichem Druck auf dem Markt behaupten müssen. Von daher lässt so manche Aufnahme eines Lemmas (Wörterbucheintrag) den Verdacht aufkommen, dass ein Wirtschaftsunternehmen sich als modern und am Puls der Zeit lauschend präsentieren möchte (so beispielsweise bei der Aufnahme der ehrverletzenden Berufsbezeichnung *Saftschubse* für *Flugbegleiterin* in z. B. Duden-Online).

Suche nach der Norm

Der Benutzer eines Wörterbuchs interessiert sich in der Regel aber nur für eine eindeutige Antwort bei Zweifelsfragen und deutet das Vorkommen eines Phänomens im Wörterbuch oder in einer Grammatik als Indiz dafür, dass diese Form gebraucht werden darf und dass man sich bei ihrer Verwendung nicht blamiert. Der oder die Rat Suchende versteht demnach die Erwähnung als Absicherung des eigenen Sprachhandelns (und dies nicht selten unter Vernachlässigung der lexikographischen oder grammatikalischen Kommentare zum eingeschränkten Gebrauch).

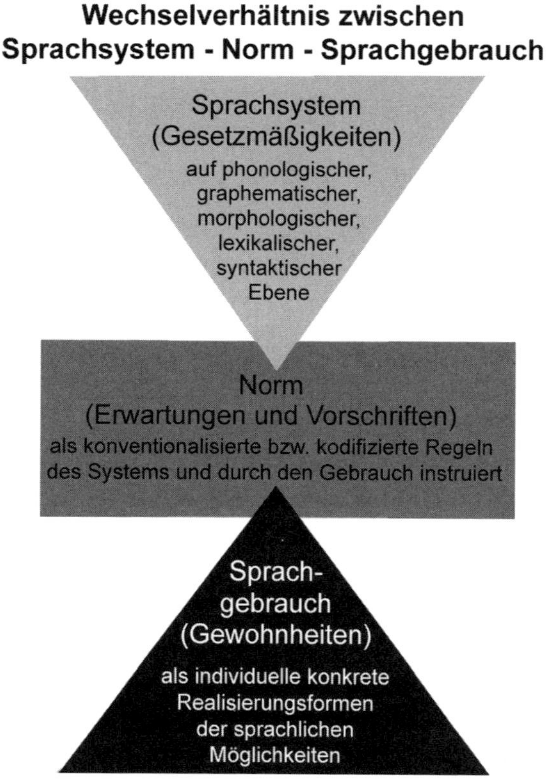

Abb. 2: Das Spannungsverhältnis und die Austauschbeziehungen zwischen System – Norm – Sprachgebrauch.

Dieser Umstand lässt sich an Wörterbucheinträgen illustrieren, die in vielen verschiedenen Varietäten vorkommen können, auch wenn dort lexikographische Hinweise stehen wie der auf Umgangs-, Werbesprache oder Mundart. Als ein Beispiel sei der Ausdruck *Flieger* (in Wörterbüchern mit „umgangssprachlich" markiert) für *Flugzeug* angeführt. Daran lässt sich zeigen, wie ein Ausdruck sich Stück für Stück auch in standardnäheren Varietäten durchzusetzen vermag, wenn er auch in den sogenannten seriösen Me-

Wechselverhältnis zwischen Sprachsystem - Norm - Sprachgebrauch

Sprachsystem (Gesetzmäßigkeiten)
auf phonologischer, graphematischer, morphologischer, lexikalischer, syntaktischer Ebene

Norm (Erwartungen und Vorschriften)
als konventionalisierte bzw. kodifizierte Regeln des Systems und durch den Gebrauch instruiert

Sprachgebrauch (Gewohnheiten)
als individuelle konkrete Realisierungsformen der sprachlichen Möglichkeiten

dien gebraucht wird (Belegbeispiel in *Süddeutsche Zeitung* vom 16./17.1.2016 – „Barack Obama besorgt seinen Nachfolgern neue Flieger").

Es bleibt also festzuhalten: Norm ist der Überschneidungsbereich zwischen System und Gebrauch. Konkret vorkommende Varianten (Sprachgebrauchsformen) beeinflussen die Norm ebenso wie das Sprachsystem in Form von Vorschriften die Norm prägt. In der Norm manifestieren sich Erwartungen (wie sich Sprecher ausdrücken sollen) und Vorschriften als kodifizierte Vorgaben aus Wörterbüchern und Grammatiken. Sprecher haben Normen zum Teil intuitiv erworben und teilweise bewusst erlernt. Veränderungen und Neuerungen im Sprachgebrauch tangieren, ja „erschüttern" mitunter individuelle und kollektive Normvorstellungen: Diese Neuerungen können abgelehnt werden, oder sie finden doch – nach einem langen Sprachwandelprozess – zunehmend Eingang in individuelle Normvorstellungen bis hin zu einer kollektiven Akzeptanz. Dieses Wechselverhältnis soll Abb. 2 auf S. 42 illustrieren.

Norm individuell und kollektiv

5. Begriffsabgrenzung: *Varietät, Register* und *Stil*

Die Fachtermini *Register* und *Stil* weisen im Vergleich zum Fachterminus *Varietät* Ähnlichkeiten auf, allerdings auch grundsätzliche Unterschiede. Die abgrenzenden Definitionsversuche in der Literatur fallen extrem heterogen aus (vgl. die Zusammenstellung bei Sinner 2014: 141 ff.). So kann man bilanzieren: „I. d. R. ist der Stilbegriff eng mit dem des Registers verknüpft", mitunter sogar „überlappend" (Sinner 2014: 143). Gemeinsam ist allen drei Termini, dass sie auffällige Phonetik, Wortbildung, Lexik, Mehrwortverbindungen (Syntagmen), Phraseologie oder syntaktische Phänomene in Augenschein nehmen – allerdings aus verschiedenen Erkenntnisinteressen heraus. Während die Varietätenlinguistik „von Kommunikationsbereichen ausgeht und ihnen relativ geschlossene Subsysteme sprachlicher Mittel auf allen Sprachebenen zuordnet", werden Register „durch die Parameter der Kommunikationssituation" (Spillner 1989: 7) geprägt. Stil wird dagegen meistens in einem Sprache/Kontext-Verhältnis empirisch als eine wie auch immer geartete Auffälligkeit oder Abweichung in Bezug auf Erwartungen beschrieben und dann gedeutet. Der Terminus *Register* fokussiert stärker die kommunikative Situation und die sich daraus ergebenden individuellen Ausdrucksmöglichkeiten im Sinne von „Inventaren situationsgerichteter Verbalisierungsmuster" (Spillner 1989: 10). *Varietät* im Vergleich dazu blickt „von oben" vom Standpunkt der Gesamtsprache auf Sub- oder Teilsprachen, die durch spezifische, systematisch vorkommende Varianten bestimmt werden.

Gemeinsamkeiten, Unterschiede

Was versteht man unter Register?

Register-Fokus   Der Terminus *Register* fokussiert systematisch vorkommende Sprachvariantenbündel oder Codes (innere Mehrsprachigkeit), die einem Individuum gemäß seiner sozialen Rolle in einer bestimmten Äußerungssituation in Form eines Repertoires zur Verfügung stehen. Der Terminus ist in den 1960er Jahren in der anglo-amerikanischen Wissenschaftstradition (Halliday et al. 1964) prominent gemacht worden:

> **Zitat**
>
> „The term ‚register' denotes variation in language according to the context in which it is being used. Different situations call for adjustments to the type of language used: for example, the type of language that an individual uses varies according to whether s/he is speaking to family members, addressing a public gathering, or discussing science with professional colleagues." (Mesthrie/Swann/Deumert/Leap ²2009: 70)

Bei der sprachwissenschaftlichen Kategorie des Registers ist die dominante Perspektive auf die Kommunikationskontexte des Individuums gerichtet, das sprachliche Realisierungsmöglichkeiten vor dem Hintergrund der zur Verfügung stehenden Sprachrealisierungsvarianten eines unterstellten Sprachrepertoires auszuwählen hat. Die – metaphorisch gesprochen – Blickrichtung beim Register geht von der konkreten Sprechsituation (bzw. dem Situationstyp) zu den prinzipiellen Möglichkeiten, innerhalb deren sich ein Sprecher für eine adäquate Realisierungsvariante zu entscheiden hat. Den Rahmen aller denkbaren Möglichkeiten in einer Sprachgemeinschaft erfasst das Konstrukt der virtuellen Gesamtgrammatik. Davon unabhängig zu denken sind die Möglichkeiten der Variantenrealisierung, die sich ein Individuum im Laufe des Lebens kompetent angeeignet hat. Findet – nach Sichtung der auf *langue*-Ebene in Betracht kommenden Formulierungsvarianten – eine Auswahl statt, richtet sich der Blick zurück auf den Sprechkontext und die ausgewählte Variante wird realisiert. Idealtypisch gedacht geht der mentale Blick des Individuums beim Formulieren von der Analyse der Situation zum System (*langue*) und dann wieder zur konkreten Sprachäußerung (*parole*). Wir haben es also mit der Wechselwirkung (Korrelation) von Situationstypen und Sprachgebrauchstypen zu tun.

Varietäten-Fokus   Das Erkenntnisinteresse der Varietätenlinguistik dahingegen richtet sich auf die Abgrenzung der Subsprachen als Ganzes oder „Sprachgebrauchssysteme" (Dittmar 1997: 175) aus sprachstruktureller Sicht unter Berücksichtigung außersprachlicher Faktoren. Die Varietätenlinguistik ist also erkenntnistheoretisch vorrangig auf die *langue*-Ebene fixiert und betrachtet die parole-Ebene vor allem zum Zwecke der exemplarischen „Fütterung" der kontextabstrahierten Subsprachen (mit dem Erkenntnisinteresse der nachvollziehbaren Systemgenerierung). Einzelne Sprecher und die von ihnen praktizierten Äußerungen interessieren weniger als Einzelphänomen, sondern vielmehr kontextabstrahierend als **Idiolekte** zur kriteriengeleiteten Generierung des Konstrukts einer abgeschlossenen Sprache innerhalb einer Gesamtsprache. Der varietätenlinguistische Fokus liegt also auf dem linguistischen Konstrukt der systematisch hergeleiteten Subsprache, deren Kriterien viele Sprecher bei der Auswahl eines Registers leiten. Lässt sich dabei ein systemhafter Zusammenhang zwischen außer- und innersprachlichen Kriterien feststellen, geht die Varietätenlinguistik von einer Varietät aus. Sprecher haben sich diese Kriterien entweder stillschweigend angeeignet (*tacit knowledge*) oder bewusst erlernt.

Stichwort

Idiolekt

Mit der Bezeichnung *Idiolekt* betrachtet die Sprachwissenschaft den Sprachgebrauch eines Individuums aus dem Blickwinkel der Systemhaftigkeit. Sie stellt damit fest, dass jeder individuelle Sprachgebrauch Zugang zu individuellen Regelhaftigkeiten bietet, der wiederum den Vergleich mit anderen Regelhaftigkeiten ermöglicht. Das bedeutet: Die persönliche Ausdrucksweise interessiert unter dem Gesichtspunkt, ob die realisierten Varianten aus Systemperspektive charakteristische Überschneidungen mit anderen Sprachgebrauchsgepflogenheiten anderer Individuen (also Idiolekten) erfüllen und damit Exempel einer Subsprache (z. B. eines Soziolekts, Dialekts oder einer Fachsprache) darstellen. Vice versa: Betrachtet man individuelle Äußerungen (als idiolektales Sprachsystem) unter sozialen Gesichtspunkten, so rechtfertigen die Übereinstimmungsbereiche mehrerer Idiolekte die Bildung von interpretatorischen Konstrukten wie z. B altersspezifischen Subsprachen (Gerontolekt, Jugendsprachen) oder Frauen- und Männersprache (Genderlekte). Die Schnittmenge von idiolektalen Komponenten aus arealem (geographischem) Blickwinkel erlaubt die Abgrenzung von Dia- oder Regiolekten. Der fachlich-funktionale Fokus auf den Deckungsbereich von Idiolekten bildet die Grundlage für die Zusammenfassung dieser Ausprägungen unter dem Dach der Berufs- oder Fachsprachen. Varietätenlinguistische Beschreibungen und Einteilungen basieren also auf dem Konstrukt von Idiolekten, um darauf aufbauend theoriegeleitet weitere Kategorisierungen vornehmen zu können. Der Terminus *Idiolekt* ist das varietätenlinguistische Abstraktum auf *langue*-Ebene. Der Ausdruck *Register* fokussiert die individuelle Ausdrucksweise in der konkreten Äußerungssituation vor dem Hintergrund des prinzipiell zur Verfügung stehenden Repertoires an Realisierungsvarianten (Wechselwirkung von Sprachgebrauchsformen und Situation).

Abb. 3: Von Einzel-
äußerungen über das
Register zu Idiolekten
bis zur Fachsprache
(= Funktiolekt) am
Beispiel der Gesprächs-
sorte *Produktpräsenta-
tion*

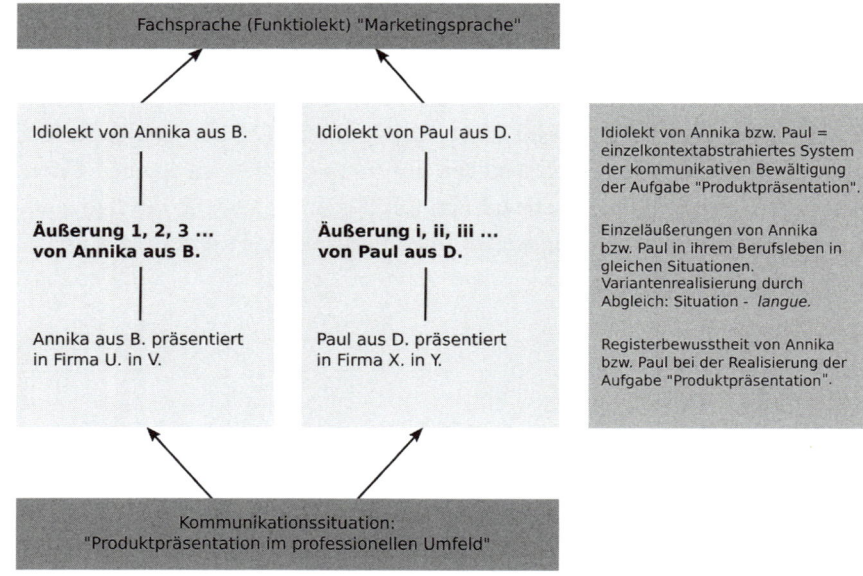

**Einzeläußerungen als Ergebnis situationsbewussten Sprechens
und Abstraktionsgrundlage bis zur Varietät**
(Leserichtung von unten nach oben)

Fachsprache (Funktiolekt) "Marketingsprache"

Idiolekt von Annika aus B.

Idiolekt von Paul aus D.

**Äußerung 1, 2, 3 ...
von Annika aus B.**

**Äußerung i, ii, iii ...
von Paul aus D.**

Annika aus B. präsentiert
in Firma U. in V.

Paul aus D. präsentiert
in Firma X. in Y.

Idiolekt von Annika bzw. Paul =
einzelkontextabstrahiertes System
der kommunikativen Bewältigung
der Aufgabe "Produktpräsentation".

Einzeläußerungen von Annika
bzw. Paul in ihrem Berufsleben in
gleichen Situationen.
Variantenrealisierung durch
Abgleich: Situation - *langue*.

Registerbewusstheit von Annika
bzw. Paul bei der Realisierung der
Aufgabe "Produktpräsentation".

Kommunikationssituation:
"Produktpräsentation im professionellen Umfeld"

Was versteht man unter Stil?

Fragen und Aspekte des Stils (lat. *stilus* ‚Griffel') werden häufig aus einer
selektiven Betrachtungsweise auf den Text oder das Gespräch heraus beschrieben: Wer auf den Stil achtet, Stil-Prädikate zuordnet, lenkt seine Aufmerksamkeit vom *Was* (als Sachgehalt des Geäußerten) auf das *Wie* (als sprachlich-
stilistische, für den Sinngehalt mitentscheidende Form) der sprachlichen Ausdrucksweise. Weithin bekannt ist das aus der antiken Rhetorik stammende
Stilschichten-Model (Sanders 1996: 224), dem entsprechend vereinfachend
„niedere", „mittlere", „hohe" Stilebene (Spillner 2001) unterschieden werden
kann. Diese Annäherung lässt sich mit Sanders (1996: 17) als vorwissenschaft-
lich bezeichnen, dennoch ist sie aus heuristischen Gründen hilfreich.

Im Zusammenhang der Herausbildung eines (individuellen oder (berufs-)
gruppenspezifischen) Schreib- und Sprechstils wird die Vergegenwärtigung des
Schreib- oder Sprechanlasses betont. Textproduzenten müssen sich unter
anderem über folgende zentralen Punkte im Klaren sein: Text- oder Gesprächssorte, Adressatenbewusstheit, Adressatenvorwissen, Sprachhandlungen
und Wirkungsintentionen, Umgang mit Sprechereinstellungen, Berücksichtigung intertextueller Beziehungen, Dekontextualisierung (Entnahme aus dem
ursprünglichen Zusammenhang) und Rekontextualisierung (Einbetten in
einen neuen Kontext) von Phänomenen. Unter dem Aspekt der Stilerlernung

sei auf die rhetorische wie auch noch im Schulunterricht relevante didaktische Stilauffassung verwiesen. Als verbreitete Stilprinzipien gelten bis zum 18. Jahrhundert die aus Antike und lateinischem Mittelalter übernommenen „Stiltugenden" der Angemessenheit (*aptum*) in Ton und Sache, der Klarheit und Deutlichkeit (*perspicuitas*), des Redeschmucks (*ornatus*) und der Sprachrichtigkeit oder -reinheit (*puritas*) – eine „Quadriga der Stilqualitäten", zu der allenfalls noch die Kürze (*brevitas*) hinzukommt (Sanders 1996: 63f.). Aus den antiken Rhetoriken und Poetiken gelangten die erwähnten Prinzipien um 1800 in die sich ausbildende Stilistik und wurden ergänzt um die Natürlichkeit (Authentizität) und Anschaulichkeit (Asmuth 1991: 26f.).

Sanders (1996: 64) listet unter anderem die aus der antiken Tradition gewonnenen und immer noch aktuellen Stilprinzipien auf: Aktuelle Stiltugenden

- *Angemessenheit in Ton und Sache*
- *Eindeutigkeit und Vollständigkeit*
- *Übersichtlichkeit und Eingänglichkeit*
- *Mäßigung in Bezug auf Ausführlichkeit und Knappheit*
- *Genauigkeit und Sachlichkeit*
- *Natürlichkeit und Wesensgemäßheit*

Sanders schlussfolgert: „Aus dieser Tradition erklärt es sich, dass auch die Stillehren unseres Jahrhunderts nahezu unverändert noch die gleichen Stilprinzipien anführen, und es steht nichts im Wege, sie als provisorische Arbeitsgrundlage zu benutzen." (Sanders 1996: 64)

Stilfragen beziehen sich vorrangig auf die *parole*-Ebene (auch in Form   Stilfragen
von Stilvergleichen), das ist ein grundlegender Unterschied zu den Termini *Register* (mit der dominanten Blickrichtung von der *parole*-Ebene zur *langue*-Ebene und wieder zurück) und *Varietät* (mit der erkenntnistheoretisch bevorzugten Sichtweise auf die *langue*-Ebene, welche die *parole*-Ebene in erster Linie nur zur empirischen Rechtfertigung kriteriengeleiteter und systemrelevanter Kategorisierungsbemühungen heranzieht). *Stil* ist im Kontrast zu *Register* und *Varietät* in besonderem Maße handlungs- bzw. akteursorientiert: Gerade in der neueren pragmatisch orientierten Stilforschung (siehe zum Forschungsstand Androutsopoulos/Spreckels 2010: 197) werden Stilunterschiede bei unterstellter Referenzidentität (dass also beide Varianten das Gleiche sagen) aus dem Blickwinkel von Sprachhandlungen und kommunikativer Interaktion betrachtet.

„Stil wird nicht bloß als Eigenschaft eines Individuums oder Einzeltextes aufgefasst, sondern als soziales Kennzeichen; Stile „gehören" Gruppen, Aktivitätstypen, Institutionen an." (Androutsopoulos/Spreckels 2010: 198)

Auer definiert in diesem Sinne Stil als eine „Menge interpretierter, konkurrierender sprachlicher und/oder nichtsprachlicher Merkmale, die (Gruppen/Rollen von) Personen, Textsorten, Medien etc. zugeschrieben werden" (Auer 1989: 29). Er kritisiert damit eindimensionale bzw. normative Stilkonzeptionen, er fokussiert den Handlungsgehalt einer Äußerung. Merkmalbündel werden sozial interpretiert und als soziale Stile aufgefasst: Sie können sozialen Gruppen, Situations- bzw. Handlungstypen zugeschrieben werden. Stil lässt sich induktiv aus den Kontextfaktoren heraus beschreiben, wobei der Kontext durch die Kommunikationsteilnehmer hergestellt wird (Gumperz 1982).

Stil pragmalinguistisch

Eine pragmatisch ausgerichtete Stilauffassung bezieht sich auf den konkreten Sprachgebrauch aus der Perspektive stilistisch markierter und sozial interpretierbarer Ausdrucksmöglichkeiten. Der Stil kann innerhalb eines Registers variieren. Das Register kann aber auch bewusst mit dem Stil auf pragmatischer Ebene spielen: So kann zum Beispiel unsere fiktive Protagonistin Lilo Lingue in ihrer Ansprache anlässlich Omas 80. Geburtstag vor versammelter Verwandtschaft stilistisch zwischen gehobenen literarischen Anspielungen und bewusst gewählten jugendsprachlichen Einsprengseln jonglieren, ohne dass sie das Register und die damit verbundene soziale Rolle als Festrednerin verlässt. Oder anders formuliert: Diese pointiert gesetzten Stilelemente als Einzelkomponenten kommen erst vor dem rahmengebenden Hintergrund des Registers zur Geltung. Eine solche Sichtweise erlaubt auf Mikroebene eine detaillierte Beschreibung einzelner Äußerungskomponenten und modelliert Stilnuancierungen im Sinne eines Kontinuums, welches ein Changieren zwischen sozial prestige-trächtigen („höheren"), prestige-neutralen (unmarkierten) und (vermeintlich) prestige-beeinträchtigenden („niederen") Stilebenen ermöglicht. Dazu passend präferiert Sowinski unter gängigen Stiltheorien – in Abgrenzung zur deviatorischen Stiltheorie („Stil als Normabweichung") – die folgende Definition:

> „Die selektive Stiltheorie bietet im Modell der Wahl fakultativer synonymer oder teilsynonymer Ausdrucksmöglichkeiten im Wechsel mit nichtsynonymen Elementen ein entsprechendes Erklärungsmodell für die Stilistik an, wobei die Gesamtheit des Textes erfasst wird." (Sowinski 1999: 54)

Stil in der Soziolinguistik

Gilles, Scharloth und Ziegler grenzen die Stilforschung von der Varietätenlinguistik wie folgt ab:

> „Dem Paradigma der Varietätenlinguistik und seiner Akzentuierung der Frage der Systematizität der Variation steht das Paradigma der Sozialstilistik und seiner Akzentuierung der Frage der sozio-kommunikativen Bedeutsamkeit der Variation gegenüber." (Gilles/Scharloth/Ziegler 2010: 2)

Androutsopoulos und Spreckels (2010) weisen weiterführend darauf hin, dass sowohl Varietät als auch Stil Leitkonzepte der soziolinguistischen Beschreibung sprachlicher Variation darstellen (vgl. dazu Hinnenkamp/Selting 1989) und ihr Verhältnis im Mittelpunkt der damit einhergehenden Theoriebildung steht. Sie gehen davon aus, dass der

> **Quelle**
>
> „Varietätenbegriff und seine Leitmethoden, die strukturalistische und korrelative Analyse, für sich genommen nicht ausreichen, um die Komplexität und Kontextspezifik sprachlicher Variabilität in der kommunikativen Praxis ausreichend zu beschreiben." (Androutsopoulos/Spreckels 2010: 197)

Aus diesem Grund verweisen sie auf ethnographische, gesprächs- und diskursanalytische Zugänge, die in aktuellen Ansätzen der Stilforschung, in der Soziolinguistik, Handlungsstilistik und interaktionalen Linguistik zu finden sind. Diese Ansätze der Stilforschung und ihre Verortung in aktuellen Paradigmen können hier nicht weiter verfolgt werden (vgl. dazu Coupland 2007, Androutsopoulos/Spreckels 2010: 198), stattdessen resümieren wir das Verhältnis von Stil und Varietäten in der Varietätenlinguistik.

Stiluntersuchungen als Analysen sprachlicher Komponenten (Merkmale) sind in besonderem Maße auf die konkrete Äußerungssituation und ihre Rahmenbedingungen angewiesen. Varietäten müssen aus ihrem systemgenerierenden Anspruch heraus von vielen Kontexten abstrahieren, um zu sinnvollen Aussagen über „Sprachgebrauchssysteme" (Dittmar 1997: 175) zu kommen. Diese divergierenden Erkenntnisinteressen sollten nicht als Widerspruch zwischen strukturalistischen (systemorientierten) und pragmatisch-kommunikativen Ansätzen konstruiert werden, sondern als zwei – sich fruchtbar ergänzende – Zugänge der Sprachbeschreibung verstanden werden. Konkrete Einzelmanifestationen von Varietäten in Form von Äußerungen bzw. sprachlichen Erscheinungsformen können dann als eine soziale Praxis erfasst werden, die über die Beschreibung ihrer lexikalischen und grammatischen Verfasstheit interaktionale, kognitive und soziale Wirkungen zu erklären vermag.

Stil und Varietätenlinguistik

Daraus lässt sich die Schlussfolgerung ableiten, beide Konzepte als komplementär zu betrachten: Mit Gilles, der sich „der Struktur und den Funktionen des substandardsprachlichen Kontinuums" (Gilles 2003: 185) mit Bezug auf die Paradigmen der Varietätenlinguistik und der interaktionalen Soziolinguistik (Gumperz 1994) vergleichend widmet (Gilles 2003: 185), lässt sich für Variationsuntersuchungen „eine Methodenkombination aus beiden Analyseverfahren" (Gilles 2003: 202) empfehlen. Stil- und Varietätenanalysen richten dann ihr Augenmerk bei identischem Untersuchungsmaterial auf bestimmte Aspekte der Variabilität im Sprachgebrauch und verlangen Auskunft über die folgende Frage: „Beschreibe ich meine Daten als System oder als von den Be-

Komplementäre Konzepte

teiligten sozial interpretierte kommunikative Praxis?" (Androutsopoulos/ Spreckels 2010: 202)

Abgrenzung von Register, Stil und Varietät

Begriffsunterschiede

In Anbetracht der soeben dargelegten Ausführungen zu den Ausdrücken *Stil – Register – Varietät* lassen sich bei gewissen Überschneidungen der zu analysierenden Phänomene folgende Unterschiede festmachen:

Langue- und parole-Ebene

(1) Stil ist ein Phänomen der *parole*-Ebene. Stilanalysen untersuchen durch Besonderheiten geprägte Komponenten sprachlicher Äußerungen in definierten Verwendungssituationen und reflektieren graduell die Möglichkeiten eines sprachlich handelnden Individuums (oder einer Gruppe), innerhalb eines Textes-in-Funktion bzw. Gesprächs-in-Funktion Stilerwartungen zu erfüllen (wenn die Kompetenz vorhanden ist) oder sie bewusst zu modifizieren oder gar zu ignorieren. Stil ist also vor allem eine pragmatische Größe (Dittmar 1997: 224), sprachliche Auffälligkeiten werden erst im Rahmen einer sprachlichen Handlung durch die kommunikative Äußerungssituation und soziale Praxis erklärbar. Fokussiert man die Äußerungsplanung einer Person (in ihrer sozialen Rolle oder als Angehörige einer Gruppe) im Rahmen der „ganzen" Äußerungssituation, so referiert das Register auf die auszuwählenden Formulierungsvariationen innerhalb konkreter Kontextfaktoren, spiegelt hypothetisch ausgewählte Formulierungen mit weiteren Ausdrucksmöglichkeiten auf der *langue*-Ebene (Hypothesen über Formulierungsalternativen), um anschließend bestimmte Formulierungen zu realisieren (und dies recht einheitlich für einen größeren Äußerungskomplex im Unterschied zum Stil, der stilistische Einzelvarianten bewusst setzen kann). Varietäten richten in Abgrenzung dazu ihr Erkenntnisinteresse auf die *langue*-Ebene, denn die Varietätenlinguistik will die systematisch geordnete Heterogenität der vielfältigen Sprachgebrauchsformen unter Systemgesichtspunkten (virtuelle Gesamtgrammatik) kriteriengeleitet transparent machen. Zur Validierung ihrer Kategorisierungsbemühungen ist sie auf die empirische Substanz konkreter Erscheinungsformen angewiesen (*parole*-Ebene), weil die Ordnung gleichsam intuitiv im (unbewussten oder bewussten) Sprachverhalten der einzelnen Sprecher der Sprachgemeinschaft angelegt ist.

Induktive – deduktive Betrachtungsweise

(2) *Stil* ist im Kontrast zu *Register* und *Varietät* in besonderem Maße handlungs- und akteursorientiert. Stil wird einem Individuum oder einer Gruppierung bzw. Gruppe zugeschrieben. Fragen des sprachlichen Stils lassen sich modellieren als auszuwählende Varianten innerhalb einer größeren Äußerungseinheit, die jeweils für sich genommen eine spezifische Wirkung auf den Hörer zu entfalten vermögen (pragmatische Sichtweise). Stil lässt sich also in einem Sprache/Kontext-Verhältnis induktiv beschreiben, nach dem die Sprache der Interaktanten den Kontext mitdefiniert und verändern kann (Gumperz 1982). Der Terminus *Register* – als im Vergleich dazu abstrakterer Begriff

– verdichtet situationstypische Kommunikationsformen hinsichtlich ihrer Gemeinsamkeiten zu einer Kategorie, spiegelt sie mit Möglichkeiten individuellen Sprachhandelns und nimmt damit eine induktive und deduktive Betrachtungsweise ein. Register gehen von mehr oder weniger festen „Inventaren situationsgerichteter Verbalisierungsmuster" (Spillner 1989: 10) aus. Schmidt und Herrgen definieren Registerkompetenz im Kontrast zu Systemkompetenz als das einem Individuum zur Verfügung stehende Sprachwissen, „wobei die Systemkompetenz sich auf das Inventar der sprachlichen Elemente und Regeln, die Registerkompetenz auf die Regeln der situationsadäquaten Verwendung bezieht." (Schmidt/Herrgen 2011: 38) *Varietät* ist dagegen ein genuin deduktiv ausgerichteter Begriff. Er schaut „von oben" vom Standpunkt der Gesamtsprache auf strukturierte Subsysteme, die aus spezifischen, mehrfach systematisch auftretenden (kookkurrierenden) Variantenrealisierungen generiert werden. Dittmar resümiert das Verhältnis wie folgt:

> **Zitat**
>
> „Der Prozesscharakter der Interaktion und der in diesem Prozess zu erfassende individuelle wie interaktive Stil lassen es nach Hinnekamp & Selting (1989) nicht zu, Stile als *Varietäten* aufzufassen. Da sie nicht losgelöst von konkreten Verwendungssituationen beschrieben werden können, seien sie *pragmatischer* Natur und nicht systemlinguistischer. Dieses Argument spricht für die Lösung, Register *systemlinguistisch* als *Varietät* und Stil *pragmatisch* als Registerstil (expressiver Aspekt des Registergebrauchs) miteinander in Beziehung zu setzen." (Dittmar 1997: 224f.)

6. Markiertheit von Varianten und Dimensionen

In der abschließenden Zusammenstellung (siehe Abb. 6: *Schaubild zur inner- und außersprachlichen Wechselbeziehung*) sollen zentrale Schlüsselwörter der Varietätenlinguistik und ihre Relationen verdeutlicht werden. Die varietätenlinguistischen Relationen der Termini sind als Schaubild visualisiert. Im Folgenden werden die einzelnen Bestandteile der Darstellung kurz erläutert.

Organogramm

Beginnen wir beim Gesamtdeutschen mit seinen nationalen Varietäten im Sinne von Amtssprachen (Ammon 2015: 206), die über die Staatsnamen Bundesrepublik Deutschland, Liechtenstein, Luxemburg, Österreich und die Schweiz zu bestimmen sind. Ammon (2015: 206f.) unterscheidet solo-offizielle Amtssprachen, wie sie in Deutschland, Liechtenstein und Österreich gelten, von ko-offiziellen Amtssprachen, wie sie in Luxemburg (mit Französisch, Letzeburgisch) und der Schweiz (mit Französisch, Italienisch, Rätoromanisch) zu finden sind. Davon ausgehend setzt die Varietätenlinguistik Subsprachen des Deutschen an und spricht von innerer Mehrsprachigkeit (Wandruszka 1979). Diese Subsprachen sind ein Erklärungsversuch für die Beobachtung, dass die Heterogenität der deutschen Sprache in Gestalt vieler Ausprägungen einer inneren

Ausgangspunkt nationale Varietät

Ordnung und Systematik zu folgen scheint, auch wenn sich die vielen Sprecher dessen in der Regel nicht bewusst sind (abgesehen von den Fällen, in denen wir bewusst über Sprache nachdenken und diskutieren). Auf der Suche nach den Merkmalen, die für das Ansetzen einer eigenen Varietät ausschlaggebend sein könnten, stößt man auf eine Reihe von Kriterien. Die Aufgabe der Varietätenlinguistik besteht neben dem Identifizieren der einschlägigen Merkmale auch in der kausal plausiblen Anordnung derselben oder im Aufstellen eines Ordnungsschemas (Generierung eines Kategorienapparats), damit die Heterogenität der sprachlichen Erscheinungsformen möglichst systematisch erklärt werden kann.

Areale, soziale und funktionale Bestimmungsfaktoren

Charakteristik der Kriterien

Die Vielzahl der als ausschlaggebend identifizierten innersprachlichen Merkmale – von der Lautebene über die Wortebene bis zur Text-/Gesprächsebene – lassen sich aus dem Blickwinkel der außersprachlichen Merkmale zuordnen: So zum Beispiel auf der Lautebene der Gebrauch des Frikativs [f] statt der Affrikate [pf] in z.B. *Pferd* – ein Sprachmerkmal, das laut *Norddeutschem Sprachatlas* „für die Stadtsprache von Hannover, […] für Braunschweig und das ganze Ostfalen" gilt (Elmentaler/Rosenberg 2015: 39). Als Beispiel auf der Wortebene kann der Ausdruck *Broiler* in der ehemaligen DDR oder auf Text- und Gesprächsebene beispielsweise Rituale der Karnevalseröffnung im Rheinland angeführt werden. Eine solche Einteilungsmöglichkeit bieten die drei Bestimmungsfaktoren der Sprache – nämlich die Bestimmungsfaktoren des Arealen (z.B. im Süddeutschen *heben* für ›halten‹), des Sozialen (z.B. *chillen* als jugendsprachlicher Ausdruck) und des Funktionalen (z.B. das Fachwort *Angiographie*).

Markiertheit

Diese abstrakte Formulierung lässt sich übersetzen: Ist ein beobachtetes sprachliches Phänomen arealer Natur – also über den Ort bestimmt wie z.B. *gedenkt* als Partizipialform von *denken* oder das Wort *Schrippe* – und wird dieses sprachliche Phänomen als dominant und prägend wahrgenommen, so wird es in der Varietätenlinguistik als markiert betrachtet. „Markiert" bedeutet, dass das Phänomen im Vergleich zu anderen unmarkierten Phänomenen (in den meisten Kontexten ist das Substantiv *Stadt*, der Artikel *die* oder das Verb *essen* unmarkiert) kategorienbildend ist oder über ein solches Potential verfügt. Markiertheit entsteht nur im Kontrast. Ein sprachliches Phänomen ist dann markiert, wenn es dazu geeignet ist, die ganze Äußerung oder sprachliche Erscheinungsform im Unterschied zu anderen Erscheinungsformen (z.B. anderen Subsprachen oder der Standardvarietät) zu charakterisieren. Finden sich mehrere markierte Phänomene in demselben Äußerungskontext, so haben wir es mit einem charakteristischen Bündel von Merkmalen zu tun. Das gebündelte Vorkommen solcher Merkmale ist die Rechtfertigung für das Ansetzen einer Varietät. Die nähere Varietätenbestimmung erfolgt über die Beschreibung der Merkmalbündel, also der Kriterien.

Sprache als Diasystem modelliert

Die Gliederungsidee des sprachlichen Diasystems betrachtet bildlich gesprochen „von oben" die verschiedenen Subsysteme, die in konkreten Sprachgebrauchsformen z.B. als Soziolekte, Dialekte oder Funktiolekte (= Fachsprache) vorkommen. Es untersucht also die Relationen zwischen den Subsystemen. Die auf Weinreich (1953/1977) zurückgehende Erklärung einer heterogenen Gesamtsprache als ein Diasystem (das Morphem *dia-* bedeutet ›durch‹) hat sich inzwischen als Erklärungsmodell durchgesetzt und wurde terminologisch weiterentwickelt. Die Bezeichnungen *diatopisch* (areal bestimmte Lekte (= Subsprachen) wie Dialekt oder Regiolekt), *diastratisch* (sozial determinierte Lekte wie z.B. Jugendsprache als ein Soziolekt), *diafunktional* (durch fachliche oder bereichsspezifische Kontexte und ihre Funktionalität geprägte Lekte wie Fachsprachen, Berufssprachen usw.) verweisen mit dem Wortbaustein *dia-* in der Bedeutung ›durch‹ genau auf diese Eigenschaft, dass *durch* die dominante Wahrnehmung von spezifischen Eigenschaften bzw. eines bestimmten Merkmalbündels der dazugehörige Bestimmungsfaktor als ausschlaggebend für die Varietätenbestimmung angesehen wird (Coseriu 1988: 24).

Sprache als Diasystem

Diese Merkmale eines Bestimmungsfaktors bestimmen dann die Einteilung und Benennung der Subsprache, auch wenn sich vereinzelt – aber eben nicht prägend – Merkmale anderer Bestimmungsfaktoren identifizieren lassen (z.B. wird man bei der Analyse eines Seniorengesprächs in einem Altersheim auch areale Merkmale identifizieren). *Lekt* (Sg.) ist in der Varietätenlinguistik ein Synonym für *Subsprache* und bezeichnet systemische Sprachgebrauchsformen. Ein Lekt ist durch „gleichförmige Sprachmittel" charakterisiert (Steger 1990: 43). *Lekte* (Pl.) stehen für systematische und prinzipiengeleitete Variantenrealisierungen, die – treten sie häufig „in vorhersehbarer Weise" (Berruto 2004: 189) als Variantenmenge auf – als strukturbildendes Variantenbündel zur Charakterisierung der zu analysierenden Erscheinungsform dienen. Metaphorisch gesprochen stecken sie Variationsräume ab. Sie kennzeichnen und modellieren – strukturell gedacht – das Varietätenspektrum einer Gesamtsprache. *Lekt* wird als Grundwort vielfältig gebraucht: *Regiolekt, Soziolekt, Funktiolekt, Idiolekt, Genderlekt*. Im „jeweiligen Bestimmungswort steht in der Regel der außersprachliche Faktor" (Becker/Hundt 1998: 120), der für die Variantenrealisierungen verantwortlich ist. Lekte werden daher vorrangig auf der *langue*-Ebene angesiedelt. „Ein Dia-

Bestimmungsfaktoren

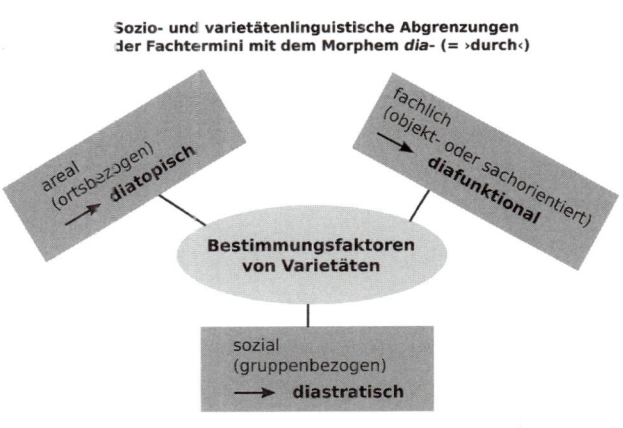

Abb. 4: Bestimmungsfaktoren von Varietäten

system ist also ein sprachliches System einer höheren Abstraktionsebene, das nur in Form konkreterer sprachlicher Systeme existiert, die seine Varianten sind." (Christian Lehmann auf seiner Plattform „Wissenschaft – Science", http://www.christianlehmann.eu/ling/variation/index.html)

Überschneidung der Bestimmungsfaktoren bei der Varietätenbestimmung

Mischung von Kriterien

Selbstredend sind die einschlägigen Bestimmungsfaktoren in einer sprachlichen Erscheinungsform nie in Reinform und ohne Überschneidungen zu den anderen Bestimmungsfaktoren vorhanden (Jugendliche auf dem Schulhof in Nord-, Süd-, Ost- und Westdeutschland realisieren stets auch einen regional oder dialektal gefärbten Soziolekt). Vielmehr muss man im Geiste der protoypischen Modellierung von einer Dominanz eines Bestimmungsfaktors gegenüber anderen Bestimmungsfaktoren ausgehen, so dass letztlich alle drei Bestimmungsfaktoren (nämlich areal, sozial oder fachlich) zur Erklärung der Erscheinungsform beitragen können, aber mit jeweils unterschiedlicher Gewichtung. Diese unscharfen und vagen Grenzen in der Kategorisierung sind der Grund dafür, dass man in der Varietätenlinguistik zur Beschreibung der „Sprachwirklichkeit" von einem „übergangslose [n] Kontinuum" ausgeht und „dass alle Klassifizierungsversuche eine Frage des Standpunktes sind und immer nur unzureichend sein können" (Löffler [5]2016: 79). „Varietäten [sind] als (konventionell bestimmte, unscharf abgegrenzte) Verdichtungen in einem Kontinuum zu verstehen." (Berruto 2004: 190) Wie so oft bei der wissenschaftlichen Kategorisierung von komplexer Wirklichkeit ist also festzustellen: „Die Übergänge sind fließend, und die Unterscheidungskategorien überschneiden sich." (Löffler [5]2016: 79)

Überlappung und Dominanz

Dieser Umstand stellt kein grundsätzliches Problem dar, wenn die den Kategorien zugrunde liegenden Einteilungskriterien zur Erhellung der zu analysierenden Phänomene beitragen. Nicht die „restfreie" und passgenaue 1:1-Kategorisierung ist die entscheidende Leistung wissenschaftlicher Modellbildung, sondern die Erklärungsmächtigkeit der Kriterien, die zur Zuordnung eines Phänomens in eine oder mehrere Kategorien herangezogen werden. Denn auch die nicht-eindeutige Zuordnung eines Phänomens in Anbetracht der einschlägigen Kriterien kann sehr wohl erkenntnisstiftend und erhellend sein. Dazu stelle man sich vor, das zu analysierende X gehöre sowohl in die Kategorie Y als auch in die Kategorie Z. Man versteht von X mehr, wenn man von seiner partiellen Zugehörigkeit zu zwei Kategorien weiß, als wenn man aufgrund der möglichen Mehrfachkategorisierung gänzlich auf die Einteilung und Modellbildung verzichten würde (z.B. das Fachwort *Ankerstek* aus der Knotenkunde der Seemannsknoten lässt sich diafunktional, diatopisch und diastratisch erklären: Es ist Bestandteil einer Fachsprache (hier der Schifffahrt), es ist dialektal eingefärbt (hier an der Küste) und es wird diastratisch von den Menschen gebraucht, die im privaten oder beruflichen Alltag damit zu tun haben und daher aus ihren Alltagsnotwendigkeiten damit vertraut sind).

Aus der Perspektive des Rezipienten gestaltet sich der Wahrnehmungsprozess wie folgt: In einer sprachlichen Äußerung fallen Varianten als markiert auf. Kommunikationsteilnehmer identifizieren die charakterisierenden Eigenschaften, die diese Variante ausmachen. Diese Eigenschaften gehören als Merkmalbündel zu einem bestimmten Bestimmungsfaktor – und zwar prototypisch zum arealen, sozialen oder funktionalen Bestimmungsfaktor. Derjenige Bestimmungsfaktor, dessen Kriterien den gesamten Äußerungskomplex wesentlich bestimmen, gilt als prägend bei der Beschreibung einer Varietät, wenngleich auch Eigenschaften anderer Bestimmungsfaktoren eine Rolle spielen – aber eben eine vergleichsweise geringere Rolle. „Wechselnde Variantenkonfiguration im Sprachgebrauch scheinen jedenfalls ein prägendes Kernmerkmal des Sprachlebens der heutigen Zeit zu sein." (Niebaum/Macha ³2014: 10)

Varietäten sind also aggregierte Sprachvarianten, die Subsprachen prägen und durch spezifische Merkmalbündel eines Bestimmungsfaktors charakterisiert sind. Von daher empfiehlt sich für die Darstellung sprachlicher Variation die Annahme eines Kontinuums innerhalb der Pole *areale Markierung – soziale Markierung – funktionale Markierung*. In der folgenden Darstellung durchläuft der gerundete Pfeil ↻ alle drei Bestimmungsfaktoren und soll damit illustrieren, dass die aggregierten Sprachvarianten einerseits typisch für einen Bestimmungsfaktor sind (nämlich für die areale, soziale oder funktionale), andererseits aber auch Merkmale des jeweils anderen Bestimmungsfaktors aufweisen können, wenngleich auch in weniger ausgeprägter Form. So ist beispielsweise dem fachsprachlich agierenden Rechtsanwalt in Flensburg (wenn er dort aufgewachsen ist) gegebenenfalls eine dialektale Färbung anzuhören und natürlich bildet die Berufsgruppe der Rechtsanwälte auch eine soziolektale Größe. Dominant ist aber dennoch der fachlich-funktionale Bestimmungsfaktor zur Bewältigung der juristischen und rechtssprachlichen Aufgaben in der Handlungs- und Wissensdomäne des Rechts.

Somit sind die einschlägigen Vokabeln zur Beschreibung des Varietätenspektrums bestimmt. Wir kommen nun zur abschließenden Zusammenstellung. Auf Grund der Erläuterung aller einschlägigen Schlüsselwörter, die man als Fachtermini der Varietätenlinguistik kennen

Wahrnehmung sprachlicher Merkmale

Markierte Merkmalbündel

Abb. 5:
Überschneidung und Separierung von Bestimmungsfaktoren

sollte, kann nun ein varietätenlinguistisches Schaubild über die Wechselwirkung von inner- und außersprachlichen Merkmalen präsentiert werden. Es beabsichtigt den Varietätenraum (Klein 1974: 13, Dittmar 1997: 177) oder das Varietätenspektrum anhand der zentralen Fachtermini und wichtiger Punkte und Verbindungslinien zu benennen und zu strukturieren. Mit seiner Hilfe kann sich der Sprachanalytiker in der Sprachwirklichkeit zu Recht finden.

Schlüsselwörter und Fachtermini der Varietätenlinguistik:

Abb. 6: Schaubild zur inner- und außersprachlichen Wechselbeziehung

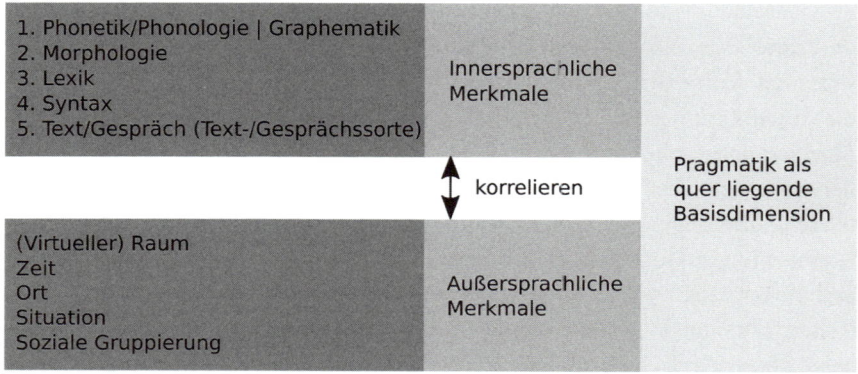

Gesamtdeutsch   =   nationale Varietäten
Subsprachen des Deutschen   =   intralinguale Varietäten
|
Relevantes Bestimmungskriterium

Areal, sozial oder funktional **markierte** Merkmalbündel einer bestimmten Dimension, angesiedelt auf den folgenden linguistischen Beschreibungsebenen:

1. Phonetik/Phonologie | Graphematik
2. Morphologie
3. Lexik
4. Syntax
5. Text/Gespräch (Text-/Gesprächssorte)

Innersprachliche Merkmale

↕ korrelieren

(Virtueller) Raum
Zeit
Ort
Situation
Soziale Gruppierung

Außersprachliche Merkmale

Pragmatik als quer liegende Basisdimension

Implizites Wissen ermöglicht Anwendungskompetenz in Bezug auf den richtigen und angemessenen Sprachgebrauch
Explizites Wissen befähigt zur Explizierung von Beschreibungs- und Erklärungsfaktoren von sprachlicher Variation (metasprachliche Reflexionsfähigkeit)

■

Auf einen Blick

1. Unterscheiden Sie innere von äußerer Mehrsprachigkeit.

2. Dittmar definiert Sprache als „Menge von ‚Varietäten' (= verschiedene Sprachgebrauchssysteme)" und spricht vom „Varietätensprektrum". Was meint er damit?

3. Weist eine Varietät mehr Konstanten – also nicht variierende Einheiten – oder Varianten auf? Begründen Sie die Antwort vor dem Hintergrund der „ganzen" Sprache als virtuelles Gesamtsystem.

4. Was versteht man unter Standardvarietät, was zeichnet Substandardvarietäten aus?

5. Charakterisieren Sie stichwortartig die Kommunikation der Nähe und der Distanz.

6. Können Sie pragmatische Routinen und ausdrucksseitige Muster in Verbindung mit Text- und Gesprächssorten bringen? Erläutern Sie die Zusammenhänge mit Hilfe von konkreten Text-

oder Gesprächsbeispielen wie z.B. dem Verfassen eines Kondolenzschreibens oder einer Fest-rede anlässlich eines Dienstjubiläums.

7. Skizzieren Sie den möglichen Weg einer neu aufkommenden Ad-hoc-Sprachvariante bis zur Kodifikation unter Verwendung der Ausdrücke *Regularität* und *Regel*.

8. Was versteht man unter dem Diasystem der Sprache mit den Polen des arealen, sozialen und funktionalen Bestimmungsfaktors zur Identifizierung einer Varietät (inklusive der Fachaus-drücke *diatopisch, diasozial, diafunktional*)?

Kommentierte Literatur

Dittmar, Norbert (1997): Grundlagen der Soziolinguistik. Ein Arbeitsbuch mit Aufgaben. Tübingen: Niemeyer. Als Einführung in die Soziolinguistik mit einem dezidierten Blick auf ihre Entstehung.

Veith, Werner H. (^{2}2005): Soziolinguistik. Ein Arbeitsbuch. Tübingen: Narr. Eine klar strukturierte Einführung in die Soziolinguistik mit vielen Aufgaben und Lösungen.

Sinner, Carsten (2014): Varietätenlinguistik. Eine Einführung. Tübingen: Narr. Eine Einführung mit einem guten Einblick in die Entstehung und Entwicklung der varieätenlinguistischen Forschung.

Löffler, Heinrich (^{5}2016): Germanistische Soziolinguistik. Berlin: Schmidt (Grundlagen der Germanistik 28). Dieses Werk berücksichtigt in seiner Darlegung auch viele grundsätzliche varietätenlinguistische Fragen, auch wenn im Titel des Buches das Erkennungswort „Varietät" nicht vorkommt.

Barbour, Stephen/Stevenson, Patrick (1998): Variation im Deutschen. Soziolinguistische Perspektiven. Berlin/New York: de Gruyter. Dieses Buch nimmt eine dezidiert historische Perspektive auf Fragen der Variation ein.

Nabrings, Kirsten (1981) Sprachliche Varietäten. Tübingen: Narr (Tübinger Beiträge zur Linguistik 147). Wer sich aus wissenschaftstheoretischem Interesse heraus für Klassifikationsprobleme interessiert, findet hier an-regende Überlegungen.

Dürscheid, Christa (2016a): Nähe, Distanz und neue Medien. In: Feilke, Helmuth/Hennig, Mathilde (Hg.): Zur Karriere von Nähe und Distanz. Rezeption und Diskussion des Koch-Oesterreicher-Modells. Berlin. Dort findet sich ein Überblick über die Problematik von Nähe und Distanz in neuen Medien.

III. Modell zur Bestimmung von Varietäten

Überblick

Modelle sind komplexitätsreduzierte Darstellungen der Welt und dienen unter anderem als Orientierungsraster zur reflektierten Beschreibung von Einzelphänomenen. Die einschlägigen Modelle und Ansätze der Varietätenlinguistik sollen im Folgenden nicht einzeln behandelt werden (vgl. dazu Sinner 2014), sondern in ihren Kernaussagen im Rahmen eines Vier-Dimensionen-Modells zusammengeführt werden. Dieses Vier-Dimensionen-Modell der Varietätenlinguistik wird so vorgestellt, dass jedes konkrete Beispiel einer sprachlichen Variante mit Hilfe der dort erwähnten Kriterien eingeordnet und beschrieben werden kann. In diesem Beschreibungsansatz wird deutlich, dass sich konkrete Sprachgebrauchsformen durch die Wechselbeziehung innersprachlicher und außersprachlicher Merkmale erfassen lassen. Deswegen heißen die beiden darauffolgenden Kapitel (IV) Innersprachliche Merkmale von Varietäten und (V) Außersprachliche Merkmale von Varietäten.

1. Varianten – Merkmalbündel – Varietätenbestimmung

Das Wesentliche aus Kapitel II

Die drei Ausdrücke dieser Überschrift fassen das vorherige Kapitel stichwortartig zusammen. Sprachliche Varianten (= Variablenrealisierungen) haben das Potential, ein größeres Ganzes (also ein Subsystem = Varietät) zu charakterisieren, wenn sie

- mehrfach, signifikant und strukturbildend vorkommen
- und überwiegend einem bestimmbaren, dominant vorkommenden Typ von Merkmalen (Merkmalbündel) zugeschrieben werden können - wobei die groben Bestimmungsfaktoren des Arealen, des Sozialen und des Fachlich-Funktionalen eine wichtige und nützliche (aber nicht erschöpfende) Orientierung liefern.

Auf die Frage *Wozu Varianten und ihr wiederholtes Vorkommen in der Sprache beschreiben, erfassen und kategorisieren?* können wir inzwischen antworten: Der Großkomplex Sprache, der irgendwie nach bestimmten Regeln zu funktionieren scheint, sich aber gleichzeitig sehr heterogen zeigt, ist in seinen Bestandteilen und Relationen beschreib- und erklärbar! Wir können plausible Hypothesen formulieren, warum in bestimmten sprachlichen Erscheinungsformen spezifische Varianten prägend und charakteristisch vorkommen. Die Varianten lassen sich auf eine der folgenden linguistischen Ebenen beziehen, der phonetisch-phonologischen (mitsamt Prosodie), graphematischen, morphologischen, lexikalischen, syntaktischen oder textuellen. Die Analyse exemplarischer Varianten soll in diesem Kapitel im Rahmen eines Beschreibungs- und Erklärungsmodells vorgeführt werden.

Wir halten fest: Wenn in einer sprachlichen Erscheinungsform (z.B. Text, Gespräch, multimediale Mitteilung) ein bestimmter Typ der Variantenhäufung (z.B. arealer, sozialer oder fachlicher-funktionaler Art) in signifikanter Weise vorkommt, dann kann diese konkrete Äußerungsform als eine Manifestation (ein Deutlich- und Sichtbar-Werden) einer Varietät betrachtet werden. Varietäten als Erklärungskonstrukte für sprachliche Vielfalt werden also in solchen sprachlichen Erscheinungen sichtbar oder begrifflich fassbar („greifbar").

„Begreifbare" Sprache

2. Das Vier-Dimensionen-Modell

Das Beschreibungsmodell, das in der Einleitung dieses Bandes kurz erwähnt wurde, stellt ein Ordnungs- und Orientierungsschema dar und besteht aus vier Dimensionen oder Analysezugängen, die bei der Beschreibung und Erfassung einer Variante die Berücksichtigung von vier Perspektiven verlangt:

Vier Perspektiven

- Perspektive auf die Ausdrucksformen (kommunikative Reichweite der Ausdrücke)
- Perspektive auf das Inhaltssystem (funktionale Reichweite der Semantik/ Inhalte)
- Perspektive auf die Medialität der Zeichen bzw. Zeichentypen
- Perspektive auf die historischen Zeitstufen

Zu analysierende Varianten müssen aus diesen vier Perspektiven betrachtet werden, bzw. es sind die damit einhergehenden Fragen zu beantworten. Die zu analysierenden Varianten (die zu einer der folgenden linguistischen Ebenen gehören: der phonetisch-phonologischen, graphematischen, morphologischen, lexikalischen, syntaktischen oder textuellen) werden also daraufhin untersucht, inwiefern ihr Vorkommen eine Markierung in Bezug auf die Komponenten des Vier-Dimensionen-Modells aufweist.

Abb. 7: Sprachbeispiele auf allen linguistischen Ebenen aus der Perspektive der vier Dimensionen des Modells unter Berücksichtigung arealer, sozialer und funktionaler Bestimmungsfaktoren

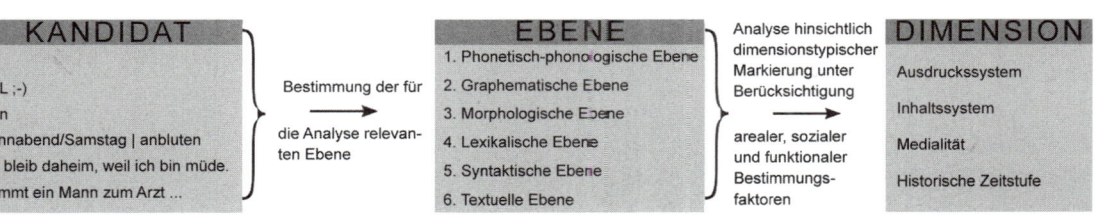

Was bedeutet das Wort „Reichweite" in diesem Zusammenhang? „Reichweite bedeutet dabei optimale Kommunikationskraft im Geltungsbereich eines Gleichförmigkeitssystems." (Steger 1990: 42) Mit dem Wort *Reichweite* in der Formulierung „kommunikative Reichweite der Ausdrücke" ist gemeint, dass ein Ausdruck (geschrieben oder gesprochen) nicht überall und nicht jedem geläufig sein muss. Ein Ausdruck gilt als markiert, wenn er einen begrenzten Verstehens- oder Verwendungsradius aufweist, wobei diese Begrenzung arealer, sozialer oder fachlich-funktionaler Natur sein kann: *Weckle* ist areal markiert, da dieser Ausdruck normalerweise nur in einer bestimmten geographischen Region verwendet wird.

In der Varietätenlinguistik lässt sich also Folgendes über Markiertheit sagen:

- Es gelten entweder die Ausdrucksformen als markiert, die im Vergleich zu einem (idealisierten) allgemein verständlichen Ausdruck eine geringere Reichweite aufweisen. In diesem Fall entscheidet also der Vergleich mit der unterstellten arealen Reichweite von *Brötchen* darüber, dass *Weckle* areal markiert ist. Analoges gilt für das Wort *chillen* als diasozial markiertes und für *Angiographie* als diafunktional gekennzeichnetes Wort.
- Oder es werden die Ausdrücke als markiert eingestuft, die im Vergleich zu einer Erwartung auffällig sind. So gesehen ist *Brötchen* aus der Sicht eines Schwaben in einem schwäbischen Dorf eine areal markierte (nämlich überregionale oder hochreichweitige) Variante, da *Weckle* am Ort des Sprechens als „normaler" bzw. als gebräuchlicher im Sinne von sozialer Akzeptanz wahrgenommen wird und somit eine angemessenere Wirkung (Geltungsradius) bzw. kommunikative Reichweite besitzt. Analoges gilt für *ausruhen, sich abregen* anstelle von *chillen* in bestimmten (jugendlichen) Gruppen oder die Ausdrucksweise *durch Röntgenaufnahmen ermöglichte Darstellung von Blutgefäßen mit Hilfe injizierter Kontrastmittel* anstelle von *Angiographie* auf einem medizinischen Fachkongress. Ausschlaggebend sind demnach die Sprecherpositionen und die Erwartungshaltung des kommunikativen Umfelds.

Mit dem Ausdruck *Reichweite* in der Formulierung „funktionale Reichweite des Inhaltssystems" soll analog zu dem zuvor Gesagten ausgedrückt werden, dass die Inhalte (die mit den sprachlichen Zeichen hervorgerufen werden) einen markierten oder spezialisierten Geltungsbereich kennzeichnen (Alltagswelt versus diverse Fachwelten bzw. Wissens- und Handlungsdomänen – gemäß der horizontalen Gliederung in Kapitel IV). Legt man die inhaltssystematische Trias *hoher Fachlichkeitsgrad (Fachsemantik) – mittlerer Fachlichkeitsgrad (Vermittlungssemantik) – geringer Fachlichkeitsgrad (Alltagssemantik)* zugrunde, so lässt sich die funktionale Reichweite des Inhaltssystems wie folgt erläutern: Beispielsweise entstammt der deutschsprachige Ausdruck *anbluten* dem Textilgewerbe und verweist inhaltsseitig im Fachbereich des Textilwesens auf die „Bewertung des Anfärbens von weißem Prüfmaterial gegenüber angebluteter Ware nach DIN 54 002." (http://www.enzyklo.de/Begriff/Anbluten) Offensichtlich haben wir es bei diesem Fachausdruck mit einer Fachsemantik zu tun, die Expertenwissen fordert. Ein grobes oberflächliches Verstehen des deutschsprachigen Ausdrucks und eine vage Vorstellung hinsichtlich seiner Bedeutung (nachdem wir diese Kurzdefinition gelesen haben) ist für uns Laien kein Problem, weil wir eine vereinfachte alltagweltliche Teilbedeutung wie >Farbe der Stoffs wäscht sich aus< (Alltagsemantik) unterstellen. Experten können jedoch im Gespräch mit Laien die Begriffsbestimmung auf ein „fachlich höheres Niveau" heben und die Sachzusammenhänge vermittlungssprachlich derart erklären, dass sich nämlich der >Grad der Farbänderung bestimmen, messen< (Vermittlungssemantik) lässt. Die umfassende kognitive sach- und objektbezogene Ausdifferenzierung im Sinne der oben erwähnten Fachdefinition (Fachsemantik) und die damit einhergehende Aufgabenbewältigung im Fachgebiet vermögen allerdings nur die Fachexperten selbst zu leisten. Diese Gesichtspunkte kommunikativer Reichweiten von Ausdrücken und Inhalten will ich im Folgenden an Beispielen verdeutlichen.

Das Verhältnis zwischen Alltagssemantik und Fachsemantik bei gleichem Ausdruck lässt sich auch an Beispielen zeigen, bei dem die Experten der Meinung sind, das Wort werde alltagsweltlich falsch oder – etwas dezenter formuliert – anders gebraucht: Zum Beispiel wird der Ausdruck *Schock* in der medizinischen Fachsprache für eine >lebensbedrohliche Kreislaufstörung< wie etwa den septischen Schock verwendet. Die alltagssprachliche Verwendung dahingegen lässt sich eher mit >akuter Belastungsstörung< paraphrasieren. Gleichzeitig kann man sich auch einen Hausarzt vorstellen, der bewusst etwas wie *Ich gebe Ihnen etwas gegen den Schock* bei einem traumatischen Erlebnis sagt, da er mit dem Laien spricht und ihm erklären möchte, was er verschreibt. (Dieses Beispiel verdanke ich Anna Mattfeldt).

Alltagsbedeutung des Fachausdrucks

Abb. 8: Kommunikative Reichweite am Beispiel von *Brötchen* und *anbluten*

Eine Varietät muss, ausgehend von sprachlichen Erscheinungsformen, durch die Kopplung je eines Elements der folgenden vier Grunddimensionen charakterisiert werden: Kommunikative Reichweite des Ausdruckssystems, kommunikative Reichweite des Inhaltssystems, Medialität und historische Zeitstufe. Die sprachliche Erscheinungsform "Brötchen" ist standardnah, von geringem Fachlichkeitsgrad, geschrieben (in diesem Beispiel) und neuhochdeutsch.

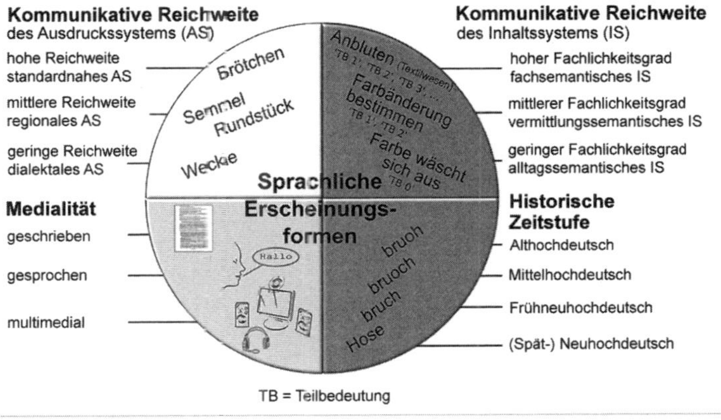

Kommunikative Reichweite
des Ausdruckssystems (AS)

hohe Reichweite
standardnahes AS

mittlere Reichweite
regionales AS

geringe Reichweite
dialektales AS

Medialität

geschrieben

gesprochen

multimedial

Sprachliche Erscheinungsformen

Brötchen
Semmel
Rundstück
Wecke

Kommunikative Reichweite
des Inhaltssystems (IS)

hoher Fachlichkeitsgrad
fachsemantisches IS

mittlerer Fachlichkeitsgrad
vermittlungssemantisches IS

geringer Fachlichkeitsgrad
alltagssemantisches IS

Anbluten (Textilwesen) TB 1, TB 2
Farbänderung bestimmen TB 3
Farbe wäscht sich aus TB 0

Historische Zeitstufe

Althochdeutsch
Mittelhochdeutsch
Frühneuhochdeutsch
(Spät-) Neuhochdeutsch

bruoh
bruoch
bruch
Hose

TB = Teilbedeutung

Die phonetisch-phonologische Ebene

Areal motivierte
Lautrealisierung

Beginnen wir mit einer weit verbreiteten Beobachtung, die aus varietäten-linguistischer Perspektive interessant ist: Im Deutschen gibt es verschiedene Realisierungen eines Verschlusslautes, der im Geschriebenen mit dem Buchstaben ⟨r⟩ wiedergegeben wird: Man nennt die eine Variante des stimmhaften alveolaren Vibranten das Zungen-[r] oder alltagssprachlich das „gerollte R" (als [r] transkribiert, der gesprochene Laut wird in eckigen Klammern wiedergegeben), die andere Variante das Zäpfchen-[R] (in der Lautschrift mit [R] gemäß *Association Phonétique Internationale* (API) abgebildet). Verschiedene Realisierungen eines Phonems (in unserem Beispiel das Phonem /r/) nennt man Allophone. „Im Deutschen ist der Allophoncharakter des Zungen- und Zäpfchen-R besonders auffällig. Beide [R, r] bilden zusammen das Phonem /r/, obwohl sie lautlich-artikulatorisch sehr weit auseinanderliegen." (Löffler 2003: 70) Die verschiedenen Lautrealisierungen sind also nicht bedeutungsunterscheidend, sie sind lediglich diatopisch markiert und werden in bestimmten Arealen typischerweise auf die eine oder andere Weise gebildet (z.B. spricht man auch vom „fränkischen R").

Sozial motivierte
Lautrealisierung

Die obige[r]-Realisierung sollte zeigen, wie das Vorkommen bestimmter Laute durch diatopische (areale) Bestimmungsfaktoren erklärt werden kann. Das folgende Beispiel soll nun verdeutlichen, wie auch diastratische Bestimmungsfaktoren das Vorkommen bestimmter lautlicher Varianten plausibel machen können. Dazu rufen wir uns die soziale Funktion von sogenannten Halbmundarten (wie z.B. das sog. Honoratiorenschwäbisch, Neuhessisch) in Erinnerung, das sind „Varianten zwischen Dialekt und Hochsprache [...]: die landschaftlich geprägte Sprechsprache der Gebildeten" (Löffler 2003: 70). Solche Formen zwischen Basisdialekt und Standardlautung werden häufig von Sprechern (bewusst oder unbewusst) in Situationen verwendet, die zwar einen gewissen offiziellen Charakter haben, in denen aber die Standardlautung als unnatürlich oder gekünstelt und die reine Mundart als zu salopp und informell eingestuft werden. Bei sprachlich agierenden Politikern in ihren (mehr oder weniger dialektal gefärbten) Wahlkreisen ist es naheliegend, dass sie diese Sprachform (bewusst oder unbewusst) wählen, um einerseits Volksnähe und andererseits Seriosität und Expertenkompetenz zu demonstrieren, da diese prototypisch eher mit Standardlautung denn mit Mundart verbunden wird.

Funktional motivierte
Lautrealisierung

Fachlich-funktionale Bestimmungsfaktoren auf der lautlichen Ebene sind unmittelbar einsichtig, wenn wir uns die mündlichen Erfordernisse bestimmter Berufe vor Augen führen: Für artikulatorisch ausgebildete Nachrichtensprecher, Schauspieler oder Opernsänger gehört zur Fachlichkeit die nahezu vollständig realisierte Standardlautung. Bei Unsicherheit in Bezug auf die standardsprachliche Artikulation kann man zum Beispiel Theodor Siebs (1898/[19]2000) *Deutsche Aussprache*, das *Große Wörterbuch der deutschen Aus-*

sprache (GWdA 1964) oder *Das Aussprachewörterbuch – Duden Band* 6 konsultieren. Aber wer hat die Standardlautung festgelegt? Dazu ein diachroner Blick auf die Entstehung der Standardlautung:

> „Die Einheitsaussprache, das Bühnendeutsch, war das Ergebnis einer Kommission unter der Leitung von Theodor Siebs im Jahre 1898. Es gibt aber keine absolut einheitliche Norm und schon gar keine einheitliche Praxis. Die Aussprachewörterbücher unterscheiden sich bei Angaben für einzelne Wörter, und sie lassen neben der Hochlautung eine gemäßigte Lautung zu." (Schwitalla [4]2012: 47)

Anna Mattfeldt verdanke ich den Hinweis, dass die [r]-Realisierung gerade im Fachkontext nochmal eine besondere Rolle spielt, die nicht in Zusammenhang mit dem Areal steht: Chorsängern wird vielfach nahegelegt, die Zungen-[r]-Realisierung zu nehmen, da dann im Publikum zum einen der Text deutlicher zu verstehen ist und zum anderen das Zäpfchen-[R] die Stimme verschließen kann. Im Gesangsunterricht wird das dementsprechend auch trainiert. „Richard Strauß schreibt hinsichtlich der Stimmnutzung in Wagnerschen Tondramen, dass ‚gegen ein polyphones und indiskretes Orchester' mitunter nur ‚mit der Stosswaffe des Konsonanten' vorgegangen werden könne." (Ling [2]2013: 53)

Perspektive der Ausdrucksseite

Alle drei Beispiele sollen die Relevanz ausdrucksseitiger Markierung belegen – einmal diatopisch, das andere Mal diastratisch und im dritten Fall diafunktional bestimmt. Da immer alle Komponenten des Vier-Dimensionen-Modells zu berücksichtigen sind, seien hier der Vollständigkeit wegen die anderen drei Komponenten erwähnt: In Bezug auf das Inhaltssystem (Semantik) sind diese Beispiele unmarkiert. In Bezug auf die Medialitätstypik kann sich die Markiertheit nur im Mündlichen zeigen, da es in unserem Alphabet keine zwei unterscheidenden Buchstaben zur /r/-Differenzierung gibt. Hinsichtlich der historischen Zeitstufe liegt ebenfalls keine Markierung vor. Mit dem Attribut *unmarkiert* in Bezug auf die Zeitstufe ist gemeint, dass das analysierte Phänomen der Gegenwartssprache zuzuordnen ist. Beispiele dieser Art offenbaren die Relevanz diatopischer, diastratischer und diafunktionaler Bestimmungsfaktoren bei der Erklärung von Variation. Das bedeutet: Kommen Varianten der beschriebenen Art mehrfach und signifikant in sprachlichen Erscheinungsformen vor, so charakterisieren sie wesentlich die zu bestimmende sprachliche Variation.

Die graphematische Ebene

⟨ß⟩ versus ⟨ss⟩

„Herzliche Grüsse" aus der Schweiz können eine Besonderheit aufweisen (Dürscheid 2016: 492). Eine bestimmte Variable wird im schweizerdeutschen

Schriftsystem nicht mit ⟨ß⟩ gefüllt, sondern mit ⟨ss⟩. Das ist eine Auffälligkeit der Ausdrucksform. Inhaltlich rufen beide Varianten die gleiche Bedeutung hervor, sie können hier als synonym angesehen werden. Auch die Perspektive der Medialität der Zeichen bedarf hier nicht der weiteren Erörterung, wir haben es innerhalb des Schriftsystems mit zwei Variablenrealisierungen zu tun, die die gleiche Funktion erfüllen. In Bezug auf die diachrone Entwicklung ist von Interesse, seit wann sich in der schweizerischen nationalen Varietät das Graphem ⟨ß⟩ verlor. Bei der Schreibweise mit ⟨ss⟩ anstelle von ⟨ß⟩ handelt es sich um eine „Schreibvariante, die nach § 25 E2 des Amtlichen Regelwerks für die deutsche Rechtschreibung für die Schweiz zulässig ist. Damit trägt das Regelwerk der Tatsache Rechnung, dass die ⟨ß⟩-Schreibung in der Schweiz spätestens seit den 1970er-Jahren nicht mehr im Gebrauch ist" (Dürscheid 2016: 492). Das Vorkommen dieser Variante lässt sich diatopisch erklären, also über die Verwendung in einem eingrenzbaren Areal.

Zeichentypmischung

Die SMS-Nachricht „LOL ;-)" (›laughing out loud‹ und ›zwinkerndes Smiley‹) ist diesbezüglich schon komplexer. Der Ausdruck *LOL* als Akronym bedient sich zwar noch des gängigen Buchstabeninventars (mal groß, mal klein geschrieben). Das sich anschließende Smiley ist dahingegen ganz offensichtlich ein anderer Zeichentyp. Es handelt sich um ein ikonisches Zeichen (ein bildliches Zeichen). Das zwinkernde Auge soll eine Kontextinformation liefern, die wir in der Face-to-Face-Kommunikation anderweitig ausstrahlen könnten (nonverbal durch Gestik und Mimik oder paraverbal durch bewusstes Verstellen unserer Stimme). Im Geschriebenen kann also das Defizit, dass die Dialogpartner sich nicht sehen und hören können, teilweise ausgeglichen werden. Soviel zur Ausdrucksform.

Sprache exklusiv

Inhaltlich ist diese Form nur Eingeweihten verständlich (oder wird von diesen benutzt). Sie hat gewissermaßen ähnlich esoterische Züge (= ist also nur eingeweihten Kreisen, speziell Informierten zugänglich) wie ein Fachterminus irgendeiner Fachsprache: Die Experten des Fachgebiets verstehen und verwenden die Ausdrucksform, die anderen nicht. In Bezug auf die Medialität haben wir schon die Auffälligkeit festgestellt, dass die Botschaft dem Geschriebenen zugeordnet werden kann. Charakterisiert ist sie durch die Verwendung von zwei verschiedenen Zeichentypen (Buchstaben als symbolische Zeichen und eine bildliche Darstellung als ikonisches Zeichen). Die historische Einordnung fällt leicht, sie ist unmittelbar mit moderner Technik verbunden und von daher in der Gegenwart verortet.

Areal, sozial, funktional?

Das Vorkommen einer solchen Zeichenkombination „LOL ;-)" ist weniger areal bestimmbar (denn genau die Ortsungebundenheit ist ja oft ein Merkmal technik-basierter Kommunikation), sondern vor allem durch die Sozialstruktur und Typik der Individuen und Gruppen charakterisiert, die diese Ausdrucksform verwenden. Von daher kann sie – zumindest im Ursprung – als Exempel eines Netzjargons beschrieben werden (auch wenn

heute viele Nicht-Jugendliche oder Möchte-gern-Jugendliche diese Form verwenden). Kommen Varianten dieses Typs häufig, signifikant und strukturbildend in sprachlichen Äußerungen (als Merkmalbündel) vor, dann gehören
diese „Texte" zu den Soziolekten, weil diese Varianten das gesamte Erschei-
nungsbild des Textformats wesentlich prägen. Die Ausdrucksform gehört
trotz des – mit Fachsprachen – gemeinsamen Merkmals, dass nur Eingeweihte
damit umgehen können, nicht zu den Funktiolekten (Fachsprachen), weil das
primäre Merkmal nicht die Aufgabenbewältigung im Beruflichen oder Fachlichen liegt, sondern im Alltäglichen und Nicht-Fachbezogenen. Daher ist das
Merkmal des Sozialen hier als dominanter zu klassifizieren denn das Merkmal
des Fachlich-Funktionalen.

Die morphologische Ebene

Auf der Ebene der Formenlehre (Morphologie) werden häufig die „Dimi-
nuitivbildungen auf *-chen, -ken, -le, -li, -la, -lein*" (Löffler 2003: 89) angeführt,
weil sie zum einen in der dialektologischen Forschung leicht zu erfragen waren
und zum anderen beim linguistischen Laien problemlos ins Sprachbewusstsein
gerufen werden können (vgl. auch die entsprechende Karte „Das Diminutiv-
suffix in den Mundarten des ehemaligen deutschen Sprachgebiets" im *dtv-Atlas Deutsche Sprache* in König [15]2005: 157). Ähnliches gilt für die Genuszuwei-
sung beim Substantiv *Joghurt*, die je nach Areal *der* oder *das* kennt (vgl. die
Sprachkarte unter http://www.atlas-alltagssprache.de/runde-4/f24a-g/). Ein
anderes Beispiel stellt das Präfix *ge-* in Partizipien wie *gebrochen* dar, das in
verschiedenen Sprachgebieten unterschiedlich realisiert wird, wie die morpho-
logische Sprachkarte im dtv-Atlas zur deutschen Sprache mit folgendem Hinweis ausführt: „Als synkopiert bezeichnet man jene Wörter, in denen vor allem
bei Präfixen ein unbetonter Vokal bei gleichzeitigem Zusammenrücken der
ihn rahmenden Konsonanten ausgefallen ist: nhd. *gesagt*, dagegen obd. *gsagt*,
nhd. *besonders*, obd. *bsonders*." (König [15]2005: 159; vgl. dort auch die dazugehörige Mundartkarte). All diese Beispiele belegen die diatopische Markiertheit
der Ausdrucksseite, die drei anderen Komponenten (kommunikative Reichweite des Inhaltssystems, Medialität und Zeitstufe) sind bei diesen Beispielen
nicht auffällig.

Das folgende Beispiel für grammatische Sprachvariation auf dem Gebiet
der Morphologie ist gegebenenfalls diastratisch erklärbar. Diese sozialen und
gruppenbezogenen Bestimmungsfaktoren sind meistens eng mit Stilfragen
verknüpft. Mit Verweis auf den Filmklassiker aus dem Jahr 1958 *Es geschah
am hellichten Tag* und dem 2014 in China und Hongkong entstandenen Film
noir mit dem deutschen Titel *Feuerwerk am hellichten Tage* wird die Frage
nach Flexionsveränderungen beim Dativ, also die Unterlassung der Deklination bei manchen Substantiven, aufgeworfen (Perspektive auf die Ausdrucks-

Diatopische Markierung

Diastratische Markierung

seite *Tag(e)*). Sind die beiden Variablenrealisierungen beim Dativ stilistisch markiert? Kann man hier davon sprechen, dass die beiden Varianten – nämlich *e*-Allomorph in *Tage* oder Null-Allomorph in *Tag* – im Dativ die gleiche Funktion erfüllen (Perspektive auf die Semantik)? Beide Varianten sind inhaltsseitig als sinn- und sachverwandt zu bezeichnen, die Unterschiede auf der Ausdrucksseite könnten aber unter Umständen Stilunterschiede anzeigen. Exemplarisch und zur Illustration der Stilfrage sei daher die Sentenz *Dem Manne kann geholfen werden* (also mit *e*-Allomorph im Dativ) angeführt: Sie hat heutzutage als literarisches Zitat (Friedrich Schiller *Die Räuber*) einen Sonderstatus und kann je nach Kontext als prestigeträchtig oder als stilistisch überzogen (maniert oder „affig") wahrgenommen werden.

Was ist erlaubt?   Da nun so viele Fragen gestellt wurden und Ungewissheit gestiftet ist, schauen wir in *Die Grammatik – Duden Band 4* in dem Abschnitt *Starke Kasusflexion: Das Dativ-e* nach:

> **Zitat**
>
> „Substantive, die nach dem Flexionsmuster II (stark) flektiert werden, weisen im Dativ zuweilen noch die Endung *-e* auf, Dativ-**e** genannt. Dabei gilt:
> Das Dativ-*e* ist fakultativ.
> Ob bei einem Substantiv tatsächlich ein Dativ-*e* erscheint, hängt von mehreren Faktoren ab:
> – Faktor I, Lautform: Das Dativ-*e* tritt nur bei Wörtern mit bestimmter Lautgestalt auf, nämlich bei Substantiven, bei denen auch die lange Genitivendung *–es* stehen kann oder muss […] der Kreis → des Kreises → dem Kreis(e) […]
> – Faktor II, Stellung im Wortschatz: Das Dativ-*e* tritt hauptsächlich bei Wörtern des Grundwortschatzes sowie in festen Wendungen auf.
> – Faktor III, Stilebene: Das Dativ-*e* erscheint hauptsächlich in Texten, die sich formal an der traditionellen Literatursprache orientieren (ohne dass das Dativ-*e* dort je strikt gesetzt worden wäre).
> – Faktor IV, Syntax: Das Dativ-*e* steht nur, wenn dem Substantiv ein dekliniertes Wort, zum Beispiel der Artikel oder ein Adjektiv, vorangeht." (Die Grammatik. Duden Band 4. [7]2005: 210)

Linguistische Antwort   Mit diesem Zitat soll die systematische linguistische Herangehensweise an eine komplexe Fragestellung demonstriert werden. Für unser varietätenlinguistisches Interesse ist vor allem der folgende Erläuterungssatz zur Stilebene aufschlussreich: „Das Dativ-*e* erscheint hauptsächlich in Texten, die sich formal an der traditionellen Literatursprache orientieren (ohne dass das Dativ-*e* dort je strikt gesetzt worden wäre)." (Die Grammatik. Duden Band 4. [7]2005: 210) Mit dieser Erläuterung haben wir einen diastratischen und diachronen Hinweis: Zum einen wird als Referenzpunkt die Literatursprache als sozial positiv markierte Sprachgebrauchsform angeführt (die in vielen Kontexten als eine prestigeträchtige Erscheinungsform wahrgenommen wird). Zum anderen wird die diachrone Perspektive eröffnet und darauf hingewiesen, dass dort eine vermeintliche Konvention vermutet wird, die sich aber tatsächlich nicht nachweisen lässt. Riecke (2016: 44) periodisiert die Anfänge für die Unterlassung der Deklination bei manchen Substantiven bereits in mittelhochdeutscher Zeit (ca. 1050–1350) mit der Abschwächung der unbetonten Silben, die sich in der Folge auf die Substantivflexion auch beim Dativ auswirkte. Das angeführte Beispiel weist auf der Ebene der kommunikativen Reichweite der Semantik sowie hinsichtlich der Medialität keine Auffälligkeit auf.

Nehmen wir noch ein anderes Beispiel, das aus diastratischer Sicht interessant sein könnte – das aber nicht zufriedenstellend erklärt werden kann. Die beiden alternativ vorzufindenden Varianten *Am Anfang diesen Jahres* oder *Am Anfang dieses Jahres* werden im Hinblick auf die Kodifikation eindeutig beantwortet:

Falsch und doch richtig?

> **Zitat**
>
> „Die Form *–en* breitet sich auf Kosten von *–es* immer weiter aus. Der Prozess begann schon im Frühneuhochdeutschen beim starken Adjektiv […] und ist bis heute nicht abgeschlossen. Standardsprachlich ist nur die *s*-Form korrekt […]. Vor allem in bestimmten festen Verbindungen findet sich die *n*-Form aber schon, sofern das folgende Substantiv ein Genetiv-*s* aufweist. Dieser Gebrauch ist allerdings standardsprachlich nicht anerkannt:
> Am ersten *diesen Monats hatte ich 125 Euro an die Telekom überwiesen." (Die Grammatik. Duden Band 4. [7]2005: 268f.)

Diese Kodifikation ist im Hinblick auf die erste Komponente des Vier-Dimensionen-Modells eindeutig und reflektiert die diachrone Entwicklung (vierte Komponente des Vier-Dimensionen-Modells). Der sprachhistorische Hinweis erweckt den Eindruck, dass der vermutete oder vermeintliche Wandelprozess (wenn es denn zu einem kodifizierten Sprachwandel jemals kommen sollte) sich schon lange andeutet, aber nicht vollzieht bzw. von einer wichtigen Kodifikationsinstanz aufgehalten wird. Fest steht nur: Es finden sich beide Variablenrealisierungen in diversen Kontexten und sozialen Gruppen. Somit kann mit diesem Beispiel gezeigt werden, dass bisher kein außersprachlicher Erklärungsfaktor für die Variation gefunden wurde. Die vermutete diastratische Erklärung greift hier also nicht, der diastratische Bestimmungsfaktor gibt hier keinen Aufschluss über das Variantenvorkommen. Wir haben es also mit zwei Variablenrealisierungen zu tun, für die bisher keine plausible Erklärung gefunden wurde. Diese Form der Variation bezeichnet man als freie oder unmarkierte. Das heißt: Das Vorkommen der jeweiligen Variante unterliegt keinen feststellbaren Regularitäten und keiner Vorhersehbarkeit, so wie es beispielsweise bei den Wörtern *Anfang* und *Beginn* gegeben ist. Die zweite und dritte Komponente des Vier-Dimensionen-Modells (funktionale Reichweite der Semantik/des Inhaltssystems und Medialitätsaspekte) sind in diesem Beispiel nicht relevant.

Kodifikation und Sprachwandel

Die lexikalische Ebene

Arealtypische
Bezeichnungen

Die lexikalischen Beispiele sind im Hinblick auf die vier Komponenten (Perspektiven) des Vier-Dimensionen-Modells vermutlich am einsichtigsten und nachvollziehbarsten – deswegen beziehen sich die meisten Beispiele der Literatur auf diese linguistische Ebene: Die Ausdrücke *Sonnabend/Samstag* sind beispielsweise diatopisch markiert (Vorkommenshäufigkeit in Süd- und Norddeutschland signifikant unterschiedlich; vgl. dazu die Karte 11 in Band 5 aus dem Jahr 1957 im *Deutschen Wortatlas* (DWA) in Mitzka/Schmitt 1951 ff. oder in König [15]2005: 186). In Bezug auf das Inhaltssystem (Semantik) und die Medialität sind sie unauffällig. Diachron betrachtet ist dahingegen hinsichtlich der Vorkommenshäufigkeit anzumerken, dass in den letzten Jahrzehnten *Sonnabend* im Vergleich zu *Samstag* als rückläufig gilt (vgl. als Beleg den Überblick über die Entwicklungstendenzen im Bereich der mündlichen Alltagssprache auf den Websites des *Forschungszentrums Deutscher Sprachatlas* der Universität Marburg, die über Jahrzehnte aufgrund von Daten aus verschiedenen Erhebungen Sprachkarten erstellen, die solche Schlüsse erlauben). Dementsprechend lautet deren Einschätzung wie folgt:

Das Lexem *Subsidiaritätsprinzip* – um ein weiteres Beispiel anzuführen – ist ausdrucksseitig im Hinblick auf die gesellschaftliche und räumliche Lebenswelt (sozialräumlich) begrenzt – und zwar auf die in der politischen Fachwelt kommunikationsfähigen Experten (diafunktionaler Bestimmungsfaktor). Inhaltsseitig lässt sich das Lexem gemäß der horizontalen Gliederung (siehe Kapitel IV) in den Kommunikationsbereich der Lebenswelten *Theoretische Grundlagen* und *Institutionen* einordnen und kann in Bezug auf seinen Geltungsbereich als spezialisiert markiert werden. Die Komponenten der Medialität und historischen Zeitstufe sind in diesem Beispiel unauffällig.

Lautmalerische Worte

Ein lexikalisches Beispiel mit besonderer Relevanz für die Perspektive der Medialität (also der dritten Komponente im Vier-Dimensionen-Modell) sind spezielle Wörter wie Onomatopoetika, die eine Laut- oder Schallnachahmung darstellen sollen (Onomatopöie oder Lautmalerei; die Onomatopoesie ist die sprachliche Nachahmung von außersprachlichen Schallereignissen). Ihnen wird unterstellt, dass das Schallkontinuum der ausgesprochenen Wörter (Lautfolge) den realen Geräuschen nahekomme (Beispiele sind *grunzen, bauz, peng*). Mit diesen seltenen Wörtern wird auf das Medium Sprache selbst aufmerksam gemacht. Eine der grundlegenden Eigenschaften sprachlicher Zeichen – nämlich ihr Symbolgehalt – tritt zurück zugunsten einer direkten Zeichen-Weltbeziehung. Was bedeutet das genau?

Mit Hilfe der Semiotik, der allgemeinen Zeichentheorie, lässt sich dies erklären, wenn man sich die drei Typen von Zeichen *Index* – *Ikon* – *Symbol* vergegenwärtigt. (1) Indexikalische Zeichen (Anzeichen, Symptome) zeigen etwas an (z.B. Rauch ist ein Index dafür, dass irgendwo ein Feuer sein muss). (2) Ikonische Zeichen erlauben das Wiedererkennen des Gemeinten, weil sie etwas sinnlich Wahrnehmbares darstellen und Ähnlichkeit damit aufweisen (z.B. Smileys). (3) Symbolische Zeichen stehen zum bezeichneten Gegenstand in einem willkürlichen Verhältnis (z.B. das Wort *Liebe* für ein Gefühl, ohne dass die Zeichenkette einen direkten Bezug zum Sachverhalt der Liebe hätte). Zeichen stehen also für etwas anderes – oder anders formuliert: Symbolische Zeichen weisen kein Folge- oder Ähnlichkeitsverhältnis mit dem bezeichneten Sachverhalt oder Gegenstand auf. Aus diesem Grund wird in der Semiotik das Verhältnis zwischen sprachlicher Ausdrucksseite und Inhaltsseite als arbiträr (willkürlich), konventionell und repräsentativ (Nöth 2000: 337) bezeichnet.

Mit dem Beispiel der lautmalerischen Worte sollte gezeigt werden, dass bei diesem Worttyp das Verhältnis zwischen Zeichen und Gegenstand nicht wie sonst bei Symbolen keinerlei Folge- oder Ähnlichkeitsverhältnis aufzuweisen scheint, sondern ein lautliches Ähnlichkeitsverhältnis zugeschrieben wird (z.B. akustische Zeichen zur Imitation von Tiergeräuschen). Deswegen betonen lautmalerische Wörter das Medium (also die sprachlichen Mittel) selbst. Nicht der Inhalt, sondern das Medium selbst rückt gleichsam in den Mittelpunkt. Denn im Unterschied zu den meisten Wörtern unserer Sprache, die als Symbole für etwas anderes stehen (z.B. *Auto* bezieht sich auf ›motorisierte Fahrzeuge mit gummibereiften Rädern‹), verweisen lautmalerische Wörter als Schallimitat direkt auf das Geräusch in der Welt (z.B. *kikeriki* auf das imitierte Geräusch eines Hahns am Morgen). Etwas irritierend ist dabei nur der Umstand, dass im Deutschen dem krähenden Hahn die Lautfolge *kikeriki* unterstellt wird, dem französischen Hahn *cocorico*, dem englischen Hahn *cock-a-doodle-doo*, dem chinesischen Hahn … (vgl. dazu die Übersicht zur sprachenspezifischen lautmalerischen Nachahmung des krähenden Hahnes in verschiedenen Sprachen auf https://de.wiktionary.org/wiki/kikeriki). Damit wird deutlich, dass die als lautmalerisch bezeichneten Zeichen nur bedingt wahrnehmungsgetreu den Schall imitieren, in Wirklichkeit aber Mischformen darstellen, die also neben der vermeintlichen Klangimitation auch über einen beträchtlichen Anteil an Konvention verfügen (so wie dies bei allen symbolischen Zeichen der Fall ist).

Wie relevant die vierte Komponente – die Perspektive auf die historischen Zeitstufen ist – soll das folgende Beispiel zur ausdrucksseitigen und inhaltsseitigen Reichweite von *minne* und *Liebe* belegen. Denn genauso wenig, wie wir

Drei Zeichentypen

kikeriki versus *cocorico*

minne versus *Liebe*

Menschen geschichtslos sind, ist es unsere Sprache, weil diese stets an Menschen gebunden ist und war. Aufschluss über Einstellungen, Denkweisen und Wissensformationen der Vergangenheit erlangen wir über Sprache, die wir unter sprachgeschichtlichem Blickwinkel als Indikator für bestimmte zeitspezifische Konzepte zu deuten vermögen. Ausdrucksseitig lässt sich dies belegen, wenn beispielsweise Bezeichnungen kontrastiv nebeneinander bestehen und ihr Funktionsbereich und ihr Bedeutungsspektrum sich verschieben. Begriffsgeschichtlich teilt sich in diesem Sinne das mittelhochdeutsche Wort *minne* (zunächst eigentlich ›liebendes Gedenken‹, sodann die ›erbarmende, helfende Liebe‹ sowie ›Eintracht, Verbundenheit‹ und schließlich ›die verlangende, begehrende Liebe‹; vgl. Weddige ²1992: 246) mit dem neuhochdeutschen Ausdruck *Liebe* ein teils konvergierendes und teils divergierendes Bedeutungsspektrum. Beide Wörter lassen sich kulturgeschichtlich, literarisch und philologisch kontrastieren.

Die syntaktische Ebene

Verbstellung im
Nebensatz

Auf der syntaktischen Ebene muss ein Beispiel angeführt werden, das schon lange in aller Munde ist: die sogenannte Verbzweitstellung im adverbialen Nebensatz. Im Hinblick auf die Stellung des Verbs in Nebensätzen mit subordinierenden (unterordnenden) Konjunktionen ist es schriftsprachlich üblich (wie das folgende Beispiel aus dem Grundgesetz der Bundesrepublik Deutschland zeigt), dass das Verb am Ende des Satzes platziert wird (deswegen die Bezeichnung *Verbletztstellung*) „Jeder hat das Recht auf die freie Entfaltung seiner Persönlichkeit, soweit er nicht die Rechte anderer verletzt und gegen die verfassungsmäßige Ordnung oder das Sittengesetz verstößt." (Artikel 2 Absatz 1 des Grundgesetzes) In der gesprochenen Sprache findet man häufig das Phänomen, dass das Verb in Nebensätzen schon an zweiter Stelle (deswegen Verbzweitstellung) gesetzt wird – anstelle der schriftsprachlichen Konvention der Verbletztstellung. Dieses historisch gar nicht so junge Phänomen hat mitunter auch schon Sprachkritiker auf den Plan gerufen (Günthner 2008), es gibt diverse Untersuchungen dazu (vgl. den Überblick bei Selting 1999 und zum Konzessivkonnektor *obwohl* Günthner 1999).

> „*Weil* mit Verbzweitstellung (V2) kann eine eigene Äußerungseinheit bilden (Grenzton, Pause nach *weil*), während subordinierendes *weil* in den Nebensatz integriert ist. Man hat versucht, *weil* + V2 als ‚**epistemisches‘ weil** zu interpretieren, mit dem ein Sprechakt begründet wird (*es hat gehagelt, weil mein Auto hat Dellen*), subordinierendes *weil* als faktische Begründung des vorausgegangenen Satzes. […] Belegsammlungen bestätigen dies nicht. Die Begründungsverhältnisse für koordinierendes *weil* sind vielfältig." (Schwitalla ⁴2012: 142)

Wir wollen uns nicht in diese Debatte einmischen, sondern fragen nach der varietätenlinguistischen Relevanz. Was die kommunikative Reichweite des Ausdrucks- und Inhaltssystems angeht, sind diese Beispiele nicht spezifisch markiert. Die Wichtigkeit der historischen Dimension haben wir schon angesprochen (vgl. diesbezüglich auch die diachrone Sicht und den Blick auf das Mittelhochdeutsche in Riecke 2016: 45). Besonderes Augenmerk sollte bei diesen Beispielen in jedem Fall auf die dritte Komponente des Vier-Dimensionen-Modells gelegt werden, nämlich die Charakteristik und gegebenenfalls Typik der Medialität – hier des Gesprochenen. Wir haben es ja bei der Verbzweitstellung mit einem fast ausschließlich gesprochensprachlichen Phänomen zu tun. Insofern kommt dadurch noch eine zusätzliche Ebene ins Spiel, nämlich die Intonation. Schwitalla zeigt dies eindrucksvoll bei *obwohl* mit Verbzweitstellung, wie das folgende Beispiel illustriert:

Intonation berücksichtigen

> **Zitat**
>
> Auf *obwohl* liegt dann eine steigende Intonation, und es wird nicht mehr die ganze Proposition des vorherigen Satzes eingeschränkt, sondern die Berechtigung der Aussage als Sprechakt:
>> man schätzt sie sehr WOHLhabend ein?
>> obWOHL?
>> ich hab da geKUCKT?
>> sie hat da so eh eh so_ne schwArze PERlenkette angehAbt?
>> Die kOstet zwei MARK bei WOOlworth. (2742/7,4)
> Die mit *obwohl* nach einer Parenthese (*ich hab da gekuckt*) verbundenen Aussagen (*so_ne schwarze Perlenkette … kostet zwei Mark*) liefern den Grund, aus dem zu folgern ist, dass der Sprechakt der Bewertung mit *wohlhabend* nicht ganz berechtigt ist." (Schwitalla [4]2012: 143)

An diesem Beispiel sieht man, dass die Medialität des Gesprochenen besondere Hinweise liefert, die dem Geschriebenen nicht zur Verfügung stehen. Diese und weitere Spezifika sind der Grund dafür, dass in der Linguistik darum gestritten wird, ob gesprochene und geschriebene Sprache als zwei verschiedene Varietäten zu fassen sind oder nicht. Wir führen diese Diskussion in Kapitel IV *Innersprachliche Merkmale* in Abschnitt 3 *Spezifika des Mediums zur Charakterisierung von Varietäten* (Medialitätstypik) aus.

Die textuelle Ebene

Schon in der Einleitung haben wir mit der Eröffnungssequenz eines Witzes auf die prägende Kraft von Mustern (ausdrucksseitige Wiederholungen auf der sprachlichen Oberfläche) und Routinen (mit dem Wort *Routine* beziehen wir uns auf Sprachhandlungen, die pragmatische Ebene) bei der Beschreibung und Erfassung von Texten hingewiesen. Da ausdrucksseitige Muster und pragmatisch-semantische Routinen markiert und formationstypisch sein können,

Textsortenformate

wenn sie signifikant vorkommen, sind sie die Basis für die Sortenbestimmung, hier also für die Textsortenbestimmung. Dies anhand von Beispielen zu illustrieren, ist in dem vorliegenden Kontext eines Einführungsbuches nicht einfach, weil eine Charakterisierung von Texten unter Kriterien der Textsortenbestimmung in der Regel extensiv ausfällt. Aus diesem Grund möchte ich das Phänomen an einer Textsorte erhellen, die gewöhnlich sehr kurz ausfällt – nämlich Kondolenzschreiben. Die dazugehörige Sprachhandlung des Kondolierens kann man als Beileidsbezeigung übersetzen, als eine Form, sein Beileid auszusprechen.

Muster versus Individualität

Als ich in einem Schreibwarenladen eine Kondolenzkarte mit Briefumschlag kaufte, war in dem Kuvert ein separates Blatt mit dem folgenden Hinweis: „Nachfolgend finden Sie einige passende Textvorschläge um Ihrer Kondolenzkarte eine persönliche Note zu verleihen." Zunächst einmal ist (neben dem fehlenden Komma vor der Konjunktion „um") auffallend bzw. man könnte es als einen performativen Widerspruch fassen, dass im ökonomischen Kontext des Produktvertriebs (welcher naturgemäß auf Maximierung zielt) die Verwendung einzelner Textvorschläge als „persönliche Note" etikettiert wird. Wie die Absicht des Herstellers, möglichst viele Abnehmer für dieses Produkt zu gewinnen, mit dem Versprechen der Individualität oder Singularität der dargebotenen Textvorschläge zu vereinen ist, bleibt offen.

Beispiel Textanalyse

Einen der Textvorschläge möchte ich hier präsentieren:

> **Zitat**
>
> „Ein wunderbarer Mensch ist von uns gegangen. Die Nachricht hat uns tief erschüttert. In dieser schweren Zeit sind wir in Gedanken bei Ihnen und möchten Ihnen versichern, dass wir für sie [sic!] da sind, wenn sie [sic!] uns brauchen."

Mit „sic!" weise ich als Autor dieses Buches darauf hin, dass in diesem Zitat das Personalpronomen „sie" kleingeschrieben wird, obwohl es an dieser Stelle (mit Majuskel) großgeschrieben werden müsste, da das Personalpronomen in direkter Anrede vorkommt. Nehmen wir nun auch hier (gemäß dem Vier-Dimensionen-Modell) die Perspektiven auf die Ausdrucksformen, das Inhaltssystem, die Medialität der Zeichen und die historische Zeitstufe ein, um die sprachliche Erscheinungsform zu charakterisieren. Wörter werden, ausdrucksseitig betrachtet, mit hoher Reichweite ohne besondere Markierung verwendet – Ausdrücke also, die keine diatopische, diastratische und diafunktionale Besonderheit (also keinen Sonderstatus) aufweisen. Die Formulierung oder Ausdrucksform *von uns gehen* markiert, dass potentielle Varianten wie z. B. *sterben, ableben, der Tod holt jemanden heim, im Krieg bleiben, ins Gras beißen* (vgl. dazu in einem Synonymwörterbuch die breite Palette an Ausdrucksvarianten) für diese Variable in diesem Text nicht vorgeschlagen werden. Warum eigentlich nicht?

Darüber lässt sich nur spekulieren, aber durchaus mit plausiblen Kriterien: Der Kartenhersteller möchte keine Ausdrucksformen in seinem Hinweisblatt vorschlagen, die besonders markiert sind. Er muss von einem relativ allgemeinen, alltagsweltlichen oder unspezifischen Trauerkontext ausgehen, damit seine Formulierungsvorschläge als passend eingestuft werden. Das bedeutet: Der Kartenhersteller wählt weder Formulierungen, die nur von religiösen Menschen verwendet werden (z. B. *zum Herrn heimkehren*), noch Formulierungen, die unter Umständen als zu trivial (z. B. *sterben*) oder gar salopp (z. B. *dran glauben müssen*) und damit pietätlos empfunden werden. Den Vorschlägen liegt – innerhalb des Trauerkontextes – das Kriterium der relativen Unmarkiertheit zugrunde.

Plausible Hypothesen

Was die Perspektive auf die zugrunde liegende Semantik anbelangt (also die zweite Komponente des Vier-Dimensionen-Modells), so haben wir es bei diesem Textbeispiel mit Alltagssemantik zu tun (da der Tod – trotz unseres verkrampften Umgangs mit ihm – als ein alltäglicher Sachverhalt aufzufassen ist). Die verwendeten Formulierungen verweisen ausschließlich auf alltagssprachliche Semantik. Die inhaltsseitige Perspektive auf die pragmatischen Routinen weisen folgende Handlungsschritte auf: Zunächst wird auf den Anlass referiert („ein wunderbarer Mensch ist von uns gegangen"), daraufhin werden die eigenen Empfindungen, die Empathie und das Mitgefühl der Schreiber ausgedrückt („hat uns tief erschüttert"), um anschließend die Verbundenheit mit den Angehörigen auszudrücken („in Gedanken bei Ihnen") und konkrete Hilfe für die Zukunft anzubieten („dass wir für sie [sic!] da sind"). Die hier realisierten kommunikativen Routinen entsprechen gängigen Erwartungen im Kontext des Kondolierens. Ich will – trotz der kritischen Untertöne – natürlich nicht in Abrede stellen, dass solche Formulierungsvorschläge des Kartenherstellers eine nützliche Hilfestellung bieten, da man gerade in diesen Situationen sich häufig einer gewissen Sprachlosigkeit ausgesetzt sieht. Und genau in diesen belastenden Kontexten möchte man auf keinen Fall soziale Erwartungen verletzen, da diese von Angehörigen als pietätlos empfunden werden könnten.

Alltagssemantik

Die Perspektive der Medialität (dritte Komponente des Vier-Dimensionen-Modells) ist in den Textvorschlägen nicht auffällig. Es ist aber durchaus denkbar, dass man bei besonderer persönlicher Verbundenheit dem Kondolenzschreiben noch eine Fotografie des Verstorbenen aus dem eigenen Fotobestand als gemeinsame Erinnerung beilegt; damit würde man einen weiteren Zeichentyp wählen. Der Zeichentyp der Bildlichkeit kommt auch auf Trauerkarten zum Tragen, auf denen verschiedene Motive wie z. B. eine Rose oder ein Kreuz dargestellt werden, die einerseits zwar individuell ausgewählt werden können, andererseits aber auch konventionalisiert sind. Mitunter wird auf vorgedruckten Trauerkarten graphematisch Handschriftlichkeit imitiert, ein weiterer Versuch, eine persönliche Note auszudrücken. Dass Kondolenzschreiben kulturell sehr unterschiedlich ausfallen (vgl. Piitulainen 1993) und auch kulturgeschichtlich von diachronem Interesse sind (vgl. Linke 2001), liegt auf der

Schrift und Bild

Hand. Das Kondolenzschreiben kann als geschriebene standardlektale Alltagssprache ohne soziale Markierung klassifiziert werden.

3. Vierfache Bestimmung von Varietäten

Varietätenname

Im vorherigen Abschnitt sollte deutlich geworden sein, dass eine sprachliche Erscheinung (eine Variante auf einer linguistischen Beschreibungsebene) oder eine komplexere Erscheinungsform (Texte, Gespräche, multi-mediale Einheiten elektronischer Geräte) im Hinblick auf die vier Dimensionen zu untersuchen sind – also betrachtet werden sollten unter der Perspektive

- der kommunikativen Reichweite der Ausdrücke (Markiertheit der Ausdrucksformen),
- der funktionalen Reichweite der Inhalte (Markiertheit der Semantik bzw. des Inhaltssystems),
- der Medialität der Zeichen bzw. vorkommenden Zeichentypen,
- der diachronen Entwicklung unter Berücksichtigung historischer Zeitstufen.

Nun stellt sich die alles entscheidende Frage, die wir zu beantworten versuchen: Wie kommt man nach der Bearbeitung dieser vier Dimensionen zur Bestimmung einer Varietät oder eines Lekts (= Subsprache)?

Von der signifikanten Variantenhäufung zur Varietät

Merkmalbündel
ausschlaggebend

Um es vorweg zu sagen: Die Bestimmung der Varietät hängt von der Charakteristik der Merkmalbündel (signifikanten Variantenhäufung) ab, welche die Analyse ergeben hat. Die Analyse bewegt sich dabei von zunächst grobkörnigeren Kategorien des Arealen, Sozialen und Fachlich-Funktionalen hin zu differenzierteren Kriterien.

- Ist die signifikante Variantenhäufung vor allem durch diatopische (areale) Merkmale charakterisiert, so kann auf dieser Grundlage die sprachliche Erscheinungsform als Dialekt, Regiolekt oder Standardlekt klassifiziert werden.
- Ist die signifikante Variantenhäufung vor allem durch diastratische (soziale, gruppenspezifische) Merkmale gekennzeichnet, so kann auf dieser Grundlage der Oberbegriff *Soziolekt* herangezogen werden, der diverse Ausdifferenzierungen (Jugendsprache, Gerontolekt, Genderlekt, Netzjargon, Sport-, Hobby-, Freizeitsprachen usw.) erlaubt (Neuland/Schlobinski 2015). Die Ausdifferenzierungen berücksichtigend unterscheidet Löffler

(⁵2016: 115) in der Kategorie „eigentliche Soziolekte" (er bezeichnet diese auch als „Sondersprachen/nichtberufsbedingte Gruppensprachen") weiterhin die transitorischen, temporären und habituellen Soziolekte. Transitorische Soziolekte legen gemäß der Lebensabschnitte altersspezifische Bestimmungskriterien zugrunde (z. B. Jugend-/Seniorensprache, Soldatensprache), temporäre Soziolekte basieren auf zeitlich begrenzten (unabhängig vom Lebensalter) Kriterien (Sport-, Hobby-, Freizeitsprache) und habituelle Soziolekte betonen spezifische Gewohnheiten je nach soziostrukturellem Umfeld wie z. B. Jiddisch, Frauen-/Männersprache (Klann-Delius 2005), Kiezdeutsch (Wiese 2012).

- Ist die signifikante Variantenhäufung vor allem durch diafunktionale (fach- oder berufsspezifische) Merkmale bestimmt, so kann auf dieser Grundlage von Funktiolekten gesprochen werden. Funktiolekte stehen für Fachsprachen und Fach für „eine Menge von Kenntnissen und Fertigkeiten, die gesamtgesellschaftlich erarbeitet worden sind" (Adamzik 1998: 184). Der Ausdruck *Fach* referiert zwar auf den Gegenstand, das Thema, über das kommuniziert wird; *Fach* wird hier aber in erster Linie handlungsorientiert aufgefasst (daher findet sich in der Literatur häufig der Terminus *Fachkommunikation*): Fach ist „ein mehr oder weniger spezialisierter menschlicher Tätigkeitsbereich" (Roelcke ³2010: 15). Fach wird also nicht primär über den Referenzbereich (also die behandelten Wissensbestände) noch über die soziale Gruppe (Berufstätige oder Fachleute) und auch nicht über die Spezifik des Zeichengebrauchs charakterisiert, sondern über den Tätigkeitsbereich, in welchen der Referenzbereich (also das fachliche Wissen), der Gruppenaspekt und der spezifische Sprachgebrauch als untergeordnete Aspekte einfließen oder münden (Roelcke ³2010: 15).

Verweisen die Merkmalbündel auf mehrere Bestimmungsfaktoren (also gegebenenfalls auf areale, soziale und fachlich-funktionale), so ist die Frage zu beantworten, welche der drei Bestimmungsfaktoren in dem konkreten Fall als dominant zu bezeichnen ist. Dazu ein paar zugespitzte Beispiele zur Illustration:　*Mehrere Faktoren relevant*

Beispiel 1: Zwei studierte Winzer, die im Hochalemannischen sozialisiert wurden und dort heute beruflich tätig und zu Hause sind, werden ihr Fachgespräch über Weinanbau, Weinsorten, Weinvertrieb usw. im örtlichen Dialekt führen. Die Analyse eines solchen Gesprächs – vorausgesetzt, ein entsprechendes Transkript liegt vor – ergäbe, dass sowohl der diatopische als auch der diafunktionale Bestimmungsfaktor als charakteristisch für die identifizierten Merkmalbündel zu bezeichnen sind.　*Dialekt und Funktiolekt*

Beispiel 2: Zwei Flensburger Fachanwälte für Steuerrecht, die im Norden studiert haben und die größte Zeit in der näheren Umgebung verbracht haben, werden ein privates Fachgespräch gegebenenfalls stärker dialektal eingefärbt führen (Hundt 1992 spricht von „dialektal gefärbter Standardsprache") als　*Dialektal gefärbter Funktiolekt* eine offizielle und öffentliche mündlich vorgetragene Eingabe im Gerichtssaal. Das Code-Switching zum Niederdeutschen oder Plattdeutschen als eigenständige Sprache mit besonderem Status (Riecke 2016: 13) schließe ich in diesem Szenario zur besseren Illustration meines Anliegens aus. Dann nämlich steht (im Unterschied zu Beispiel 1) die Dominanz des diafunktionalen Bestimmungsfaktors außer Frage, der diatopische Bestimmungsfaktor kann als Kontinuum (wie bei einem Lautsprecherregler im Sinne einer skalierbaren Größe) etwas stärker hoch- oder runtergefahren werden.

Fachsemantik möglichst dialektfrei

Beispiel 3: Ein Installateur aus Passau und ein Installateur aus Kiel, die beide in ihrem jeweiligen heimatlichen Umfeld Mundart sprechen, lernen sich im Urlaub an einem „neutralen Ort" außerhalb der jeweiligen Dialektgebiete kennen und tauschen sich über ihren Berufsalltag, ihre Berufserfahrungen usw. aus. Beide werden dialektale Primärmerkmale (auf der Annahme von Dialekt-Standard-Kontinua) durch Code-Shifting in Richtung Standardlautung zu „entschärfen" versuchen, damit die Kommunikation ausdrucksseitig an der Reichweite spezifischer Ausdrücke nicht scheitert. Aus dem Blickwinkel der individuellen Sprachproduktion versteht Schmidt (2005: 70) unter *Shiften* eine individuelle Kompetenzerweiterung durch sukzessive Strukturerweiterungen bzw. Strukturdifferenzierungen, während *Switchen* eine aktive zweite orale und/oder schriftliche Sekundärstruktur darstellt, die bei der situativ bestimmten Variantenwahl verwendet werden kann. Legt man die ausdruckssystematische Trias *kurze/lokale Reichweite des Dialekts – mittlere Reichweite des Regiolekts – hohe/überregionale Reichweite des Standardlekts* zugrunde, so stellt sich die Frage, ob beide versuchen, einen Regiolekt zu realisieren. „Beim Code-Shifting nehmen die Variablen[realisierungen/Anm. E.F.] der anderen Varietät allmählich zu." (Schwitalla [4]2012: 48) Inhaltsseitig (fachsemantisch) dürfte das Verstehen wie bei allen anderen fachlich geprägten Kommunikationsbereichen problemlos funktionieren, eine Hürde könnte lediglich in der Reichweite einzelner Ausdrücke liegen. Der diafunktionale Bestimmungsfaktor wäre dominant, der diatopische flankierend vorhanden – mal kommunikationsbeeinträchtigend, mal nicht.

Dialektal gefärbter Soziolekt

Beispiel 4: Ein ähnliches Szenario könnte man zwischen zwei Jugendlichen skizzieren – einer ganz im Westen, die andere ganz im Osten der Bundesrepublik zu Hause. Typische Komponenten jugendsprachlichen Sprechens (z.B. englischsprachig geprägter Wortschatz aus dem Umfeld Technik, Musik, soziale Medien, Mode usw.) sind aus der Sicht der beiden jeweils ausdrucksseitig markiert, also dialektal eingefärbt. Die Dominanz des sozialen Bestimmungsfaktors ist dessen ungeachtet unstrittig (die soziale Gruppenzugehörigkeit ist das zentrale gemeinsame Merkmal), der diatopische Bestimmungsfaktor tritt mehr oder weniger stark in den Vordergrund.

Bestimmungsfaktoren überschneiden sich

Wir können also festhalten: Bei der Bestimmung einer Varietät – genauer formuliert – bei der Zuordnung einer sprachlichen Erscheinungsform zum

Konstrukt Varietät ist der Bestimmungsfaktor ausschlaggebend, dem das analysierte Merkmalbündel (signifikante Variantenhäufung) zuzuordnen ist. Sind mehrere Merkmalbündel signifikant, ist eine Abwägung zu treffen, an deren Ende die Dominanz eines Merkmalbündels oder die gleichwertige Einstufung mehrerer Merkmalbündel steht.

In die bisherige Betrachtungsweise einer Wechselwirkung zwischen Merkmalbündel und Varietäten muss noch eine weitere linguistische Ebene eingeschoben werden, die von besonderer Relevanz ist – nämlich die der Texte, Gespräche oder multimedialen Einheiten elektronischer Geräte. Der Grund ist ganz einfach: Sprachliche Varianten existieren nicht unabhängig von Manifestationen (schwirren also nicht einfach so in der Luft herum), sondern kommen immer in Texten, Gesprächen oder Ähnlichem vor. Wenn man sich alle bisher aufgeführten Beispiele dieses Buches ins Gedächtnis ruft, so werden die dort besprochenen Varianten stets im Rahmen konkreter Lebenssituationen in bestimmten schriftlichen, mündlichen oder multimodalen Erscheinungsformen (Text o. Ä.) manifest (also sichtbar, greifbar, erkennbar). Die signifikante Variantenhäufung, die sich auf verschiedenen linguistischen Ebenen manifestieren kann, korreliert also mit Eigenschaften von Text-/Gesprächssorten als vorgelagerte Ebene der Varietätenbestimmung (Felder 2009: 53). Insofern stellt sich die Frage, wie das Merkmalbündel (signifikante Variantenhäufung) in Bezug zu setzen ist zu Typen von Texten, Gesprächen und multimedialen Einheiten elektronischer Geräte – und wie wiederum diese Ebene in Beziehung zu setzen ist zu den analysierten Varietäten.

Typen von Äußerungen

- Unterste Ebene: Signifikante Variantenhäufung (Merkmalbündel)
- Mittlere Ebene: Verfestigung der Varianten in Muster und Routinen von Text-/Gesprächssorten und multimedialen Einheiten elektronischer Geräte unter besonderer Betonung der Pragmatik als alle Dimensionen und Bestimmungsfaktoren umfassende und querliegende Ebene
- Oberste Ebene: Bestimmung der Varietäten auf der Grundlage sprachlicher Erscheinungsformen, die sich in Exemplaren von Texten, Gesprächen und multimedialen Kommunikationseinheiten als ein Repräsentant von Text-/Gesprächssorten manifestieren und durch Dimensionen signifikanter Variantenhäufung (Merkmalbündel) charakterisiert sind

Mit Feilke kann man jedem Sprachgebrauch eine gewisse Texthaftigkeit zusprechen, und umgekehrt ist die „in Gebrauch genommene Sprache wesentlich dadurch bestimmt […], dass sie Sprachgebräuchen folgt" (Feilke 2003: 209). Sprachliches Wissen ist also Wissen über Sprachgebräuche (Konventionen, Regeln) und über die Typik von Gebräuchen, die sich in Text- und Gesprächssorten niederschlagen und die alle Sprachteilnehmer in der Sprachproduktion und Sprachrezeption lenken. Hermann Paul präzisiert in seinem

„Vertextete" Sprache

Grundlagenwerk *Prinzipien der Sprachgeschichte* diesen Gedanken wie folgt: „Erst wo Sprechen und Verstehen auf Reproduktion beruht, ist Sprache da." (Paul 1880/⁶1960: 187) Texte und Gespräche angemessen „produzieren" und verstehen zu können, verlangt die Aneignung sprachlicher Prozeduren, wobei weder Pauls Vokabel „Reproduktion" noch die linguistische Fachvokabel der „Textproduktion" mechanistisch verstanden werden darf: Denn unsere soziale Umwelt wird von vielen Faktoren bestimmt, von daher können wir Sprachteilnehmer die (implizit oder explizit erworbenen) Muster und Routinen nicht 1:1 automatisch anwenden, sondern müssen oder wollen sie häufig je nach Kontext leicht modifizieren!

Textsorte, Varietät   Durch diese Sichtweise motiviert definiert Löffler (siehe Kapitel IV) aus der Perspektive von Texten bzw. Textsorten Varietäten als „gebündelte Textexemplare […], deren sprachliche Merkmale in der Hauptsache von Redekonstellationstypen oder sozio-pragmatischen Bedingungen wie Individuum, Gruppe, Gesellschaft, Situation, Funktion geprägt sind" (Löffler 52016: 79) und die auf der Systemseite wie auch in der konkreten Sprachverwendung „ein Konglomerat verschiedener Subsysteme und Äußerungsvarianten [darstellen], die von innersprachlichen und außersprachlichen Faktoren bestimmt sind" (Löffler ⁵2016: 21).

Diskrepanz zwischen Theorie und Empirie und der Nutzen von Modellen sprachlicher Erscheinungsformen

Widerspruch mit Erklärungskraft   In varietätenlinguistischen Forschungsarbeiten wird häufig ein grundsätzliches Problem hervorgehoben (siehe exemplarisch Lüdtke/Mattheier 2005: 16, Schmidt 2005: 61, Schmidt 2010: 125), das hier kurz erläutert werden soll: Es handelt sich um die unvermeidbare Diskrepanz zwischen theoretischem Erkenntnisinteresse und empirischen Befunden der sogenannten Sprachwirklichkeit (Löffler ⁵2016: 79). Auf der einen Seite befindet sich das wissenschaftliche Erkenntnisinteresse, nämlich eine plausible und Homogenität (Einheitlichkeit) implizierende Erklärungsfolie für Variantenvielfalt darzulegen. Auf der anderen Seite steht die empirische Feststellung, dass jegliche Klassifizierung und Zusammenfassung diverser Sprachvarianten doch nicht zur vollständigen und restlosen Einteilung aller empirisch feststellbaren Phänomene geeignet ist. Dieser Widerspruch ist insofern kein Problem (sondern im Gegenteil erkenntnisstiftend), als man sich die eigentliche Erklärungskraft von Kategorien vor Augen führt: Diese besteht nicht nur in dem wünschenswerten Ergebnis, möglichst viele Phänomene nach transparenten Kriterien in klar definierte „Schubladen" (also Kategorien) einzuordnen, sondern auch darin, nicht kategorisierbare Phänomene möglichst genau zu beschreiben und ihre mangelnde Passfähigkeit in Bezug auf das bestehende Kategoriensystem präzise zu erfassen. Insofern lernen wir über die „widerspenstigen" (weil nicht 1:1

kategorisierbaren) Phänomene sehr viel – und zwar dank und trotz des unvollständigen Kategorienapparats, der unter Umständen eben nicht zur Einordung eines bestimmten Phänomens in der Lage ist.

Dessen ungeachtet besteht das Bestreben und in der Forschungsgemeinschaft die berechtigte Erwartung, dass Wissenschaftler Modelle generieren, die möglichst viele Phänomene nach nachvollziehbaren Kriterien transparent in präzise definierte Kategorien einteilen können (Klassifikation). Modelle erklären idealtypisch vielfältige Ausprägungen im Rahmen eines konstruierten Gesamtsystems. Dadurch werden Erscheinungen verstehbarer, Wechselwirkungen (Korrelationen) zwischen verschiedenen Erklärungsvariablen nachvollziehbarer und letztlich (das ist das Wichtigste) können diese Modelle uns analytisch Interessierten ein Rahmengerüst bieten, innerhalb dessen wir für uns erklärungsbedürftige Phänomene beschreiben und erklären können.

Modelle und Wirklichkeit

Das zu Beginn von Kapitel III vorgestellte Schaubild (Abb. 7) zum Vier-Dimensionen-Modell illustriert, dass Varianten der verschiedenen linguistischen Ebenen daraufhin analysiert werden, ob und welche signifikanten Markierungen sie hinsichtlich der vier Dimensionen einer bestimmten Varietät aufweisen. Das Modell umfasst folgende Komponenten:

Anspruch des Vier-Dimensionen-Modells

- Ausdruckssystem mit der Trias *hohe/überregionale Reichweite des Standardlekts – mittlere Reichweite des Regiolekts – kurze/lokale Reichweite des Dialekts.*
- Inhalts-/Semantiksystem mit der Trias *geringer Fachlichkeitsgrad der Alltagssemantik – mittlerer Fachlichkeitsgrad der Vermittlungssemantik – hoher Fachlichkeitsgrad der Fachsemantik.*
- Medialität mit den Typen *gesprochen – geschrieben – multimedial.*
- Historische Zeitstufen mit der Gliederung in *Althochdeutsch, Mittelhochdeutsch, Frühneuhochdeutsch* und *(Spät-)Neuhochdeutsch.*

In der Kopplung der einzelnen Dimensionen sollen möglichst viele Sprachvarianten plausibel erklärt werden – und zwar dergestalt, dass das zu untersuchende Phänomen im Hinblick auf die vier Dimensionen bestimmt wird. Wenn eine sprachliche Erscheinungsform varietätenlinguistisch eingeordnet werden soll, dann muss die Zuordnung zu einer Varietät durch die charakterisierende Einordnung in die vier Dimensionen begründet werden. Eine Varietät ist also durch die Kopplung der vier Dimensionen charakterisiert. Gelingt dies, dann wird die Heterogenität der deutschen Sprache metaphorisch gesprochen insofern ein Stück weit homogener, als wir einzelne Bausteine, Konstruktionen, interne Relationen und Bestimmungsfaktoren ihres Vorkommens verstehen und erklären können. Dieses Ziel verfolgen die beiden folgenden Kapitel der innersprachlichen und außersprachlichen Merkmale von Varietäten. ■

1. Erklären Sie den Unterschied zwischen einer einzelnen Sprachvariante, die auffällig zu sein scheint (z. B. in einem wissenschaftlichen Fachaufsatz kommt ein Nebensatz mit Verbzweitstellung vor), und einer signifikanten und strukturbildenden Variantenhäufung (Merkmalbündel)!

2. Vervollständigen Sie den folgenden Satz zu Anspruch und Erkenntnisinteresse der Varietätenlinguistik: „Wenn die Varietätenlinguistik signifikante und strukturbildende Variantenhäufung (Merkmalbündel) mit nachvollziehbaren Kriterien kategorisieren kann, dann ..."

3. Wie lauten die Komponenten des Vier-Dimensionen-Modells, und was zeichnet sie aus?

4. Nennen Sie zu jeder linguistischen Ebene (Phonetik/Graphematik, Morphologie, Lexik, Syntax, Text/Gespräch) ein Beispiel, an dem man areale, soziale oder funktionale Bestimmungsfaktoren als plausible Hypothese für das Vorkommen der Variante anführen kann.

5. Erläutern Sie den Umstand, dass sich zur Erklärung bestimmter Varianten areale, soziale und funktionale Bestimmungsfaktoren überschneiden können. Wie ist damit umzugehen?

6. Zwischen signifikanten Merkmalbündeln (Variantenhäufung) und der Varietät ist die Ebene des Textes, des Gesprächs oder der multi-medialen Einheit elektronischer Geräte sehr relevant. Erklären Sie, was diese Ebene an wichtigen Erkenntnissen beitragen kann.

7. Erklären Sie die Bedeutung von Modellen für die Beschreibung der Sprachwirklichkeit, auch wenn sich nicht alle Phänomene passgenau in die vorhandenen Kategorien einordnen lassen.

Kommentierte Literatur

Löffler, Heinrich (2003): Dialektologie. Eine Einführung. Tübingen: Narr. Sehr gut geeignet zur Einführung in den varietätenlinguistischen Bestimmungsfaktor des Arealen, insbesondere in die Dialektologie.

Neuland, Eva/Schlobinski, Peter (2015): Sprache in sozialen Gruppen. In: Felder, Ekkehard/Gardt, Andreas (Hg.): Handbuch Sprache und Wissen. Berlin/Boston: de Gruyter, S. 291–313 (Handbücher Sprachwissen – HSW Bd. 1). Knapp und anregend zur Einführung in den varietätenlinguistischen Bestimmungsfaktor des Sozialen im Hinblick auf die Relevanz sozialer Gruppen.

Adamzik, Kirsten (1998): Fachsprachen als Varietäten. In: Hoffmann, Lothar/Kalverkämper, Hartwig/Wiegand, Herbert Ernst (Hg.): Fachsprachen. Ein internationales Handbuch zur Fachsprachenforschung und Terminologiewissenschaft. 1. Band. Berlin/New York: de Gruyter, S. 181–189 (Handbücher zur Sprach- und Kommunikationswissenschaft Band 14.1 und 14.2). Eine grundlegende Einführung in die Fachsprachen unter varietätenlinguistischen Gesichtspunkten.

Schwitalla, Johannes (2012): Gesprochenes Deutsch. Berlin: Schmidt. Eine gut verstehbare Einführung in die gesprochene Sprache und zum Verhältnis von gesprochener und geschriebener Sprache aus dem Blickwinkel des Mündlichen.

Deppermann, Arnulf ([4]2008): Gespräche analysieren. Wiesbaden. Hier finden sich gut verstehbar die Grundzüge der Gesprächsanalyse dargestellt.

Dürscheid, Christa ([5]2016): Einführung in die Schriftlinguistik. Göttingen: Vandenhoeck & Ruprecht (UTB 3740). Eine fundierte Einführung in die Charakteristika der Schrift und zum Verhältnis von gesprochener und geschriebener Sprache aus dem Blickwinkel der Schrift.

Brinker, Klaus/Cölfen, Hermann/Pappert, Steffen ([8]2014): Linguistische Textanalyse. Eine Einführung in Grundbegriffe und Methoden. Berlin: Schmidt. Eine basale und sehr praktische Einführung mit Grundwissen zur Textanalyse, gerade auch für die Schule.

IV. Innersprachliche Varietäten-Merkmale

Überblick

Im vorherigen Kapitel wurden exemplarisch Phänomene aller linguistischen Ebenen im Hinblick auf das Vier-Dimensionen-Modell analysiert und in Bezug auf areale, soziale und funktionale Bestimmungsfaktoren kategorisiert. Die Bestimmungsfaktoren haben plausibel gemacht, warum Varianten in bestimmten Situationstypen vorkommen oder wie sich das Vorkommen aus der Sicht der Bestimmungsfaktoren erklärt. Im nun folgenden Kapitel geht es darum, die Binnengliederung der vier Dimensionen – also des Ausdruckssystems, des Inhaltssystems, der Medialität und der historischen Zeitstufen – zu erläutern. Dies dient dem Zweck, die Heterogenität der sprachlichen Erscheinungsformen systematisch und in ihren internen Relationen erklären zu können. Es geht um das Offenlegen einer inneren Ordnung, die uns Sprecher zu lenken scheint, die aber nicht evident oder selbsterklärend ist. Im darauffolgenden fünften Kapitel werden die hier erarbeiteten innersprachlichen Merkmale mit außersprachlichen in Beziehung gesetzt.

1. Kommunikative Reichweite der Ausdrücke

Um eine sprachliche Erscheinungsform unter variationsrelevanten Gesichtspunkten analysieren zu können, müssen die einzelnen Komponenten (perspektivischen Zugänge) des Vier-Dimensionen-Modells (Ausdrucks- und Inhaltssystem, Medialitätstypik, historische Zeitstufe) auf die zu analysierenden Phänomene angewandt werden, wie wir im vorherigen Kapitel an Beispielen der phonetisch-phonologischen, graphematischen, morphologischen, lexikalischen, syntaktischen oder textuellen Ebene gezeigt haben. Eine sprachliche Erscheinungsform muss also hinsichtlich aller vier Dimensionen eine „Antwort" liefern. In diesem Abschnitt wird nun dargestellt, welche interne Struktur die erste Dimension *Kommunikative Reichweite des Ausdruckssystems* aufweist und inwiefern sie mit den anderen Dimensionen des Modells in Relation steht. Dabei darf nicht vergessen werden: Zur Einordnung einer Variante in das Modell ist die Kopplung aller vier Dimensionen erforderlich. Dessen ungeachtet betrachten wir hier und in den nächsten Abschnitten die Dimensionen zunächst einmal für sich genommen.

Komponenten und Relationen

Steger (1988: 309) vertritt unter Berücksichtigung der soziolinguistischen und dialektologischen Forschungen in seinem Ansatz die Position, dass Ausdruckssysteme und ihr Geltungsradius (die sogenannte kommunikative Reichweite) durch zwei Subdimensionen charakterisiert sind:

Sozialräumlich und sozietär

- Zum einen ist die Reichweite sozialräumlich geprägt – das heißt, durch die gesellschaftliche und räumliche Lebenswelt. Die Ausdruckssysteme gelten dann in bestimmten gesamtgesellschaftlichen bzw. staatsbürgerlichen Verbänden (das meint das Verständnis von Bürgern als ein Mitglied oder Teil von Gemeinden, Städten, Metropolen, Regionalverbänden wie z. B. Niedersachsen, Rheinländer, Westfalen oder Schwaben oder der deutschen Staatsbevölkerung usw.).
- Zum anderen ist die Reichweite sozietär (gruppenbezogen) geprägt. Damit sind die rein gesellschaftlichen Beziehungen gemeint. Die Ausdruckssysteme gelten daher in Gruppen oder Gruppierungen – und zwar durch das Selbstverständnis und den je spezifischen Wissenshintergrund von Individuen als Teil z. B. der Automobil-, Textil-, Immobilienbranche oder als Selbständige, Angestellte, Beamte oder als Schrebergarten- bzw. Eigenheimbesitzer oder als Schüler, Studierende, Referendare, Lehrer oder als Gleitschirmflieger, Doppelkopf-Spieler, Schallplattensammler.

Dies klingt zunächst einmal abstrakt, ist aber dennoch leicht zu verstehen, wenn man die beiden Vokabeln der Subdimensionen *sozialräumlich* und *sozietär* durchleuchtet.

Termini Raum und Ort

Worauf verweist das Wort *sozialräumlich* mit seinem Bezug auf Sozialstruktur (gesellschaftlich bedingte Anordnung gemäß Beschäftigung, Einkommen, Vermögen, Stellung) und Raumstruktur genau? Wie unterscheiden sich die Ausdrücke *Raum* und *Ort*? *Raum* wird hier als soziale und areale Größe verstanden, als Situationsrahmen der soziokulturellen Interaktion. Mit Bezugnahme auf diverse Wörterbücher wird hier *sozial* über französisch *social* aus lateinisch *socialis* in der Bedeutung ›gesellschaftlich, gesellig‹ verstanden und zum Ausdruck *socius* oder im Deutschen *Sozius* im Sinne von ›Mitglied einer Gemeinschaft oder Gesellschaft, Gefährte, (Bundes)Genosse, Teilnehmer, Teilhaber‹ in Bezug gesetzt. Aus dem hier favorisierten Blickwinkel ist ein Teilnehmer ein Mitglied der Gesellschaft – genauer der Wissensgesellschaft und damit (passiver sowie aktiver) Akteur in verschiedenen Diskursen, also Diskursakteur oder Kommunikationsteilnehmer. Da ein Diskursakteur oder Teilnehmer der Wissensgesellschaft stets auch ortsgebunden agiert, ist die örtliche Komponente mitgedacht, aber nicht die einzig relevante. Mit diesem Raumbegriff werden auch virtuelle Räume der Internetkommunikation erfasst (Schmitz 2015). Ein Surfer im Internet ist mit seinem Gerät also an einem geographischen Ort (der meistens nicht feststellbar ist) und in einen sozialen Raum des virtuellen Internets. *Ort* ist also hier rein geographisch gedacht und wird als sinn- und sachverwandt zu *areal* gesehen.

Angehöriger einer Sozietät

Die zweite Subdimension ist mit *sozietär* (gruppenbezogen) gekennzeichnet. Was bedeutet das in unserem Zusammenhang? Eine Sozietät im soziologischen Sinne ist eine menschliche Gemeinschaft, die durch gleiche Interessen und Ziele als eine Gruppe betrachtet wird. Das Etikett *sozietär* verweist darauf, dass wir uns als Angehörige einer Gruppe verstehen oder definieren, auch wenn wir nicht in einem Verband oder einer Gruppenstruktur organisiert sind. So sind Menschen meistens zugleich Angehörige einer Altersgruppe, einer Berufsgruppe oder Ähnlichem und vielleicht noch Teil einer Gruppe, die ein spezifisches Freizeitinteresse verbindet (Garten, Computer, Autos, Fan eines Sportvereins usw.).

Besonders offensichtlich ist das Zusammenspiel von Sozial- und Raumstruktur in der neuen Richtung der Urban Linguistics als sprachwissenschaftliche Ausprägung der Urban Studies; dort werden nicht nur „Variationsphänomene in den Blick genommen, sondern insbesondere auch Prozesse des variationalen Place-Making" (Busse/Warnke 2015: 519) – also z. B. die kulturell, politisch oder gesellschaftlich motivierte Ortsbezeichnungen eines öffentlichen Raums wie z. B. *Platz des Himmlischen Friedens, Straße des 17. Juni, Adenauerring* oder *Willy-Brandt-Allee* –, bei denen neben der sozialen Vorstrukturierung des Raumes durch die Bewohner auch die wirklichkeitskonstituierende Kraft der sprachlich „gebauten Umwelt" als deklarative Sprachhandlungen analysiert wird.

Neue Forschungen

Abb. 9: Ausdrucksweisen sind obligatorisch über die sozialräumliche Subdimension und gegebenenfalls zusätzlich durch die sozietäre (gruppenbezogene) Subdimension bestimmbar.

Mit diesen Begriffsklärungen können wir nun die Unterscheidung von Steger (1988) graphisch darstellen (siehe Abb. 9).

Wie ist nun die Darstellung der kommunikativen Reichweite von Ausdruckssystemen zu verstehen? Zunächst muss man den Sprachgebrauch konsequent aus der Sicht der

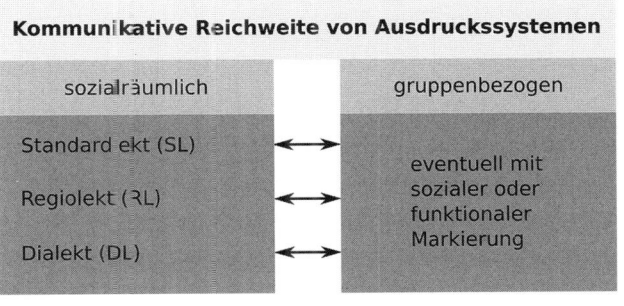

Individuen als Bürger und ihrer Zugehörigkeit zu einer Gemeinde, einem regional oder überregional/staatlich definierten Verband bzw. einer Gesellschaft, zu einer wie auch immer spezialisierten Gruppierung (z. B. Berufsgruppe) oder einer sozialen Gruppe (z. B. Schüler, Studierende, Rentner) sehen. Analysiert man die sozialräumliche Reichweite eines von einem Individuum gebrauchten Ausdruckssystems, so lässt sich mit der ersten Subdimension des Sozialräumlichen (also des Arealen und Gesellschaftlichen) der geographisch markierte Geltungsradius beschreiben, in dem das Individuum als Teil eines lokalen, regionalen oder überregionalen Verbandes sprachlich agiert. Hierbei hat sich eine Trias herausgebildet, die zwei Eckpunkte und einen mittleren Bereich ausweist: Die Eckpunkte sind die beiden Pole *Dialekt mit kurzer/lokaler Reichweite* und andererseits der *Standard ohne räumliche Begrenzung* (innerhalb der nationalen Varietät). In der „Mitte" der Gliederung sind regionale Ausdruckssysteme angesiedelt, die vielfältige Nuancierungen zwischen den beiden erwähnten Eckpunkten erfassen sollen. Somit kommen wir zur sozial-

Areale und soziale Sicht

räumlichen Trias (vertikale Gliederung als Dialekt-Standard-Achse) mit den Kategorien

- hohe/überregionale Reichweite des Standardlekts
- mittlere Reichweite des Regiolekts
- kurze/lokale Reichweite des Dialekts

Diese erste Subdimension des Ausdruckssystems – also die sozialräumliche – ist ausschließlich über areale in Kombination mit bestimmten gesellschaftlichen bzw. (staats-)bürgerlichen Kriterien definiert (z. B. das Verständnis als Alemanne oder als Süddeutscher). Das Ausdruckssystem ist noch nicht mit der zweiten Subdimension des gruppenbezogenen oder gruppenhaften (sozietären) Geltungsbereichs beschrieben (z. B. das Verständnis als Jugendlicher oder Rentner). Diese Markierung des Sozialen oder des Fachlich-Funktionalen (z. B. einer Berufsgruppe zugehörig) kann also flankierend zu den drei sozialräumlichen Kategorien *Dialekt – Regiolekt – Standardlekt* hinzukommen. Man spricht dann von einem sozial (z. B. jugendsprachlichen) oder funktional/fachlich (z. B. berufsbedingten) markierten Ausdruckssystem des Dialekts, Regiolekts oder Standardlekts.

Einteilungs-
problematik
Diese abstrakte Darstellung sei an Beispielen verdeutlicht, in dem wir dem südlichen Niedersachsen und der Landeshauptstadt Hannover unterstellen, dass dort am ehesten eine Nähe zur norddeutsch geprägten Aussprachenorm der Standardsprechsprache realisiert wird (vgl. zu Fiktion und Wirklichkeit dieser Annahme Elmentaler 2012). Dieses Vorgehen dient der klareren Illustrierung und Problemprofilierung und vernachlässigt regionale Markierungen, die durchaus vorkommen (wie z. B. die schon erwähnte Realisierung der Affrikate [pf] durch [f] wie in *Fund* und *Fingsten* anstelle von *Pfund* und *Pfingsten*; vgl. Elmentaler/Rosenberg 2015: 39).

Führt also in Hannover (unter dieser Annahme der realisierten Standardsprechsprache) ein Handwerker in Hannover mit seinen ortsansässigen Fachkollegen ein berufliches Fachgespräch, so verwenden diese – in unserem Beispiel – als an diesem Ort Sozialisierte ein regional kaum begrenztes Ausdruckssystem, das sich flankierend durch die Spezifik des Funktional-Fachlichen auszeichnet und sich daher als Funktiolekt klassifizieren lässt. Wir haben es dann mit einem funktional markierten hochreichweitigen Standardlekt zu tun. Führen zwei 16-Jährige am selben Ort ein privates Gespräch über Musik oder Kleidung, so handelt es sich um einen sozial markierten, hochreichweitigen Regio- bzw. Standardlekt. Und – abschließend – unterhalten sich zwei 50-jährige Männer am Samstagnachmittag privat über das Wetter (ohne jeden meteorologischen Fachkontext), so haben wir es – wenn wir die beiden wieder von Kindesbeinen an in Hannover situieren – mit einem weder funktional noch sozial markierten hochreichweitigen Standardlekt zu tun.

Verlagern wir alle drei Gesprächsszenarien in ein Dialektgebiet mit dort aufgewachsenen Sprechern, so haben wir es (in Bezug auf die 16-Jährigen) mit einem sozial markierten Dialekt und (bezüglich der Handwerker) mit einem funktional markierten Mundartgebrauch zu tun. Der private und alltagsweltliche Sprachgebrauch der beiden Herren, die über das Wetter plaudern, wäre dann rein dialektal bestimmt, also ohne soziale oder funktionale Zusatzmarkierung.

Warum stellen wir in unseren Beispielen bei den beiden 16-jährigen Jugendlichen den Bestimmungsfaktor der sozialen Gruppe in Rechnung und bei den beiden 50-jährigen Männern nicht? Ist dies nicht inkonsequent? Um diese Frage zu beantworten, muss man sich mit Geltungsradius und ausdrucksseitigen Mustern (inklusive ihrer Vorkommenshäufigkeit) beschäftigen. Der Ausgangspunkt der Überlegungen ist dabei der der Begrenztheit, der eingeschränkten Reichweite oder – anders formuliert – das gleichförmige Vorkommen von Ausdrucksmitteln. So ist das private alltagsweltliche Gespräch über das Wetter weder durch das Ausdruckssystem noch durch das alltagsweltliche Inhaltssystem (das wir gleich im zweiten Abschnitt behandeln werden) in seiner Verständlichkeit und seinem Wirkungskreis beeinträchtigt (solange es keinen differenzierteren meteorologischen Fachlichkeitsgrad aufweist). Das Gespräch der beiden 16-Jährigen ist dahingegen ausdrucksseitig durch die Verwendung bestimmter gruppenspezifischer Ausdrücke (Akronyme wie z.B. *MoF* für ›Menschen ohne Freunde‹) in seinem Wirkungs- und Geltungsradius begrenzt und von daher in der vorliegenden Varietätenauffassung markiert. Und die Begrenzung ist durch den Bestimmungsfaktor des Sozialen erklärbar. Dies ist der Grund, warum der diastratische Bestimmungsfaktor im oben dargelegten Szenario des Männergesprächs keine spezifische Relevanz aufweist, das Gespräch der Jugendlichen dahingegen schon. Eine spezifische soziale Relevanz käme erst dann ins Spiel, wenn man dieses alltagsweltlich geprägte „Männergespräch" (die verkürzte Redeweise ist bewusst gewählt) über das Wetter mit einem wie auch immer charakterisierten „Frauengespräch" über das Wetter vergleicht und die jeweilige Auswahl bestimmter Ausdrucksweisen auf Gender-Faktoren zurückführen könnte.

Sozialer Bestimmungsfaktor

Kontinuum von standardnahen Ausdruckssystemen bis zu areal oder gruppenspezifisch (diastratisch oder diafunktional) markierten Ausdruckssystemen

Wie bei allen Modellen, so stellt sich auch in dieser vertikalen Gliederung (zwischen Dialekt, Regiolekt, Standardlekt – und gegebenenfalls zusätzlich flankiert von dem Bestimmungsfaktor des Sozialen oder Fachlich-Funktionalen) die Frage nach den Grenzen bzw. der Trennschärfe der Kategorien. Im Folgenden modellieren wir das Ausdruckssystem mit der Trias

- hohe/überregionale Reichweite des Standardlekts (z.B. *Brötchen*)
- mittlere Reichweite des Regiolekts (z.B. *Samstag/Sonnabend*) und
- kurze/lokale Reichweite des Dialekts (z.B. *Weckle*)

als ein Kontinuum. Damit ist die Frage nach den Übergängen noch nicht beantwortet, sondern nur dahingehend angedeutet, dass keine Stufenabgrenzung (Gradata) zugrunde gelegt wird (vgl. zur Beschreibung der Varietäten als Ausprägungen in einem Kontinuum im Vergleich zur Annahme von Gradata (Stufen) die Darlegungen in Becker 2001: 83). Dieses schwierige Problem der Übergänge oder der „Diskretheit" (= Abgrenzung) soll hier kurz illustriert werden (vgl. dazu die Differenzierungen zu „Varietät, Diskretheit, Kontinuum" in Schmidt 2005: 63 und die Ausführungen in Kapitel VI).

Problem der Grenzziehung

Zugespitzt formuliert kann man beispielhaft fragen, wie man die Grenze in der Bundesrepublik Deutschland findet, auf deren einen Seite die Menschen fast ausschließlich oder überwiegend das Wort *Sonnabend* verwenden und auf deren gegenüberliegenden Seite der Ausdruck *Samstag* bevorzugt wird. Diese vereinfachte Frage nach der Präferenz für eine bestimmte Ausdrucksweise geht von folgenden Vorannahmen aus: Die Sprecher eines bestimmten Ortes bevorzugen immer die Verwendung eines der beiden Ausdrücke, der variierende Wechsel zwischen zwei Ausdrücken wird ausgeschlossen (wie er z.B. den freien Varianten *Beginn* und *Anfang* zugeschrieben wird). Die Sprecher bevorzugen - so eine zweite Unterstellung - eine bestimmte Variante in einem klar beschreibbaren Zuordnungsverhältnis *Situation - Ausdrucksweise*. Beide Annahmen liegen in dieser „Eindeutigkeit" in der Sprachwirklichkeit nicht vor. Und die gleiche Un-Eindeutigkeit kann man bei der sozial und funktional-beruflich bestimmbaren Auswahl von zwei Varianten feststellen. Exemplarisch könnte man fragen, in welchen sozialen Gruppen eine bestimmte Ausdrucksweise gegenüber einer anderen bevorzugt wird (z.B. die schriftlichen Anredeformen bei E-Mails *Sehr geehrte/r Frau/Herr, Liebe/r, Hi, Guten Morgen/Tag/Abend* oder *Hallo*, bei deren Auswahl soziale und funktional-berufliche Bestimmungsfaktoren und das zwischenmenschliche Verhältnis - z.B. Chef, Kollege, Freundin, Tante, Anwalt - eine Rolle spielen).

Variatives Kontinuum

Daraus schließen wir: Die aus heuristischen Gründen angenommene Grenzziehung kann zwar für einen Teil der Sprachbevölkerung zutreffen, aber nicht unbedingt für alle Sprecher. Und die aus heuristischen Gründen veranschlagte prototypische Zuordnung von *Situationstyp - Anredeform* kann vielleicht durch empirische Untersuchungen teilweise oder ausschnitthaft belegt werden, es wird immer auch Abweichungen geben. Gerechtfertigt scheint die Grenzziehung im Wortatlas oder die Identifikation einer sozial oder funktional markierten Subsprache dann, wenn durch linguistische Untersuchungsmethoden (vgl. Methoden der Sprachforschung wie z.B. direkte oder indirekte

Befragungen, Interviews und gelenkte Gespräche, teilnehmende Beobachtung, Korpusanalysen) eine bestimmte Anzahl an Informanten als repräsentativ für einen Lekt (Dialekt, Regiolekt, Soziolekt, Funktiolekt usw.) angenommen wird. Jedoch ist in unserer durch Mobilität gekennzeichneten Gesellschaft unmittelbar evident, dass aus Essen, Hamburg, Berlin oder München stammende Studierende an der Universität Heidelberg mit Studierenden aus der Rhein-Neckar-Metropole kommunizieren und sich beide Sprachgebräuche gegenseitig beeinflussen (in der Sprachwissenschaft spricht man von *Koine* im Sinne von ›gemischter, vereinheitlichter, überregionaler Sprachform ohne Merkmale eines Basisdialekts‹).

Wie lassen sich nun die Übergänge modellieren? Nehmen wir zwei Beispiele der Alltagswelt zur Veranschaulichung. In einer Stereoanlage lassen sich die Volumina beider Lautsprecher häufig über einen Regler verändern: In dem Maße, in dem das Volumen eines Lautsprechers geringer wird, nimmt die Lautstärke des anderen zu. Es handelt sich um ein perfekt kontinuierliches Zuordnungsverhältnis zwischen beiden Größen. Ein perfekt abgrenzbares, abgesondertes (diskretes) Zuordnungsverhältnis liegt vor, wenn mit Hilfe eines Lichtschalters die Glühbirne ein- oder ausgeschaltet wird: Je nach Position des Kippschalters haben wir einen eindeutig identifizierbaren Zustand der Glühbirne: Entweder sie leuchtet oder sie leuchtet nicht – ein Dazwischen gibt es nicht. Diese Bilder muss man sich vor Augen führen, wenn man die folgende Übertragung auf die Zuordnung von situativen Merkmalen im Wechselverhältnis zu sprachlichen Varianten nachvollziehen will.

Abhängigkeit zweier Größen

Zitat

„Eine perfekt kontinuierliche Zuordnung läge vor, wenn der graduellen Änderung eines situativen Merkmals (also etwa des Formalitätsgrades einer Situation oder des Sozialprestiges der Kommunikationspartner) eine gleichmäßige Veränderung der Wahl der linguistischen Varianten entspräche. Eine perfekt diskrete [also abgrenzbare/Anm. E.F.] Zuordnung liegt vor, wenn die graduelle Änderung eines situativen Merkmals bei Vorliegen einer bestimmten Qualität (Merkmalsausprägung/-konstellation) bei den Sprechern „schlagartig" den Wechsel von einem Set fest gekoppelter linguistischer Varianten zu einem anderen auslöst (entweder/ oder-Beziehung)." (Schmidt 2005: 65)

Wir haben es mit einem Spannungsverhältnis zwischen Empirie und theoretischem Erklärungsbemühen zu tun, das wir im vorherigen Kapitel schon angedeutet haben: Die Sprachverwendung ist auf der einen Seite bei empirischer Beobachtung sehr heterogen. Die Varietätenlinguistik will auf der anderen Seite diese Heterogenität als geordnet erklären und muss daher mit Homogenitätsannahmen arbeiten. Schmidt (2005) hat dieses Problem des Homogenitätspostulats in der Varietätenforschung prägnant zusammengefasst:

Heterogenität versus Homogenität

„Für den gesamten Zeitraum, für den wir gesicherte Daten haben (Über-
lieferung), tritt uns Sprache heterogen entgegen. Homogenität von Sprache ist dagegen stets methodisch hergestellt:" (Schmidt 2005: 61)

Wir können dieses Problem in einem Einführungsbuch nur bedingt ver-
tiefen und greifen es deshalb in Kapitel VI nochmals auf. Wir möchten aber
mit diesen Ausführungen auf das grundlegende Problem der Varietätenlinguistik aufmerksam machen und halten hier schon einmal fest: „Die Zuordnung von Variantenmengen zu Sprechergruppen und Sprachverwendungssi-
tuationen ist weder strikt diskret noch perfekt kontinuierlich." (Schmidt
2010: 126). Diesen Gedanken greifen wir im letzten Kapitel dieses Buches
nochmals auf.

Regionales Ausdruckssystem zwischen Standard und Dialekt

Was ist ein Regiolekt?   Abschließend möchten wir ein schwierig erfassbares Phänomen in Augenschein nehmen, nämlich Ausdruckssysteme zwischen Dialekten (Basisdia-
lekten) und Standard, sogenannte regionale Ausdruckssysteme. Dabei ist zu
berücksichtigen, dass der Regionalsprachenbegriff in der Sprachwissenschaft
besonders wichtig ist, da Regionalsprachen „für die Mehrheit der Sprecher des
Deutschen" die „kommunikative Realität" (Schmidt/Herrgen 2011: 63) darstellen. Der Regionalsprachenbegriff bezieht sich besonders auf die gesprochene Sprache. Das hat er gemein mit dem Dialekt. Während aber zahlreiche
Mundartdichter zur Verschriftlichung dialektaler Ausprägungen beitragen,
gibt es heute in Bezug auf die Regionalsprache nur vereinzelte schriftliche Manifestationen (ganz anders stellt sich das Ganze aus historischer Sichtweise
dar; siehe dazu Schmidt/Herrgen 2011: 63 ff.). Finden sich in sprachlichen Erscheinungsformen regionale Marker (die als mittelreichweitig, und nicht als
kurzreichweitig dialektal gelten), so sind dies Varianten (gegebenenfalls Stilvarianten) innerhalb einer wie auch immer zu bestimmenden Varietät. Dieser
Gedanke soll kurz an einem Beispiel erläutert werden.

Variantenanalyse   Untersucht man das Vorkommen und die Hintergründe für die beiden
anzutreffenden Varianten, dass die 3. Person Singular Indikativ des Verbs *fragen* in der Form *fragt* als auch in der Form *frägt* realisiert wird, so lohnt sich
ein Blick in größere Textkorpora. Das wollen wir hier auch tun, in dem wir im
„grammatischen Informationssystem" (grammis) des Instituts für Deutsche
Sprache (IDS) nach einer Antwort auf diese Frage suchen. Unter der Überschrift *„Er fragt* und *er frägt* ? Umlaut bei Verben und regionale Varianten"
werden wir fündig. Der dort beschriebene Lösungsweg sieht wie folgt aus:

„Eine Recherche im Archiv der geschriebenen Sprache des IDS liefert eindeutige Ergebnisse:([…]Recherche vom 03. November 2009)

COSMAS:	
fragt	135. 425
frägt	298

Die Variante *fragt* macht 99,8 % aller konjugierten Formen des Verbs *fragen* in der 3. Pers. Sg. Ind. aus, während *frägt* gerade mal in 0,2 % aller Texte Verwendung findet. Betrachtet man die Belege für *frägt* genauer, fällt auf, dass viele davon in Zeitungsartikeln aus Österreich (179 Belege), seltener auch der Schweiz (49 Belege) verwendet werden oder im Zusammenhang mit der Wiedergabe von gesprochener Sprache stehen." (http://hypermedia.ids-mann heim.de/call/public/fragen.an sicht?v_kat=37&v_id=83)

Die Relevanz der dritten Dimension – nämlich der Medialität – ist hier offensichtlich von zentraler Bedeutung. Es muss also berücksichtigt werden (wie in diesem Zitat schon angedeutet wird und wir in der dritten Dimension des Vier-Dimensionen-Modells behandeln), dass eine Recherche in Korpora der gesprochenen Sprache südlich geprägte regionalspezifische Ergebnisse erbrächte (vgl. die Karte http://www.atlas-alltagssprache.de/runde-7/f10f-g/ und grundsätzlich zu mündlichen Korpora den entsprechenden Programmbereich am Institut für Deutsche Sprache in Mannheim).

Kehren wir zu den unterschiedlichen Reichweiten von Ausdruckssystemen zurück. Wie bereits dargelegt, liegt der vertikalen Gliederung (Dialekt-Standard-Achse) eine Dreiteilung zugrunde, die Lenz (2005: 91) wie folgt weiter ausdifferenzierend illustriert:

Verdichtungsbereiche	Varietätenstruktur
Standardsprache	STANDARDSPRACHE
Regionalakzent	REGIOLEKT (= nicht-dialektaler Substandard)
Oberer regionaler Substandard	
Unterer regionaler Substandard	
Regionaldialekt	DIALEKT (= dialektaler Substandard)
Basisdialekt	

Regionalsprache lässt sich demgemäß in der Vertikalen nach „oben" abgrenzen zur „Standardsprechsprache mit ihren drei nationalen Oralisierungsnormen (Deutschland, Österreich, Schweiz), die frei von salienten Regionalismen sind" (Schmidt 2010: 134). Nach „unten" ist Regionalsprache „durch

Grenzen nach „oben" und „unten"

überlokale Oralisierungsnormen definiert (im Gegensatz zum Dialekt)"
(Schmidt 2010: 135). Schmidt definiert Regionalsprache exemplarisch am
Ruhrdeutschen, da diese mindestens eine „phonologische Differenz zur Standardvarietät aufweist (Zusammenfall des standardsprachlichen /ʃ/-Phonems
mit dem /ç, .../-Allophon)" (Schmidt 2010: 135). Das Interesse an der Erforschung von Regionalsprachen ist in letzter Zeit enorm gestiegen: Dies zeigt
zum Beispiel das (von der Akademie der Wissenschaften und der Literatur
(Mainz) geförderte) Langzeitprojekt *Regionalsprache.de* (REDE), das ein For-
schungsprojekt des Marburger *Forschungszentrums Deutscher Sprachatlas* mit
dem Ziel der Erforschung der modernen Regionalsprachen des Deutschen
(http://www.regionalsprache.de/) ist.

Damit schließen wir die Betrachtungen zur ersten Dimension des Vier-
Dimensionen-Modells ab, der kommunikativen Reichweite von Ausdruckssystemen. Ausdruckssysteme sind also sozialräumlich (= gesellschaftlich und
areal) und gegebenenfalls zusätzlich sozietär (= gruppenbezogen) markiert.
Wir schauen nun, mit welchen Komponenten des Inhaltssystems die hier
vorgestellte Trias *Dialekt – Regiolekt – Standardlekt* (ausdrucksseitige Binnengliederung) kombiniert werden kann: Denn – daran sei erinnert – eine Varietätenbestimmung verlangt immer eine Kopplung aller vier Dimensionen
(Ausdruckssystem, Inhaltssystem, Medialität, Zeitstufe).

2. Funktionale Reichweite der Inhalte

Inhaltssystem =
Semantiken

Haben wir soeben das Ausdruckssystem betrachtet, das im Wesentlichen
durch sozialräumliche (gesellschaftliche und areale) und sozietäre (gruppenbezogenen) Faktoren bestimmt ist, so konzentrieren wir uns nun auf die
kommunikative Reichweite des Inhaltssystems (also auf die Semantik als
Lehre von der Bedeutung). In der Einleitung haben wir schon erwähnt, dass
die Semantik als die grundlegende Dimension jeder linguistischen Beschreibungsebene anzusehen ist, die sich mit der Bedeutung sprachlicher Zeichen
und Zeichenfolgen beschäftigt. Sie ist gleichsam allen linguistischen Ebenen
immanent. Die Pragmatik (= Lehre vom sprachlichen Handeln) ist im Kontrast dazu eine übergeordnete und alles umfassende Ebene, welche die Bedingungen der Verwendungssituation in Augenschein nimmt. Mit diesem
Rekurs auf Semantik und Pragmatik kann man das Handeln der Menschen
mit und in Sprache aus dem Blickwinkel der Situationen und Aufgaben betrachten, die wir als Kommunikationsteilnehmer zu bewältigen haben. Dabei
wollen wir in die Vielfältigkeit der Inhalte eine gewisse Ordnung bringen,
also eine semantische Typik aufstellen, die uns (angesichts der vielfältigen
sprachlichen Erscheinungsformen) die Einordnung von Einzelphänomenen
erleichtern soll.

„Das reduktionistische Verfahren, das wir so mit der Isolierung zweier kommunikativer und sprachlicher Dimensionen einschlagen [gemeint sind das Ausdrucks- und das Inhaltssystem/Anm. E.F.], [...] soll es uns ermöglichen, die sprachlichen Gegebenheiten besser zu beschreiben." (Steger 1988: 296)

Versuchen wir vor diesem Hintergrund zunächst einmal, die Art und Weise der Inhalte unserer Äußerungen zu beschreiben und darauf aufbauend eine charakterisierende Typik der Semantik, der kommunikativen Funktion zu formulieren (also Spezifika von Äußerungsbedeutungen in diversen Situationen zu erfassen). Mit einem solchen Erkenntnisinteresse können wir zwei extreme Pole dingfest machen: nämlich einerseits eine spezifische Fachsemantik (mit der wir z. B. in Ansätzen schon in der Schule in Gestalt einzelner Fächer konfrontiert werden) und einer Semantik, die wir im Alltag zum „Überleben" benötigen.

Alltag und
Fachlichkeit

„Funktionale Charakteristik: „Alltag" fassen wir mit Riesel (1970) als einen Kommunikationsbereich auf, in dem die Menschen privat, von dienstlichen oder institutionellen Zwängen befreit miteinander kommunizieren. Hauptfunktion der Alltagssprache ist es demzufolge, Kommunikationsmittel im privaten Umgang miteinander zu sein. Entscheidend ist nicht die Privatheit der Lebenssphäre schlechthin; sondern die Privatheit bei der Pflege von Kontakten, beim Besprechen familiärer Angelegenheiten, bei der Freizeitgestaltung usw.
[...] Kommunikative Rahmenbedingungen der Alltagskommunikation: Die Kommunikationspartner begegnen sich in ihren Alltagsrollen als Mutter und Sohn, Ehefrau und Ehemann, Freundinnen, Clubmitglieder, Kollegen, Kommilitonen, Wohnungsnachbarn usw. Die Beziehungen sind stets rein privater Natur. Es gibt keine spezifischen Kommunikationsgegenstände. Der Kommunikationskanal ist vorwiegend mündlich." (Hoffmann 2007: 14)

Diese Alltagssemantik zeichnet sich in der Regel durch keine Spezifika oder fachlich-inhaltlichen Verstehensschwierigkeiten aus, sie betrifft vor allem existentielle Lebensbereiche wie Nahrungserwerb, Essen, Trinken, Wohnen und Schlafen, Körperhygiene und allgemeine Orientierung in Raum und Zeit usw. Das dafür erforderliche Sprachwissen erwirbt man spontan, „assoziativ, analogisch, lebenslang, zwar motiviert, aber ohne bewusste Lernintention: Die ohne bewusste Lernintention gelernte Sprache schafft uns unsere Welt des Alltags" (Steger 1988: 296). Wann immer allerdings in unserem Leben über das Alltägliche hinausgehende Situationen vorkommen oder gar Schwierigkeiten auftreten, welche die Bewältigung komplexerer Aufgaben verlangen, kommen wir in Kontakt mit besonderen Lebensbereichen, die durch Spezialkenntnisse und die dort tätigen Experten charakterisiert sind. Und diesem Expertentum liegt eine eigene Sprache mit spezifischer kommunikativer Funktion (Fachsemantik) zugrunde. Benötigen wir Hilfe von diesen Experten, dann sind wir darauf angewiesen, dass die Experten zur fachexternen Vermittlungskommunikation in der Lage sind, also auch mit Laien über ihr Fachgebiet kommunizieren können. So ergibt sich die folgende Aufteilung:

Abb. 10: Drei Semantiktypen: Alltag, Vermittlung, Fachlichkeit

Funktional zweckhafte Leistung der Inhaltssysteme		
Semantiken für Kommunikationsbereiche		
Alltagssemantik	Vermittlungssemantiken	Fach-/Spezialsemantiken

Vermittlung zwischen Fach und Alltag

Mit Bezug auf Becker (2001) lässt sich also neben Alltags- und Fachsemantiken noch eine weitere Semantikkategorie fassen, die sich durch eine spezifische Situationstypik auszeichnet. In der „Mitte" zwischen Alltag und Fachlichkeit ist ein Inhaltssystem eigener Art zu denken, dessen kategorialer Status schon dadurch gerechtfertigt zu sein scheint, dass wir zur Bewältigung alltäglicher (aber dennoch spezialisierter) Aufgaben über Wissen verfügen müssen, welches nicht durch die Alltagssemantik abgedeckt ist. Offensichtlich ist zur Bewerkstelligung bestimmter Tätigkeiten ein gewisser Grad an Fachlichkeit erforderlich. Dies zeigt sich schon in dem ständigen Zwang, in diversen Lebensbereichen und -phasen Entscheidungen treffen zu müssen, obgleich wir in dem entsprechenden Bereich keine Experten sind oder werden wollen. Denken wir dabei nur an Fragen zur Schwerpunktsetzung in der Schulbildung, an Themen der medizinischen Vorsorge, an Entscheidungen über Ausbildungszweige, an rechtliche Verpflichtungen bei Vertragsabschlüssen, an Gesichtspunkte der Ernährung zur Aufrechterhaltung der Gesundheit, an zu planende Maßnahmen in Bezug auf medizinische, rechtliche und wirtschaftliche Gefahren bei Urlaubsreisen usw. (z.B. die Apothekenzeitschrift oder Fernsehformate, die über medizinische Zusammenhänge verständlich informieren). Experten können uns dabei beraten, aber entscheiden müssen wir, ohne dass sich über die Darlegung der Sachlage eindeutig eine einzige Entscheidungsoption anbieten würde. Wir müssen uns also in einem besonderen Bedeutungssystem zurechtfinden, um diese Entscheidungen treffen zu können. Eine solche soziale Praxis (die in der Wissensgesellschaft häufig vorkommt) heißt hier *Vermittlungssituation*, die dort gebrauchte Sprache *Vermittlungssprache* und die ihr zugrunde liegende Semantik dann *Vermittlungssemantik*.

Semantiktrias

Somit lässt sich die Dimension „der funktional-zweckhaften Leistung der Inhaltssysteme" (Steger 1988: 296) über Situationen, das (Vor-)Wissen der involvierten Kommunikationsteilnehmer und ihren Sprachgebrauch als eine Trias präzisieren, die intuitiv zwar plausibel erscheint, deren wissenschaftliche Rechtfertigung aber auch empirisch zu belegen ist. Die Binnengliederung der angesprochenen Semantiktypen lautet:

-   Semantik mit hohem Fachlichkeitsgrad (fachsemantisches Inhaltssystem = Fachsemantik)

- Semantik mit mittlerem Fachlichkeitsgrad (vermittlungssemantisches Inhaltssystem = Vermittlungssemantik)
- Semantik mit geringem Fachlichkeitsgrad (alltagssemantisches Inhaltssystem = Alltagssemantik)

Wir haben im vorherigen Kapitel die Formulierung „kommunikative Reichweite" erläutert und festgestellt, dass diese in Bezug zum Ausdrucksystem und zum Inhaltssystem zu sehen ist. Im vorherigen Abschnitt wurde die kommunikative Reichweite des Ausdrucksystems schon dahingehend präzisiert, dass damit auf den sozialräumlichen und sozietären Verwendungsradius und Wirkungskreis einzelner Ausdrucksweisen (geschrieben oder gesprochen) verwiesen wird. Und diese Spezifizierung hinsichtlich der Ausdrucksseite (*Dialekt, Regiolekt, Standardlekt* – mit oder ohne sozialen oder fachlich-funktionalen Bestimmungsfaktor) ist um die funktional-zweckhafte Leistung der Inhaltsseite zu erweitern – also um die *Alltags-, Vermittlungs- und Fachsemantik*. In einer Kreuzklassifikation sind nun die folgenden Kombinationen der beiden ersten Dimensionen im Vier-Dimensionen-Modell möglich (unter Vernachlässigung der dritten und vierten Dimension – nämlich der Medialität und der historischen Zeitstufe –, die weiter unten ausgeführt werden): Es geht um die Kombinationsmöglichkeiten zwischen der Trias des Ausdrucksystems und der Trias des Inhaltssystems gemäß möglichen Redekonstellationen/Gesprächsszenarien.

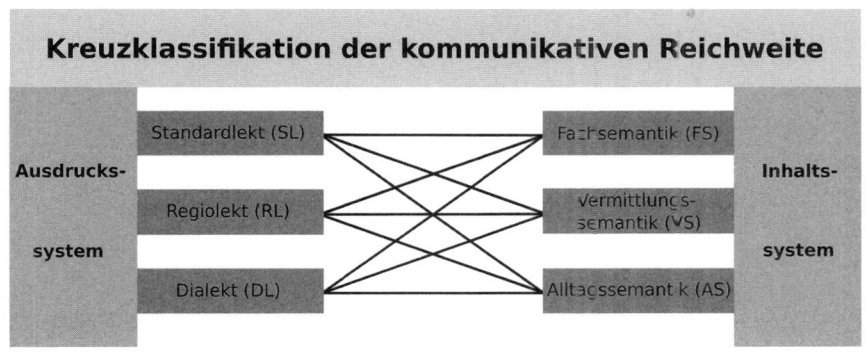

Kreuzklassifikation der kommunikativen Reichweite

Ausdrucks-
system

Standardlekt (SL)
Regiolekt (RL)
Dialekt (DL)

Fachsemantik (FS)
Vermittlungs-
semantik (VS)
Alltagssemantik (AS)

Inhalts-
system

Abb. 11: Kombinationsmöglichkeiten in Bezug auf die ersten beiden Dimensionen

Beispiele für Redekonstellationen

Um die ausdrucksseitigen und inhaltsseitigen Kombinationsmöglichkeiten mit Situationstypen und Gesprächsszenarien (Redekonstellationen) zu verdeutlichen, sei an unsere Beispiele aus dem vorherigen Abschnitt erinnert, in denen wir exemplarisch zur Illustration der Zusammenhänge zwei Handwerker in Hannover ein Fachgespräch führen ließen und das gleiche Fachgespräch in ein Dialektgebiet mit zwei Mundartsprechern projiziert haben: Das Fachgespräch der Handwerker in Hannover entspräche der Dimensionen-Kombination Standardlekt und Fachsemantik (SL+FS), das gleiche Gesprächsszenario in einem Dialektgebiet der Dimensionen-Kombination Dialekt und Fachsemantik (DL+FS). Genauso können wir ein Alltagsgespräch beim Einkauf zwischen zwei

Hannoveraner Einwohner als Standardlekt und Alltagssemantik (SL + AS) und im Dialektgebiet als Dialekt und Alltagssemantik (DL + AS) modellieren (wenn beide Kommunikationsteilnehmer Dialektsprecher sind). Zur Verdeutlichung der Vermittlungssemantik (VS) stellen wir uns einen Arzt vor, der ein Arzt-Patienten-Gespräch einmal in Hannover (SL+VS) und einmal im Dialektgebiet (DL+VS) führt (bei entsprechender Primärsozialisation aller Beteiligten im Dialektgebiet). Es fehlt der Regiolekt. Wir haben weiter oben als Beispiel das Ruhrdeutsche erwähnt (Schmidt 2010: 136). Regiolekte sind natürlich ebenfalls mit allen drei Semantiktypen kombinierbar: Also zwei Handwerker in Bochum stehen für die Kombination der Dimensionenpole Regiolekt und Fachsprache (RL+FS), zwei Bochumer bei einer Einkaufsplauderei für RL+AS und ein Arzt-Patientengespräch mitten in Bochum für RL + VS, sofern die Kommunikationsteilnehmer im Ruhrgebiet sprachlich sozialisiert wurden und das auch zum Ausdruck kommen lassen. Selbstredend sind dies idealtypische Profilierungen, um die Eckpunkte der Dimensionen-Kombinationen und die Grundidee zu erhellen. Das Problem der Übergänge in Form von Kontinua haben wir schon im Erklärungskontext des Ausdruckssystems angesprochen (und werden wir in Kapitel VI erneut aufgreifen) und müssen wir auch hier in Bezug auf das Inhaltssystem erneut problematisieren.

Funktionale Sprachauffassung, Gesellschaftsbereiche und Kommunikationsbereiche

Wie in der Einleitung dieses Buches schon erwähnt, stehen die hier dargelegten Zusammenhänge im Paradigma einer funktionalistischen Sprachauffassung. Eine funktionale Linguistik zielt auf den kommunikativen Zweck sprachlicher Zeichen, Äußerungen und Äußerungsaspekte. Steger (1988: 296) spricht unter Bezugnahme auf die Prager Funktionalstilistik (Riesel 1975) von der „funktional-zweckhaften Leistung des Inhaltssystems". Hoffmann erläutert:

> „Was nun meint „Funktion" in der Funktionalstilistik? Gemeint ist allgemein „Sprachfunktion", und zwar im Kontext einer Sprachtheorie, die die konkreten gesellschaftlichen Zwecke der Sprache in verschiedenen Kommunikationsbereichen (Tätigkeitssituationen) der Menschen fokussiert. Funktionalstile bzw. funktionale Varietäten sind dementsprechend zweckbestimmte, kommunikationsbereichsbezogene Teilsprachen einer Einzelsprache. Maßgebend für diese [funktional-]stilistische Ordnung, die Ordnung nach Kommunikationsbereichen, sind Vorstellungen von einer arbeitsteilig organisierten Gesellschaft, wodurch sich verschiedene Arbeits- und Lebensbereiche des Menschen konstituiert haben, in denen die Sprache als Kommunikationsmittel bei der Bewältigung von je spezifischen Aufgaben dient." (Hoffmann 2007: 2)

Wir gliedern Sprache also nach den Tätigkeitsbereichen, in denen Menschen sprachlich, aber auch nonverbal handeln (z.B. arbeiten in einem großen Unternehmen Facharbeiter, Betriebswirte, Juristen, Buchhalter, Elektriker usw. zusammen). Diese Tätigkeitsbereiche nennen wir *Kommunikationsbereiche*. Es handelt sich dabei um kommunikative Aufgabenbewältigungsformate, die wir mit Hilfe von Mustern und Routinen erledigen, die sich in Text- oder Gesprächssorten manifestieren (wie im vorherigen Kapitel dargelegt). Becker/Hundt grenzen dementsprechend den auf Fachsprachen bezogenen Varietätenbegriff wie folgt ein:

„Es werden aus morphologischen und syntaktischen Variablen mit hoher Frequenz bestimmte Varianten ausgewählt (systematische Nutzung bestimmter Derivationssuffixe z.B. in der chemischen oder medizinischen Fachsprache […], Nominalstil, Deagentivierung, häufiges Passiv, komplexer Satzbau in den meisten Fachsprachen). Außerdem werden durch das jeweilige Fach einerseits alltagssprachlich vorhandene Konzepte neu bestimmt und bezeichnet (Variantenabwahl in bezug auf eine bestehende Variable), andererseits auch in hohem Maße neue Variablen geschaffen. In Fachsprachen werden Weltausschnitte versprachlicht, die in der Alltagssprache so nicht ausgegrenzt erscheinen." (Becker/Hundt 1998: 119)

Im Folgenden werden wir die Relevanz der drei Inhaltssysteme (der Alltags-, Vermittlungs- und Fachsemantik) und ihre interne Gliederung darlegen. Phylogenetisch und ontogenetisch müssen wir mit dem Alltag beginnen, dann im Kontrast die daraus entwickelte Fachlichkeit und die damit verbundenen Fachsemantiken beleuchten, bevor wir uns den Vermittlungssituationen und den dort gebrauchten Sprachen zuwenden. Denn die Fachlichkeit ist in der Menschheitsgeschichte als auch in der individuellen Entwicklung stets sekundär. Die Alltagswelt bildet die Grundlage, auf der alle weiteren (sekundären) Welten und die dort herrschenden Regeln aufbauen (vgl. dazu Schwitalla 1976, Becker/Hundt 1998: 122). Bei Fachsprachen handelt es sich um eine zweckorientiert entwickelte und gelernte Sprache, die „,zweite' Welten [schafft], in denen die Dinge x, y, z heißen." (Steger 1988: 297). Wir konzentrieren uns im Folgenden auf die Herleitung von Fachsemantiken im Rahmen der horizontalen Gliederung gesellschaftlicher Aufgabenbereiche. Ausgangspunkt – das sei hier mit einem Zitat belegt – ist allerdings die Alltagssprache und die dort intuitiv erlernte Alltagssemantik:

Zitat

„Die Alltagssemantik leistet die umfassende sprachliche Interpretation des einzelnen Menschen und seiner Lebensnormen im Rahmen seiner gesamten materiellen wie sozialen Umgebung. Die dabei gewonnenen Begriffe und die diese fassenden

Ausdrücke statten jeden einzelnen von uns mit einem offenen System von Handlungs-, Sach- und Ordnungsbegriffen aus, das die ganze Breite der [nicht spezialisierten/Anm. E.F.] Lebenswelt erfaßt." (Steger 1991: 76)

Funktional-zweckhafte Leistung der Alltags- und Fachsemantik (horizontale Gliederung)

Die in der Forschungsliteratur vorgenommene horizontale Modellierung bezweckt die Abgrenzung verschiedener Sach- bzw. Fachbereiche (Roelcke [3]2010: 30) und der damit verbundenen Arbeits- und Lebensbereiche der kommunizierenden Bürger in einer Wissensgesellschaft. Diese werden in der Varietätenlinguistik *Kommunikationsbereiche* genannt. Die horizontalen Gliederungsversuche verfügen nach wie vor nicht über ein zufriedenstellendes Modell der Fächer-, Fachsprachen- und Sachbereichsgliederung (so schon Wichter 1994: 30). Die Ordnungsdimensionen der Horizontalität (Sachbereichsabgrenzung) und Vertikalität (das sind „kommunikative Ebenen innerhalb eines Faches" (Roelcke [3]2010: 34) wie z.B. die Experten-/Laienkommunikation) sind dessen ungeachtet für die Varietätenlinguistik und die Modellierung der Anforderungen in verschiedenen Kommunikationsbereichen von zentraler Bedeutung.

Tätigkeitssituationen   Mit Schwitalla (1976), Steger (1988) und Löffler ([5]2016) lassen sich die einschlägigen Funktionsvarianten verschiedener Tätigkeitsbereiche gemäß einer horizontalen Gliederung in bestimmte kommunikative Bezugsbereiche mit spezifischen funktional-zweckhaften Leistungen (= Kommunikationsbereiche) einteilen. Wir haben diese Bereiche zur Charakterisierung ihres Erkenntniswertes für die Varietätenlinguistik auch *kommunikative Aufgabenbewältigungsformate* genannt. Steger (1988: 311) unterteilt Existenzformen der Sprache gemäß der funktional-zweckhaften, varietätenbildenden Leistung des Inhaltssystems (Semantiken für Kommunikationsbereiche innerhalb der virtuellen Grammatik). Er lehnt sich dabei an die Einteilungsvorschläge der Funktionalstilistik von Elise Riesel (1975: 50 f.) an, die zwischen Funktionen in fünf Vorkommensbereichen (Stil der öffentlichen Rede, der Wissenschaft, der Presse und Publizistik, der Alltagsrede, der schönen Literatur) unterscheidet. Steger unterstellt verschiedene Semantiken unterschiedlicher Fachspezifik mit sechs Funktionsvarianten (die im Folgenden unten noch erläutert werden): Alltagssemantik, Institutionen-Fachsemantiken, Angewandte Technik-Fachsemantiken, Theoretische Wissenschafts-Fachsemantiken, Literatursemantiken, Religions- und Ideologiesemantiken.

Kopplung der Dimensionen   Mit dieser Einordnung werden die sprachlichen Erscheinungsformen über gesellschaftliche Verhältnisse (nicht über Individuen oder Gegenstände) und Kommunikationsbereiche (Alltagspraxis, fachliche Kommunikation in Institutionen, Wissenschaft, Technik usw.) betrachtet, so wie dies in der Funktionalstilistik (Riesel [2]1970, Riesel 1975) ebenfalls geschah. Erst die Kopplung einer Reichweite der ausdrucksseitig bestimmbaren Reichweiten-Varietätendimension (Dialekt, Regiolekt und Standardlekt) mit einer Komponente der semantisch bestimmbaren Funktions-Varietätendimension (also dem Inhaltssystem mit den Semantiktypen des Alltags, der Vermittlung oder verschiedener Fach-/Spezialsemantiken) ermöglicht die angemessene Charakterisierung von Erscheinungsformen des Deutschen. Das Inhaltssystem kann nach seinen Funktionsvarianten im Kontinuum von hohem Fachlichkeitsgrad (eng begrenzter Expertenkreis), mittlerem Fachlichkeitsgrad (fachextern ausgedehnte Verstehbarkeit) und geringem Fachlichkeitsgrad (weiter Rezipientenkreis) unterteilt werden (Felder 2009: 41).

Die Beschreibung der „Gesamtsprache als Thesaurus [sprachliche Schatzkammer/Anm. E.F.] einer Sprachbevölkerung" (Steger 1988: 311) erfolgt demgemäß über die Erfassung der Kommunikation als Typen sozialer Praxis auf der Basis unterscheidbarer kommunikativer Bezugsbereiche und der ihnen zugrunde liegenden Semantiken zwischen alltagsweltlicher und fachspezifischen Lebenswelten. Der horizontalen Gliederung folgend (Steger 1988, ähnlich auch in Löffler [5]2016: 96ff.) und diese erweiternd können die folgenden sieben relevanten Lebenswelten mit ihren spezifischen kommunikativen Bezugsbereichen unterschieden werden (vgl. entsprechend bei Felder/Gardt 2015: 24):

Sieben Kommunikationsbereiche

- *Alltag* (Bewältigung alltagsweltlicher Aufgaben im Wechselspiel mit der sozialen und materiellen Umgebung sowie Befriedigung menschlicher Grundbedürfnisse),
- *Institutionen* (Justiz, Staat, Verwaltung, Medien, Wirtschaftsförderung, Schule, Ausbildungsbereich, Weiterbildungssektor usw.),
- *Technik/angewandte Wissenschaften* (Bauwesen, verarbeitendes Gewerbe, Elektrotechnik, Land- und Forstwirtschaft, Handwerk, Handel- und Dienstleistungsbereich usw.),
- *(Theoretische) Grundlagenwissenschaften* (das klassische Fächerspektrum der Hochschulen von z.B. Archäologie bis Zoologie),
- *Literatur/Kunst* (Sprachgebrauchsformen in literarischen Werken und Kommunikation über Kunst i. w. S. oder künstlerische Produkte, Performances oder Ähnliches),
- *Religionen/Weltanschauungen* (z.B. Riten und Gebräuche von Religionsgemeinschaften und spirituellen Gruppierungen),
- *Spezialisierter Freizeitbereich* (z.B. Spiel-, Sport- und Unterhaltungskulturen, Naturbereich/Naturaktivitäten, digitalisierter Freizeitbereich, Fliegen, Verkehr).

Diese horizontale Gliederung binnendifferenziert die Fach- und Spezialsemantiken. Das oben schon vorgestellte Schaubild kann nun unter Einbezug der horizontalen Gliederung erweitert und präzisiert werden.

Abb. 12: Das Konti-
nuum der drei Seman-
tiktypen im Spiegel der
Kommunikationsberei-
che (horizontale Gliede-
rung)

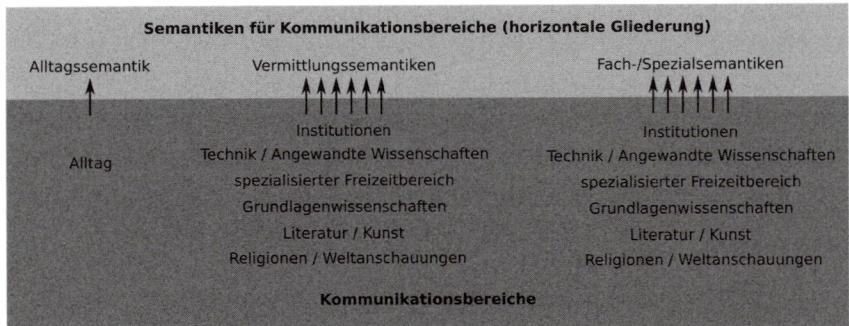

Eigenschaften der Vermittlungssemantiken

Vertikale Gliederung haben wir bisher im Zusammenhang des Ausdruckssystems als kontinuierliche Dialekt-Standard-Achse mit den Polen *Dialekt –
Regiolekt – Standardlekt* thematisiert. Das darf nun nicht zu Irritationen führen, wenn wir plötzlich innerhalb der Fach- und Vermittlungssprachenfor-
schung – also in der Dimension des Inhaltssystems – von Vertikalität sprechen,
wie dies in der Literatur üblich ist (Becker 2001: 9). Auch hier wird *vertikal*
zwar metaphorisch gebraucht, allerdings nicht in Bezug auf die Reichweite der
arealen Bestimmungsfaktoren im Sinne der Dialekt-Standard-Achse, sondern
im Sinne der kommunikativen Funktionsreichweite der Semantik (Inhaltssystem), also der Fachlichkeit für verschiedene Adressatengruppen mit divergierenden Wissensvoraussetzungen. Dabei handelt es sich um das Phänomen der
Fachlichkeitsgrade innerhalb einer einzelnen Fachsprache (Wichter 1994,
Roelcke [3]2010: 35).

Derartige Phänomene haben etwas mit der Komplexität des fachlichen
Gegenstandes, der relationalen Sachbezüge und auch der Formulierungskon-
ventionen zu tun. All diese Gesichtspunkte spiegeln sich im sprachlichen Zugriff auf die fachlichen Gegenstände wider. Am einfachsten nachzuvollziehen
ist das Reichweiten- und Verstehensproblem auf der lexikalischen Ebene bei
Fachausdrücken und Fachtermini. Fachausdrücke verdichten komplexe fachliche Zusammenhänge. Die vielfältigen Erfahrungen der Fachleute mit bestimmten Wörtern in fachlichen Kontexten (Sprachhandlungen) schaffen die
Voraussetzung dafür, dass Fachzusammenhänge für Experten (man denke an
Photosynthese) in komprimierter Form in Fachausdrücken „abgespeichert"
werden (als kognitive Verankerung). Fachausdrücke entwickeln also ihren Be-
deutungsgehalt im Fachdiskurs, und ihre Inhalte sind manchmal umstritten
(vgl. beispielsweise das juristische Verständnis von *Kindeswohl* in Luth 2015:
171 ff. und die damit einhergehenden semantischen Kämpfe). Fachleute kämpfen hin und wieder mit sprachlichen Mitteln um die Durchsetzung der „rich-

Fachausdrücke und
ihre Bedeutung

tigen" Bedeutung (vgl. zu sogenannten semantischen Kämpfen in den Wissenschaften allgemein; Felder 2006: 17).

Für Fachtermini gilt grundsätzlich das Gleiche wie für Fachausdrücke, sie sind aber in den Material-, Werkstoffwissenschaften und der Werkstofftechnik („Materials Science and Engineering") oder in Wissensbereichen mit der Notwendigkeit einer einheitlichen Definitions- und Datengrundlage weniger umstritten, wenn man sich auf einen Konsens verständigt hat. In manchen Bereichen (wie z.B. in der Elektrotechnik, dem Ingenieurwesen, der Mathematik oder Datenverarbeitung) gibt es auch nationale und internationale Normungsorganisationen (man denke an die DIN-Normen oder die sprachlichen Normungen der Weltgesundheitsorganisation WHO für die Medizin), welche die Sach- und Sprachnormung organisieren (Roelcke [3]2010: 114). Schwierigkeiten auf syntaktischer Ebene können bei komplexem Satzbau oder mehrdeutiger Textkohäsion entstehen (z.B. bei der nicht eindeutigen Verwendung von Pro-Formen, bei denen der Rückbezug zu vorausgegangenen Bezugswörtern für Laien nicht klar zu erschließen ist, für Fachexperten mit ihrem Spezialwissen hingegen schon).

Fachtermini und ihre Normung

Solche fachkulturspezifischen Formulierungsgewohnheiten in Texten und Gesprächen („Expertenstile") ließen sich manchmal durch (ausführlichere und explizitere) Umformulierungen auflösen und würden noch nicht den eigenen Status einer Vermittlungssprache rechtfertigen (zum Status der Vermittlungssprache am Beispiel „populärmedizinischer Vermittlungstexte" vgl. Becker 2001). Dem eigenen Status der Vermittlungssprache liegt ein anderer Gedanke zugrunde.

Unterschiedliche Sprachstile

Im Zentrum steht die Semantik, die kommunikative Funktion des Inhaltssystems. Betrachtet man die Fachlichkeitsgrade der intra-fachlichen Kommunikation (also Interaktion zwischen Experten des gleichen Fachgebiets) oder der inter-fachlichen Kommunikation (also der Interaktion zwischen Experten unterschiedlicher, aber eng verwandter Fachgebiete wie etwa Physik und Chemie), so muss – prototypisch betrachtet – in dieser Kommunikation die fachliche Semantik vollständig erhalten bleiben. Die vollumfänglichen Fachinhalte sind den Fachkollegen vertraut und sollen dem Experten der anderen Fachgebiete idealiter zugänglich gemacht werden (beide Seiten verfügen schließlich über eine je spezifische Expertise). Kommuniziert aber ein Experte mit einem Laien (fachexterne Kommunikation), so kann er die Komplexität des semantischen Inhaltssystems nur in reduktionistischer Weise vermitteln. Ein mehrjähriges Jura- oder Wirtschaftsstudium ist genauso wenig mit intelligenten Formulierungsstrategien oder Worterklärungen zu ersetzen wie die naturwissenschaftliche Fachausbildung, wenn wir uns als Staatsbürger beispielsweise ein eigenes Bild von Risiken bestimmter technischer Innovationen machen wollen.

Semantik und Fachlichkeitsgrade

„Ist der Stilwechsel jedoch nicht nur ausdrucksseitig, sondern betrifft er auch z.B. die Vereinfachung der Inhalte, so kann nicht mehr ohne weiteres vom Stil einer Varietät gesprochen werden. Gerade die als *Werkstättensprache* (Mackensen) oder als *Verkäufersprache* (Ischreyt) bezeichneten Varietäten sind durch solche semantischen Veränderungen ausgezeichnet." (Becker/Hundt 1998: 128)

Vermittlungssemantik

Dies ist der Grund, warum die Verständigung der fachexternen Kommunikation (Experten-Laien-Interaktion) im Unterschied zur innerfachlichen oder zwischenfachlichen Kommunikation als Varietät mit spezifischer Zwecksemantik gesehen wird. Dies rechtfertigt den eigenen Status der Vermittlungsvarietäten. „Sie vermitteln zwischen den Bereichen Institutionen, Technik, Theorie/Wissenschaften einerseits und dem Alltag andererseits." (Becker/Hundt 1998: 128) Beispiele hierfür sind die Arzt-Patienten-Kommunikation (Spranz-Fogasy 2014), die Kommunikation zwischen Bürgern und Behörden (Müller in Vorb.) sowie populärwissenschaftliche Schriften in den lebenspraktischen Bereichen Ernährung, Gesundheit oder Psychologie.

Vermittlungsvarietät

Von daher haben sprachliche Erscheinungsformen, denen die kommunikative Funktion der Vermittlungssemantik in fachexternen Kommunikationssituationen zugrunde liegt, einen eigenen Status und sind als Vermittlungsvarietäten zu sehen. (Exemplarisch lassen sich Klassiker wie die „Sendung mit der Maus" anführen, in der kindgerecht erklärt wird, warum der Himmel blau ist, ebenso wie Fernseh- oder Internetformate für Oberstufenschüler, zu deren Rezeption schon mehr Wissen vorausgesetzt wird). Innerhalb des Varietätensystems des Deutschen werden Vermittlungsvarietäten als funktionale Varietäten zwischen den Fachsprachen und der Alltagssprache aufgefasst.

„An der Art der Einführung von Fachtermini und der Erklärung ihrer Bedeutung deutet sich an, dass die Vermittlungsvarietäten in ihren semantischen Strukturprinzipien an der Fachsemantik orientiert bleiben und zu ihr in einem Reduktionsverhältnis stehen. Mit den [vermittlungssprachlichen/Anm. E.F] Bedeutungserklärungen werden die Strukturprinzipien der Fachsemantik sichtbar." (Becker 2001: 272)

Einschränkungen

Auch in diesem Abschnitt müssen wir daran erinnern, dass wir die Zusammenhänge zunächst einmal an prototypischen Redekonstellationstypen aufzeigen. Diese decken viele Bereiche der „Sprachwirklichkeit" (Löffler [5]2016: 79) ab, aber eben auch nicht alle. Wenn das Modell bei der Einordnung spezifischer Redekonstellationen nicht passgenau anzuwenden ist, so ist dennoch das Herausarbeiten der Erklärungsschwächen erkenntnisstiftend. Vor diesem Hintergrund dienen die Darlegungen in erster Linie zur Profilierung der einschlägigen Phänomene.

In diesem Zusammenhang möchten wir noch den gesellschaftspolitischen Charakter der Vermittlungsvarietäten und ihrer Erforschung betonen. Wir leben in einer sogenannten Wissensgesellschaft, an der nur derjenige teilhat, der in der Gesellschaft an der Kommunikation aktiv und passiv teilnehmen kann. Die Durchleuchtung der Vermittlungsproblematik in diversen gesellschaftlichen Wissensdomänen ist so gesehen auch ein Beitrag zu mehr Bürgerbeteiligung: Wird die fachspezifische Unzugänglichkeit in der Kommunikation zwischen Experten und Laien teilweise überwunden, so lässt sich durch kommunikativ aufgeklärtere Staatsbürger mehr Bürgerpartizipation verwirklichen. Aus diesem Blickwinkel zeigt sich der politische Charakter dieses Forschungsgebietes. Voraussetzung dafür ist mehr Transparenz in den kommunikativen Gepflogenheiten der unterschiedlichen Fachkulturen, wie sie beispielsweise im Forschungsnetzwerk *Sprache und Wissen* (sprache-und-wissen.de) bearbeitet werden. Die Analyse und letztlich auch das Erlernen von Vermittlungssprache werden daher einem bildungspolitischen Auftrag einer demokratischen Wissensgesellschaft gerecht.

Varietätenkompetenz und Bürgerbeteiligung

Abschließend müssen wir noch den Unterschied zwischen Fachsemantik und Spezialsemantik erläutern. Fachsemantiken unterscheiden sich von Spezialsemantiken dadurch, dass sie institutionell geprägt sind, von staatlichen Institutionen als Teil beruflicher Ausbildung gelehrt werden und in Curricula formalisiert sind. Spezialsemantiken entstehen außerinstitutionell in sozialen Gruppen z. B. als spezialisierte Sport-, Hobby-, Freizeitsprache. Der Sprachgebrauch wird in den jeweiligen Gruppen konventionalisiert – also in der sozialen Praxis eingeübt und gelernt (z. B. die erwähnte SMS mit dem Inhalt „LOL und ;-)"). In der Varietätenlinguistik kann also *Fachsemantik* für die Aufgabenbewältigungsformate reserviert werden, denen institutionelle Ausbildungs-, Curriculum- oder Studienordnungen zugrunde liegen. Der Ausdruck *Spezialsemantik* unterscheidet sich nur dahingehend, dass die Fachlichkeit sich ohne grundständige institutionelle Formung herausgebildet hat (Hobbysegelflieger- oder Gleitschirm-Semantik, Kartenspielersemantik, Computerfreaks- oder Gamer-Semantik). Die funktional-zweckhafte Leistung folgt sowohl bei der Fachsemantik als auch bei der Spezialsemantik demselben Prinzip, wenngleich die Spezialsemantiken im Freizeitbereich in der Regel weniger komplex ausfallen. Mitunter unterliegen allerdings auch Freizeitbereiche zum Teil einer Institutionalisierung, wenn man einen Zugehörigkeitsgrad oder Kompetenz nachweisen muss – wie z. B. bei Tauch- und Segelkursen, bei denen man dann durch das Ablegen einer Prüfung eine Art Zertifikat (Qualifikationsbescheinigung) erwirbt. Das Inhaltssystem im Hinblick auf die kommunikative Funktion bzw. funktional-zweckhafte Leistung lassen sich also abschließend wie folgt darstellen:

Fachsemantik vs. Spezialsemantik

- Alltagssemantik mit geringem Fachlichkeitsgrad und hoher Reichweite: Fast alle gesellschaftlichen Gruppen werden erschlossen, da kein Spezialwissen vonnöten ist.
- Vermittlungssemantik mit mittlerem Fachlichkeitsgrad und mittlerer Reichweite: Es werden mittels der fachexternen Kommunikation je mehr Bürger erreicht, desto gebildeter die Gesellschaft ist und desto vermittlungssprachlich geschulter die Experten bei der Vermittlung ihrer Inhalte agieren können.
- Fachsemantiken mit hohem Fachlichkeitsgrad und geringer sozietärer (gruppenbezogener) Reichweite: Hierbei ist die Teilnahme am Diskurs in der Regel nur den Experten möglich ist. Spezialsemantiken (wie sie beispielsweise im Freizeitbereich vorkommen) weisen im Prinzip die gleichen Eigenschaften wie Fachsemantiken auf. Ihr Erlernen fällt aber nicht in den staatlichen Aufgabenbereich, sondern wird informell in den jeweiligen Spezialgruppen gelehrt und gelernt.

3. Besonderheiten des Mediums (Medialitätstypik)

Fokus Medium

Die Charakterisierung einer sprachlichen Erscheinungsform unter Varietätenaspekten verlangt im Vier-Dimensionen-Modell neben den Angaben zur ersten Dimension (Ausdruckssystem mit der Dialekt-Standard-Achse) und der zweiten Dimension (Inhaltssystem mit Alltags-, Vermittlungs- und Fachsemantik) noch Angaben zur dritten Dimension (Medialitätstypik) und zur vierten Dimension (der historischen Zeitstufe). Im Folgenden wollen wir uns der dritten Dimension, den Medialitäten des Gesprochenen, des Geschriebenen und des Multimedialen widmen. Warum diese Dimension so wichtig ist, lässt sich leicht erklären.

Relevanz des Mediums

Rufen wir uns dazu die für diese Dimension einschlägigen Erläuterungen und Beispiele in Erinnerung, die wir bisher behandelt haben. In der Einleitung und im zweiten Kapitel wurden bereits die unterschiedlichen Eigenschaften des Mediums Sprache (*Medium* im Sinne von ›Mittel‹ zur Mitteilung von Inhalten) erwähnt und von der Medialitätstypik der verwendeten Zeichen gesprochen (z. B. die Kombination von Akronymen wie *LOL* in Kombination mit Smileys innerhalb von Textnachrichten). Gesprochene Sprache manifestiert sich in Schallkontinua, geschriebene Sprache in Buchstaben. Das klingt zunächst einfach und leicht unterscheidbar. Wir müssen in diesem Zusammenhang bedenken, inwiefern sich Schriftlichkeit von Mündlichkeit grundsätzlich unterscheidet und welche Auswirkungen diese Unterschiede auf die Kommunikation haben. Dazu haben wir im zweiten Kapitel *Schlüsselwörter und Fachtermini der Varietätenlinguistik* in Abschnitt 2 *Mündlichkeit, Schriftlichkeit und Multimedialität* schon Grundsätzliches gesagt, was wir hier nicht wiederholen wollen.

Wir können hier nicht die Eigenschaften gesprochener und geschriebener Sprache grundlegend erörtern oder die Grundzüge der Schriftlichkeit und Mündlichkeit darstellen (vgl. dazu z.B. Fiehler 2005, Deppermann [4]2008, Schwitalla [4]2012, Dürscheid [5]2016). Dazu müssten wir alle linguistischen Ebenen einzeln betrachten und Unterschiede bzw. Gemeinsamkeiten herausarbeiten. Es sei hier nur daran erinnert, dass sich die linguistischen Ebenen der gesprochenen Sprache von denen der geschriebenen Sprache unterscheiden.

Einheiten der Sprache

> **Zitat**
>
> „Grundlegende Einheiten der geschriebenen Sprache sind – nach zunehmender Größe geordnet:
>
> – Der Buchstabe. Er ist in Alphabetschriften die elementare Konstruktionseinheit.
> – Das Wort. Es ist das zentrale Element, um sprachlich auf die Welt Bezug zu nehmen.
> – Der Satz. Er ist die elementarste Sinneinheit.
> – Der Text. Er ist die in sich abgeschlossene, schriftliche kommunikative Einheit.
>
> Fragt man nach den entsprechenden grundlegenden Einheiten der gesprochenen Sprache, so sind folgende zu nennen:
>
> – Der Laut
> – Das Wort
> – Die funktionale Einheit
> – Der Gesprächsbeitrag
> – Das Gespräch
>
> Zwischen den grundlegenden Einheiten der geschriebenen und gesprochenen Sprache gibt es Parallelen, aber keine Deckungsgleichheit." (Fiehler 2005: 1175)

In unserem Kontext interessiert die Frage, wie gesprochene Sprache und geschriebene Sprache in Zusammenhang mit dem Konstrukt der Varietäten gebracht werden kann. Diese Frage wird in der Sprachwissenschaft kontrovers diskutiert (vgl. zu den verschiedenen Standpunkten Fiehler/Barden/Elstermann/Kraft 2004: 118ff.). Umstritten ist dabei, ob – in Anbetracht der vielen unbestrittenen Unterschiede zwischen den beiden Medialitäten des Gesprochenen und Geschriebenen – die Qualität der Unterschiede ausreicht, terminologisch und kategorial von einem je eigenen System auszugehen.

Varietät: ja oder nein?

Daraus ergeben sich Fragen der folgenden Art: Gibt es eine Grammatik der gesprochenen Sprache und (getrennt davon) eine Grammatik der geschriebenen Sprache, oder modelliert man eine Grammatik mit zwei verschiedenen Ausprägungen? Sind gesprochene Sprache und geschriebene Sprache zwei Varietäten, oder gibt es innerhalb einer Varietät verschiedene Realisierungsarten des Mündlichen (in Form von Gesprächen), des Schriftlichen (in Texten) und/oder zeichenspezifischer Mischformen (Text, Bild, Ton, Grafik usw.)?

„Eine […] wesentliche theoretische Frage in der Literatur ist, ob und wie sich Differenzen zwischen gesprochener und geschriebener Sprache auf den Systemaspekt der Sprache beziehen lassen. Mündlichkeit und Schriftlichkeit werden unter dem Aspekt ihrer Systemhaftigkeit und der Ähnlichkeit oder Differenz der zugrunde liegenden Systemen betrachtet." (Fiehler/Barden/Elstermann/Kraft 2004: 118)

Problem und Statusfrage

Wir müssen also reflektieren, welche Rolle die Frage der Systemhaftigkeit in unserem Zusammenhang spielt. Varietätenlinguistik will sprachliche Erscheinungsformen im Rahmen eines Gesamtsystems (virtuelle Gesamtsprache/-grammatik) sowie deduktiv generierter Subsysteme (= Varietäten) beschreiben und erklären. In der Folge ist zu erörtern, ob die sprachcharakteristische Typik einer Medialität (also eine Dimension im Vier-Dimensionen-Modell) selbst als System gedacht bzw. modelliert wird oder nicht. Oder anders formuliert: Sind die Eigenschaften der gesprochenen Sprache in ihrem Status systemhaft im Unterschied zu den Eigenschaften der geschriebenen Sprache? Um die Frage zu beantworten, sollten wir uns vergewissern, was die eine oder andere Antwort an sprachtheoretischen Konsequenzen mit sich bringt und an empirischer Fundierung verlangt.

Empirischer Befund

Beginnen wir mit einem Exempel der Empirie. Hat ein in der Forschungsabteilung eines international agierenden Unternehmens arbeitender Chemiker am frühen Vormittag einen deutschsprachigen Fachaufsatz gelesen und trifft sich im Anschluss mit nur deutschsprachigen Kollegen (die aus verschiedenen Regionen des deutschsprachigen Raums kommen) zu einer Arbeitssitzung (Meeting), so stellt sich die Frage, ob die sprachliche Erscheinungsform des Fachaufsatzes und der fachkommunikative mündliche Austausch mit den Kollegen (= Fachgespräch/-konferenz) das Ansetzen zweier verschiedener Varietäten verlangt – also das Ansetzen einer Varietät geschriebener standardlektaler Fachsprache und andererseits von gesprochener standardnaher/überregionaler Fachsprache. Dieses Beispiel soll illustrieren, wie wichtig es ist, bei der Analyse einer sprachlichen Erscheinungsform zwischen Ausdruckssystem und Inhaltssystem einerseits und der Medialität andererseits zu unterscheiden. Die Bestimmung der ersten und zweiten Dimension dürfte in diesem Beispiel unstrittig sein: Ausdrucksseitig haben wir es mit Standardlekt (in Bezug auf den Fachaufsatz) oder Standard-/Regiolekt (in Bezug auf das Meeting) zu tun, inhaltsseitig mit Fachsemantik. Daraus ergibt sich: Bei der schriftlichen Manifestation (also dem Fachaufsatz) haben wir es mit standardlektaler Fachsprache zu tun und das Meeting ist als standardnahe/überregionale Fachsprache zu klassifizieren, je nach den Fähigkeiten und dem Willen der Teilnehmer zum Code-Shifting in Richtung standardisierter Aussprache.

Sprachtheoretische Konsequenzen

Das Beispiel soll im varietätenlinguistischen Kontext anzeigen, dass es sinnvoll ist, von zwei verschiedenen Realisierungsarten sprachlicher Mittel (einmal im Medium Schrift, das andere Mal im Medium des Gesprochenen) innerhalb der dritten Dimension auszugehen. Überlegen wir die sprachtheoretischen Konsequenzen, welche die Entscheidung für zwei Realisierungsarten innerhalb einer Varietät der standardnahen/überregionalen Fachsprache nach sich zieht. Kann dessen ungeachtet von einer Grammatik der gesprochenen Sprache und einer Grammatik der geschriebenen Sprache als zwei Systemen ausgegangen werden, oder müssen wir uns auf ein System mit zwei Ausprägungen festlegen? Wir müssen uns im Hinblick auf den Grammatikalitätsstatus oder die Frage nach der grammatikalischen Systemhaftigkeit nicht festlegen, wenn wir innerhalb einer Varietät von zwei Realisierungsformen ausgehen. Wir sagen nur, dass die Charakteristik der einen oder anderen Medialitätsform kein systembestimmendes Kriterium für das Ansetzen einer eigenen Varietät darstellt. Es handelt sich „lediglich" um Realisationsarten der Sprache, die entweder auf dem phonematischen oder graphematischen System beruhen bzw. bei multimedialen Einheiten in Mischform auftreten. Vereinfacht formuliert kann gesprochene Sprache als Lautsprache, geschriebene Sprache als Schriftsprache verstanden werden. Zur Bestimmung einer Varietät ist die dritte Dimension der Medialität nicht hinreichend für das Anberaumen einer spezifischen Varietät. Sie stellt neben der ersten Dimension (Ausdrucksform) und der zweiten Dimension (Inhaltssystem) sowie der vierten Dimension (historische Zeitstufe) nur ein Beschreibungs- und Strukturierungskriterium dar. Aus diesem Grund lehnen wir hier den von Löffler ([5]2016: 79) gebrauchten Ausdruck *Mediolekt* ab (als Bezeichnungen für das Medium entweder der gesprochenen oder der geschriebenen Sprache), weil das Fachwort *Lekt* einen eigenen Status als Sub- oder Teilsprache anzeigt. Die Medialitätsformen des Geschriebenen, Gesprochenen oder Multimedialen sind ausschließlich Realisierungsarten innerhalb sprachlicher Erscheinungsformen, die nur auf Grund der Kopplung vielfältiger Kriterien aus den vier Dimensionen den Status einer eigenen Sprache, also Varietät, erlangen (nicht aber der Medialität wegen).

Abschließend sei an einem Beispiel aus Fiehler (2005: 1253) der Unterschied zwischen einer auffälligen (kotextuell begrenzten) Sprachvariante und einem Varietätenwechsel verdeutlicht. Fiehler bezeichnet den sequentiell begrenzten Wechsel im Ausdruckssystem – nämlich vom Dialekt zum Standard – als Varietätenwechsel, obwohl wir es nur mit einer Stilvariante zu tun haben (siehe im folgenden Transkript die unterstrichene Mehrwortverbindung).

Die im Transkript hervorgehobene Sequenz „den Weg der Privatklage verwiesen" spricht Person A standardnah aus. Das ist im Vergleich zu allen anderen dialektalen Formulierungen leicht ersichtlich. Fiehler (2005: 1253) interpretiert diesen Ausschnitt als Varietätenwechsel. Das ist m.E. nicht überzeugend, alle Faktoren einer Varietätenbestimmung haben auch in dieser Sequenz ihre Gültigkeit, lediglich im Ausdruckssystem gibt es (im Kontrast betrachtet)

Beispiel
Dimensionenvarianz

> [A: äh frau beck was hot de staatsanwalt aus der geschischt gemacht↑ der hot
>
> [A: wie isch=s erwartet hab glab oigschtellt un hot sie uff den weg der
>
> [A: privatklage ver'wiesen↓ |sie sehe also die bolizei|hot net viel devu
> [B: ah ja | so sache werre jo (...) |
>
> [A: wisse wolle de staatsanwalt |will net devu wisse-|
> [B: |de=s net wohr der |mann hot kä 'zeit gehabt↓
>
> (Duden 2006, S. 1253. Beispiel für Varietätenwechsel („code-switching") in der gesprochenen Sprache)

eine markierte Varianz. Im Vier-Dimensionen-Modell kann plausibel gemacht werden, dass nur eine Dimension betroffen ist, die als stilistisch markiert eine pragmatische Funktion erfüllt (vgl. zum Unterschied *Stil – Register – Varietät* in Kapitel II). Aus deduktiver Systemsicht, wie sie die Varietätenlinguistik einnimmt, liegt hier kein Wechsel vor. In diesem Kontext haben wir es jedoch nur mit einer markierten (kurzen) Sequenz zu tun, die mit der zuvor dargelegten Stildefinition korrespondiert und aus idiolektaler Sicht innerhalb des gewählten Registers mit einer Stilmarkierung erklärbar ist (vergleichbar mit dem oben vorgestellten Beispiel einer familiären Rede während Omas 80. Geburtstag, bei dem die junge Rednerin aus stilistischen Gründen eine jugendsprachliche Sequenz einbaut).

Kopplung der Dimensionen

Bevor wir zum Abschluss des Kapitels der innersprachlichen Merkmale die vierte Dimension des Vier-Dimensionen-Modells betrachten, sei resümiert: Erst die Kopplung einer Reichweite der ausdrucksseitig bestimmbaren Reichweiten-Varietätendimension (Dialekt, Regiolekt und Standardlekt) mit einer semantisch bestimmbaren Funktions-Varietätendimension (also mit den Semantiktypen des Alltags, der Vermittlung oder verschiedener Fach-/Spezialsemantiken) und einer Realisierungsart (gesprochen – geschrieben – multimedial) unter Berücksichtigung der historischen Zeitstufe ermöglicht eine vollständige Varietätencharakterisierung und schafft die Voraussetzungen dafür, bei Varianz in einer der vier Dimensionen nicht gleich von Varietätenwechsel zu sprechen, sondern von einer (gegebenenfalls stilistisch markierten) Variante in einer Dimension, die Kommunikationsteilnehmer bei der Wahl eines Registers (Realisierung ihres Idiolekts) bewusst oder unbewusst verwenden. Schwieriger und komplexer zeigt sich die dritte Dimension der Medialitätstypik, wenn wir die Zeichenanalyse in elektronischen Übermittlungsgeräten der Telekommunikation (digitale Informationsmedien) vornehmen. Dort wird Gesprochenes, Geschriebenes, bewegte Bilder, Standbilder, Musik, Geräusche, Grafiken, Animationen usw. kombiniert. Diese multimedialen Mischformen werden in kommunikativer Absicht vermittelt. Die Varietätenlinguistik kann diese Phänomene im Rahmen der dritten Dimension theoretisch verorten, so dass die empirische Erfassung der Einzelbeobachtungen im Gesamtspektrum sprachlicher Erscheinungsformen erklärbar ist (Schmitz 2015, Androutsopoulos et al. (Hg.) 2006).

4. Die historische Zeitstufe (diachrone Entwicklungen)

Die letzte zu erläuternde Dimension des Vier-Dimensionen-Modells ist die der historischen Zeitstufen oder Sprachstufen. Sie steht im Zentrum einer großen Forschungstradition, der germanistischen Sprachgeschichte (vgl. grundständig v. Polenz 1991/1994/1999 und aus variations- und soziolinguistischer Sicht Barbour/Stevenson 1998: 25 ff.). Die Komplexität und der Differenzierungsgrad der Forschungen machen es für ein Einführungswerk wie dem vorliegenden sogleich schwierig wie auch leicht: Schwierig, weil darauf nicht angemessen eingegangen werden kann; und zugleich leicht, weil auf fundierte Literatur verwiesen werden kann. Daher verdeutlichen wir im Folgenden nur, inwiefern sprachgeschichtliche Kenntnisse bei der Beschreibung und Erfassung von Varietäten eine wichtige Rolle spielen. Dabei ist zu berücksichtigen, dass die Bezeichnungen für historische Sprachstufen nur orientierende Oberbegriffe für Varietätenbündel der jeweiligen Zeit darstellen – man aber beispielsweise nicht von der frühneuhochdeutschen Sprache im Sinne einer Varietät spricht.

Zur varietätenlinguistischen Einordnung einer sprachlichen Erscheinungsform gehören die gekoppelten Angaben zum Ausdruckssystem, Inhaltssystem, zur Medialitätstypik und zur Perspektivierung der zeithistorischen Umstände oder diachronen Entwicklungen. Dass die ersten drei Dimensionen je zeitspezifisch von sprachhistorischen, kulturellen und sozio-ökonomischen Einflüssen geprägt sind, ist evident, denn die Fachsprache der Drucker im 15. und 16. Jahrhundert (man denke z.B. an Wörter wie *Inkunabeln*, *Wiegendruck*, *bewegliche Letter*, *Postinkunabeln*) unterscheidet sich fundamental von der heutigen Fachsprache der Drucker. Eine sprachliche Äußerung und ihre Manifestation in Schrift oder gesprochener Sprache sind unweigerlich mit dem jeweiligen Hier und Jetzt, also Zeit und Ort verbunden. Damit sind schon die Übergänge zum nächsten Kapitel angedeutet, zu *5 Außersprachliche Merkmale von Varietäten*. Eine vollständige Varietätencharakterisierung nach innersprachlichen Merkmalen schaut jedoch vorwiegend nach den zeitspezifischen Versprachlichungskonventionen auf allen linguistischen Ebenen (von der Lautebene bis zu großen Einheiten wie z.B. Texten), wie wir dies im dritten Kapitel entfaltet haben. Bestimmte Phänomene können natürlich auch diachron betrachtet werden, was den Vergleich verschiedener Manifestationen in verschiedenen Sprachstufen erfordert.

Die Bedeutung der sprachgeschichtlichen Einordnung im Kontext der Varietätenlinguistik kann hier nur angedeutet werden. Dies geschieht mit wenigen Beispielen zur Herausbildung der neuhochdeutschen (Einheits-)Sprache, die doch immer noch sehr heterogen ist. Die zu ordnende Heterogenität der Sprache – daran sei erinnert – ist das Ziel und die Rechtfertigung für varietätenlinguistische Forschung. Das Problem der konzeptionellen Homogenisierung heterogener Phänomene einer empirisch zu beschreibenden „Sprachwirklichkeit" (Löffler ⁵2016: 79) möchten wir hier an der Herausbildung von Oralisierungsnormen (standardnahe Aussprachenorm) exemplifizieren (zur Herausbildung der deutschen Standardform durch das Aufkommen mehrerer schriftsprachlicher Standards vgl. dahingegen Barbour/Stevenson 1998: 48 ff.).

> „Als gesprochene Sprache war das Deutsche im Mittelalter, abgesehen von sektoralen Sonderformen wie der (heterogenen) mittelhochdeutschen Dichtersprache, durch das Nebeneinander gleichberechtigter arealer Varietäten (horizontale Dimension) bestimmt (= ‚lantsprachen'), die von keiner überregionalen gesprochenen Varietät „überdacht" waren. Hinsichtlich der vertikalen Dimension handelte es sich im Ganzen gesehen also um eine „Einvarietätensprache". In langwierigen, komplizierten (= verschiedenen sich überlagernden) Ausgleichsprozessen hat sich dann seit dem Spätmittelalter die Hochdeutsche Schriftsprache zunächst als rein schriftliches überregionales Kommunikationsmittel entwickelt." (Schmidt 2010: 129 f.)

Mit diesen Ausführungen sind Eckpunkte der sprachgeschichtlich relevanten historischen Zeitstufen angesprochen. Daher erwähnen wir zur besseren Orientierung die gängige Einteilung der deutschen Sprachstufen ohne weitere Ausführungen. Die diachrone Sprachentwicklung ist anschaulich in dem sprachgeschichtlichen Lesebuch von Riecke (2016) nachzulesen. Er gliedert mit sprechenden Überschriften die historischen Sprachstufen wie folgt:

- Wie alles anfing: Die althochdeutsche Zeit (ca. 750–1050)
- Eine Sprache findet sich: Die mittelhochdeutsche Zeit (ca. 1050–1350)
- Zwischen Konsolidierung und Ausdifferenzierung: Die frühneuhochdeutsche Zeit (ca. 1350–1650)
- Der Weg zur Standardsprache: Das ältere Neuhochdeutsch (ca. 1650–1800)
- Im Zeichen bürgerlicher Kultur: das jüngere Neuhochdeutsch (ca. 1800–1950)

Unser varietätenlinguistisches Interesse richtet sich auf die Frage der Normherausbildung angesichts vielfältiger Varianz. Schmidt (2010) bilanziert aus diesem Blickwinkel in seinem Aufsatz *Die modernen Regionalsprachen als Varietätenverbände* die historische Grundlage für das landschaftliche Hochdeutsch des 18. und 19. Jahrhunderts bis zur erstmaligen Herausbildung einer überregionalen Oralisierungsnorm in der Geschichte des Deutschen.

Zitat

„Die Entwicklung der gesprochenen deutschen Gesamtsprache im 20. Jahrhundert lässt sich am leichtesten verstehen, wenn man die Extreme vergleicht: die deutschsprachige Schweiz und das Mittel- und Oberdeutsche in Deutschland. In der Schweiz wurde die Diglossie Dialekt vs. schweizerisches Hochdeutsch prinzipiell bewahrt, wobei die beiden gesprochenen Varietäten natürlich dem ständigen Sprachwandel unterliegen […]. In Deutschland außerhalb des ehemals niederdeutschen Sprachraums verlief die Entwicklung völlig anders. Man kann sie nicht anders als epochalen Einschnitt im Gesamtsystem der gesprochenen Sprache beschreiben. Hatte im 18. Jahrhundert noch die Oralisierungsnorm des ostmitteldeutschen Entstehungsraums das höchste Ansehen besessen, so wurde im 19. Jahrhundert aufgrund des überragenden Prestiges der Schrift zunehmend die „buchstabennahe" norddeutsche Oralisierungsnorm als vorbildlich angesehen […] und seit Ende des Jahrhunderts in zwei Anläufen („Bühnenaussprache" Siebs 1898; „gemäßigte Hochlautung": GWdA 1964) als Standardsprache normiert. Seit 1930 wurde die Standardsprache durch den Rundfunk, seit 1950 durch das Fernsehen in ganz Deutschland verbreitet. Damit war erstmals in der Geschichte des Deutschen eine überregionale Oralisierungsnorm der Standardvarietät kommunikativ überall präsent." (Schmidt 2010: 132)

Dieser schlaglichtartige Abriss zur Normentstehung dient dem Ziel, die Relevanz der je zeitspezifischen außer- und innersprachlichen Einflussfaktoren zu verdeutlichen und das Potential diachroner Forschungen aus varietätenlinguistischer Perspektive aufzuzeigen. Ein varietätenlinguistischer Blick auf Sprachgeschichte ist immer ein deduktiver und induktiver: Deduktiv, weil über die sprachgeschichtliche Periodisierung eine erste Kategorisierung vorgegeben ist. Induktiv ausgerichtete Forschungen an den sprachlichen Materialien offenbaren aber stets die Notwendigkeit weiterer Ausdifferenzierungen (und erschüttern mitunter etablierte Kategorisierungen). Dabei sind alle linguistischen Ebenen in ihren internen Relationen, aber auch im Hinblick auf diachrone Entwicklung (wie z.B. Verbzweitstellung im adverbialen Nebensatz, Entwicklung von Textsorten im Bereich medizinische Aufklärung oder Bedeutungsveränderungen im Demokratiebegriff) zu berücksichtigen.

5. Bezeichnungsmuster von Varietäten

Zum Abschluss des Kapitels *Innersprachliche Merkmale von Varietäten* möchten wir uns der Benennung der Varietäten widmen. Das ist nicht ganz trivial, weil wir in den bisherigen Darlegungen die Berücksichtigung zentraler Gesichtspunkte aus vier Dimensionen gefordert haben. Idealiter sollten diese vier Dimensionen in der Namengebung der Varietäten (im Folgenden kurz

Namengebung

Varietätenname oder *Varietätenbezeichnung*) irgendwie zum Vorschein kommen. Da viele unterschiedliche Varietäten vielen deutschen Sprechern auch ohne linguistische Vorkenntnisse intuitiv erfahrbar sind, wäre bei der Namengebung ebenfalls zu wünschen, dass eine unzugängliche Spezialterminologie vermieden wird. Erstrebenswert ist eine Namengebung, die den Fachleuten eine weiterführende Differenzierung aufzeigt (auf Grund ihres varietätenlinguistischen Fachwissens) und gleichzeitig Laien eine Groborientierung bietet.

Mit diesem anspruchsvollen Ziel wollen wir alle vier Dimensionen in der Namengebung von Varietäten berücksichtigen. Zunächst listen wir Varietätenbezeichnungen exemplarisch auf, um im Anschluss ein Bezeichnungsmuster zu entwickeln. Wir orientieren uns dabei im Wesentlichen an Beispielen, die wir in den bisherigen Ausführungen schon erwähnt haben:

- Varietät der geschriebenen standardlektalen Fachsprache im Bereich Chemie des Neuhochdeutschen (zur Einordnung des chemischen Fachaufsatzes)
- Varietät der gesprochenen überregionalen (standardnahen) Fachsprache im Bereich Chemie des Neuhochdeutschen (zur Einordnung des fachlichen Meetings von Chemikern)
- Varietät der gesprochenen dialektalen Fachsprache im Bereich X des Neuhochdeutschen (zur Einordnung von Fachgesprächen zwischen dialektal sozialisierten Handwerkern)
- Varietät der gesprochenen regiolektalen Vermittlungssprache im Bereich der Medizin des Neuhochdeutschen (zur Einordnung z.B. des Arzt-Patienten-Gesprächs der beiden Bochumer Bürger)
- Varietät der geschriebenen standardlektalen (im Frühneuhochdeutschen im Sinne von ›leitvarietätennahen‹ und ›hochreichweitigen‹) Vermittlungssprache im Bereich der Medizin des Frühneuhochdeutschen (zur Einordnung z.B. medizinischer Bücher zur Heilkraft von Kräutern zwecks Belehrung des gemeinen Volkes, wie das deutsche Kräuterbuch *Contrafayt Kreüterbůch* (1534) von Otto Brunfels (1489-1534), das „in Aufbau und Inhalt in erster Linie auf die Belange des Laien" zielt und „eine praktische Anleitung zum Erkennen, Sammeln und zur Anwendung der Heilkräuter" (Riecke in Vorb.) bietet).
- Varietät der gesprochenen standardnahen Vermittlungssprache im Bereich der Medizin des Neuhochdeutschen (zur Einordnung von z.B. Informationsvorträgen für Laien über pflanzliche Heilkunde).
- Varietät der gesprochenen dialektalen Alltagssprache des Neuhochdeutschen (Bsp.: Small-Talk zwischen in Lörrach sozialisierten Bürgern an der deutsch-schweizerischen Grenze)
- Varietät der geschriebenen standardlektalen Alltagssprache des Neuhochdeutschen (Bsp.: Zettel mit folgender Nachricht auf dem Küchentisch:

„Essen zum Aufwärmen ist im Kühlschrank. Klavierunterricht nicht vergessen! Küsschen Papa")
- Varietät der gesprochenen regiolektalen Spezialsemantik im Bereich Gleit-
schirmfliegen (Paragleiten) des Neuhochdeutschen (Bsp.: Sprachgebrauch
eines im Schwarzwald primärsozialisierten Kursleiters als Exempel für
Spezialsemantik im Freizeitbereich, der standardnäher sprechen möchte,
weil die Kursteilnehmer aus allen deutschsprachigen Regionen angereist
sind.)
- Varietät der multimedialen regiolektalen (und zusätzlich sozial markierten) Alltagssprache des Neuhochdeutschen (Bsp.: WhatsApp-Nachricht
zwischen 16-Jährigen mit Schrift, Ton und bewegten Bildern (= Video) in
Stuttgart, in der absichtlich z.B. *ist* durch *isch* ersetzt wird und süddeutsche Ausdrücke wie *Fläschle* oder *Gschmäggle* bevorzugt werden).

Die Länge der Varietätennamen wird reduziert, wenn wir uns mit der Varietätencharakterisierung nur in einer Sprachstufe, zum Beispiel dem Gegen-
wartsdeutschen, bewegen. Dann erübrigt sich die postnominale Erwähnung
der Sprachstufe (also statt *Varietät der gesprochenen dialektalen Alltagssprache
des Neuhochdeutschen* genügt die Bezeichnung *Varietät der gesprochenen dialektalen Alltagssprache*). Auf dieser Grundlage schlagen wir daher folgendes
Bezeichnungs- oder Benennungsmuster für Varietäten vor, das auch dem
Übersichtsschaubild zur varietätenlinguistischen Gesamtschau (siehe Abb. 17
und Abb. 18) zugrunde liegt:

Bezeichnungs-muster:	Attribut 1	Attribut 2	Substantiv	Attribut 3 (postnominal)
Bezug zum Vier-Dimensionen-Modell	3. Dimension: Medialitätstyp	1. Dimension: Ausdrucks-reichweite	2. Dimension: Funktonsreich-weite des Inhalts, Semantiktyp	4. Dimension: Historische Zeitstufe
1. Beispiel für Varietätenname:	Gesprochene	dialektale	Fachsprache (im Bereich X)	des Neuhoch-deutschen
2. Beispiel für Varietätenname:	Geschriebene	standardlektale	Vermittlung-sprache (im Bereich X)	des Frühneu-hochdeutschen
3. Beispiel für Varietätenname:	Multmediale	regiolektale	Alltagssprache	des Neuhoch-deutschen

Tabelle: Archetyp der Varietäten-Benennung

Kommt in der Varietätenbezeichnung als Füllelement (Filler) der Subs-
tantiv-Lücke (Slot) die Fachsprache oder Vermittlungssprache in Betracht, so
sollte zusätzlich der fachspezifische Bereich angegeben werden (z.B. *im Bereich
Finanzwirtschaft*). Bei der Alltagssprache erübrigt sich diese Angabe, weil wir

Alltagssemantik per definitionem als fachunspezifische Semantik definiert haben, die vor allem für existentielle Lebensbereiche wie Nahrungserwerb, Essen, Trinken, Wohnen und Schlafen, Körperhygiene und allgemeine Orientierung in Raum und Zeit benötigt wird. Das dafür erforderliche Sprachwissen erwirbt man spontan und unbewusst.

Abschließend möchten wir die Tabelle *Muster der Varietäten-Benennung* aufgreifen und die möglichen Kombinationsmöglichkeiten darstellen.

Tabelle: Sprachbeispiele zur Einordnung in das Varietäten-Benennungsmuster

Bezeichnungs-muster:	Attribut 1	Attribut 2	Substantiv	Attribut 3 (postnominal)
Bezug zum Vier-Dimensionen-Modell	3. Dimension: Medialitätstyp	1. Dimension: Ausdrucksreich-weite	2. Dimension: Funktionsreich-weite des Inhalts, Semantiktyp	4. Dimension: Historische Zeitstufe
Bezeichnungs-möglichkeiten des Modells	Geschr./Gespr./ Multimediale	standardlektale/ regiolektale/ dialektale	Fachsprache/ Vermittlungs-/ Alltagssprache	des Ahd./Mhd./ Fnhd./Nhd.
Sprachbeispiele zur Einordnung: Strafzettel Beipackzettel Stammtischgespräch Predigt Gedicht von J.W. v. Goethe Rechtsberatung bei der Verbraucherzentrale Bahnauskunft Geburtstagsrede Liebesbrief				

■

Auf einen Blick

1. Erklären und problematisieren Sie die kommunikative Reichweite und die Abgrenzbarkeit von Ausdrücken im Kontinuum von Dialekt – Regiolekt – Standardlekt.

2. Die funktionale Reichweite des Inhaltssystems (2. Dimension) unterscheidet verschiedene Semantiktypen und bezieht sie auf Kommunikationsbereiche. Durch welche charakteristischen Merkmale unterscheidet sich die Alltagssemantik von der Vermittlungs- und Fach-/Spezialsemantik?

3. Die horizontale Gliederung der Fachlichkeit unterscheidet (bei Ausklammerung der Alltagssemantik) sechs Kommunikationsbereiche. Problematisieren Sie Vor- und Nachteile dieser Gliederung.

4. Die dritte Dimension des Modells beschäftigt sich mit den Eigenheiten des Mediums Sprache und der verschiedenen Zeichenarten, die zur Kommunikation verwendet werden. Ist die Trennung zwischen geschriebener und gesprochener Sprache klar zu ziehen?

5. Die vierte Dimension fokussiert die historischen Zeitstufen oder Sprachstufen. Überlegen Sie sich sprachliche Phänomene auf verschiedenen linguistischen Ebenen, deren Vorkommen und Wandel über die Jahrhunderte eine sprachgeschichtliche Untersuchung unter Varietäten-gesichtspunkten lohnend machen würden. Im Text haben wir als Beispiel den Wandel der Fachsprache der Drucker erwähnt.

Kommentierte Literatur

Steger, Hugo (1988): Erscheinungsformen der deutschen Sprache. ‚Alltagssprache' – ‚Fachsprache'– ‚Stand-ardsprache' – ‚Dialekt' und andere Gliederungstermini. In: Deutsche Sprache. Nr. 16/1988, S. 289–319. Grundlagenaufsatz zur terminologischen Klärung der verschiedenen Gliederungstermini und Basisartikel zur Unterscheidung von Dimensionen und zur Konzeption des Integrationsmodells, in dem auch alle bis dahin etablierten Ansätze berücksichtigt und zusammengeführt werden.

Becker, Andrea (2001): Populärmedizinische Vermittlungstexte. Studien zur Geschichte und Gegenwart fach-externer Vermittlungsvarietäten. Tübingen: Niemeyer. Grundlagenwerk zur theoretischen und praktischen Konzeption von Vermittlungssprache. Die spezifische Problematik der Vermittlung zwischen Alltags- und Fachwelt findet sich hier aus theoretischer und praktischer (medizinischer) Sicht.

Roelcke, Thorsten (³2010): Fachsprachen. Berlin: Erich Schmidt (Grundlagen der Germanistik 37). Kompri-mierte Darstellung der Fachsprachenforschung aus systemlinguistischer und pragmatisch-kommunikativer Sicht.

Polenz, Peter v. (1991/1994/1999): Deutsche Sprachgeschichte. Band I, II und III. Berlin/New York: de Gruyter. Grundständiges und gut verständliches Werk zur Sprachgeschichte des Deutschen. Es bietet einerseits hilf-reiche Überblicksdarstellungen als auch andererseits exemplarische Vertiefungen anhand vieler Beispiele.

V. Außersprachliche Varietäten-Merkmale

Überblick

Im letzten Kapitel wurde die Binnengliederung der vier Dimensionen des varietätenlinguistischen Erklärungsmodells – also des Ausdruckssystems, des Inhaltssystems, der Medialität und der historischen Zeitstufen – erläutert. Dies geschah mit der Absicht, die Heterogenität der sprachlichen Erscheinungsformen systematisch und in ihren internen Relationen erklären zu können. Im nun folgenden fünften Kapitel werden die zuvor erarbeiteten innersprachlichen Merkmale mit außersprachlichen in Beziehung gesetzt. Die Relevanz der außersprachlichen Merkmale für die varietätenlinguistische Feinbestimmung ist unmittelbar einsichtig. Die Aufgabe dieses Kapitels besteht nun darin, die wichtigsten Kriterien zu erklären und gemäß ihrer Wirkungszusammenhänge anzuordnen. Wir fokussieren zunächst (1) das sprechende und zuhörende Individuum, im Anschluss (2) die sozialen Gruppierungen, in denen die Individuen sprachlich agieren, bevor wir abschließend den Horizont auf (3) die gesamte Kommunikationssituation erweitern. In der Folge können konkrete Sprachgebrauchsformen plausibel im Hinblick auf außer- und innersprachliche Merkmale beschrieben werden. Dadurch wird das Analyseraster zur varietätenlinguistischen Erfassung von Variationsphänomenen vervollständigt.

1. (Virtueller) Raum / Zeit / Ort

Komponenten und Relationen

Das Vier-Dimensionen-Modell beabsichtigt sprachliche Erscheinungsformen unter varietätenlinguistischen Gesichtspunkten zu analysieren. Sprachliche Erscheinungsformen können sich auf der phonetisch-phonologischen, graphematischen, morphologischen, lexikalischen, syntaktischen oder textuellen Ebene manifestieren. Eine sprachliche Erscheinungsform muss hinsichtlich aller vier Dimensionen (Reichweite des Ausdrucks- und Inhaltssystems, der Medialitätstypik und der historischen Zeitstufe) beleuchtet werden und gleichzeitig in Bezug auf relevante außersprachliche Faktoren. In diesem Abschnitt wird nun dargestellt, welche außersprachlichen Merkmale relevant sind und wie sich diese anordnen lassen. Nimmt man nun also in Ergänzung der innersprachlichen Merkmale aus Kapitel IV noch die außersprachlichen Erklärungsvariablen mit hinzu, so fällt die abzuleitende Varietätenbestimmung wesentlich differenzierter und präziser aus als die bisher vorgestellte, recht grobe, aber heuristisch dennoch sehr nützliche Einteilung nach arealen, sozialen und fachlich-funktionalen Bestimmungsfaktoren.

Wir gliedern die außersprachlichen Faktoren in drei Kategorien und das Kapitel in entsprechende Abschnitte:

-   (Virtueller) Raum, Zeit und Ort
-   Individuen als Teil sozialer Gruppierungen
-   Kommunikationssituationen und deren Charakteristika und Typik

Wir beginnen mit der Perspektive auf den (virtuellen) Raum, die Zeit und den Ort. Es ist offensichtlich, dass es dabei Überschneidungen zu den innersprachlichen Merkmalen der ersten Dimension (dem Ausdruckssystem) gibt, da wir das innersprachliche Attribut *sozialräumlich* schon nach arealen und gesellschaftlichen Gesichtspunkten unterschieden haben ebenso wie nach gruppenhaften (sozietären) Aspekten (Kapitel IV, Abschnitt 1). Dies nehmen wir zunächst zum Anlass, ein paar grundsätzliche Überlegungen zum Verhältnis von innersprachlichen und außersprachlichen Merkmalen anzustellen.

Im Zentrum dieser Überlegungen steht das Individuum als sprachlich handelnder Akteur, der in Interaktion mit anderen Kommunikationsteilnehmern steht.

Individuum im Fokus

„Das Individuum ist nicht nur Träger und Repräsentant – und für den Forscher Informant für eine bestimmte Varietät. Das Individuum hat mehrere Varietäten in seinem Sprecherrepertoire [...] Es ist auch das Individuum, welches seine eigene und die Sprache anderer einschätzt und sein Sprachverhalten danach richtet." (Löffler [5]2016: 151)

Im Individuum – genauer in seinen sprachlichen Äußerungen – stoßen außersprachliche Welt und innersprachliche Struktur- und Funktionspotentiale aufeinander. Als Analytiker betrachten wir zunächst die Äußerungen und setzen sie in Bezug zu Erklärungsfaktoren. Dann schauen wir uns die Erklärungsfaktoren an und versuchen diese nach einem plausiblen Prinzip zu ordnen. In unserem Fall ist die Einteilung in innersprachliche und außersprachliche Merkmale evident: Innersprachlich sind die Erklärungsfaktoren, die sich aus den Möglichkeiten ergeben, die uns durch den Einsatz sprachlicher Zeichen eröffnet werden. Alle haben in Bezug auf bestimmte sprachliche Formen und deren Wirkungen auf andere Kommunikationsteilnehmer Erfahrungen gesammelt (also Form-Funktions-Wirkungshypothesen generiert). Diese Erfahrungen gleichen wir mit Beobachtungen aus der außersprachlichen Umgebung und Umwelt ab. Auf dieser Erfahrungsgrundlage lassen sich Situationen und Individuen als Teil sozialer Gruppierungen charakterisieren und die Eigenschaften gegebenenfalls typologisieren (also nach bestimmten Kriterien ordnen). Genau dies tun wir im Folgenden in Bezug auf die außersprachlichen Merkmale.

Aus der linguistischen Pragmatik (und vor allem aus der Sprachtheorie Karl Bühlers 1934) stammt die Ich-jetzt-hier-Origo (>Ursprung<). Sie stellt einen Orientierungspunkt für die Verwendung und das Verstehen sprachlicher Ausdrücke dar und macht deutlich, dass wir bestimmte Wörter nur situationsbezogen verstehen können (man spricht von *Deixis* oder im Plural von *Deixeis*). Ein deiktischer Ausdruck wie *ich* bezieht sich immer auf den jeweiligen Sprecher und damit auf unterschiedliche Personen (im Unterschied zu Eigennamen wie z. B. Nelson Mandela). Genauso bedeuten die Ausdrücke *jetzt* (Sprechzeit) und *hier* (Sprechort) in Abhängigkeit von der Kommunikationssituation jeweils etwas anderes.

Aber auch die nicht deiktischen Ausdrücke und Ausdrucksweisen sind in ihrer Bedeutung kontextabhängig. Dies gilt nicht nur für die Bedeutung der Wörter, sondern beispielsweise auch die Aussprache des Zungen-[r]. Das sogenannte „gerollte R" als stimmhaften alveolaren Vibranten (vgl. dazu Kapitel III) kann etwas bedeuten, kann etwas anzeigen; in diesem Fall, dass der Sprecher oder die Sprecherin vielleicht im fränkischen Sprachraum sozialisiert wurde. Eine Person, die in einem fränkischen Ort aufgewachsen ist, kann dennoch bei einem Fachvortrag an der Nürnberger Universität eine Aussprache in standardnahem Hochdeutsch realisieren. Sie bewegt sich dann in einem anderen Sozialraum, der sie veranlasst, so zu sprechen. Wir müssen also Ort und Sozialraum unterscheiden, wie wir in Kapitel III schon erwähnten. Das Wort „sozialräumlich" nimmt Bezug auf die Sozialstruktur der in der Kommunikationssituation anwesenden Menschen, ihrer sozialen Stellung und deren Erwartungen. Der Ausdruck *Raum* ist hier als soziale und areale Größe zu verstehen: Eine des örtlichen Dialekts mächtige Person spricht in unserem Beispiel in Mittelfranken eine andere Varietät als die areal übliche Mundart. Um dieses Phänomen erklären zu können, müssen also weitere, außersprachliche Faktoren in Betracht gezogen werden.

Die Ausdrücke *Raum* und *Ort* sind demnach zu unterscheiden. *Raum* hat – wie gezeigt – eine soziale Komponente neben der arealen (in Kapitel II führten wir die „urban linguistics" als Beispiel an). Das kommunizierende Individuum wird als Mitglied einer Gemeinschaft, Gesellschaft oder Gruppierung mit einer bestimmten sozialen Rolle wahrgenommen: Die aus Franken stammende Person wird in unserem Beispiel bei ihrem Fachvortrag primär als Wissenschaftler und nicht als Franke wahrgenommen. Dabei ist Folgendes zu berücksichtigen: Wie Aspekte der Situation (Raum, Zeit, Ort) jeweils relevant werden (oder nicht), entscheidet sich konkret in der jeweiligen Interaktion – so ist das gerollte [r] in diesem Beispiel für die fränkischen Hörer etwas anderes als für Auswärtige. Mit diesem Raumbegriff werden auch virtuelle Räume der Internetkommunikation erfasst (Schmitz 2015), dort agieren Personen auch in sozialen Rollen und Räumen. *Ort* ist dahingegen hier rein geographisch gedacht.

Als Fazit für diesen ersten Abschnitt mit den Faktoren *(Virtueller) Raum, Zeit, Ort* bleibt festzuhalten, dass eine sprachliche Erscheinungsform im Rahmen der Analyse der außersprachlichen Einflussfaktoren im Hinblick auf die sozialräumliche Struktur der agierenden und (real oder virtuelle) anwesenden Kommunikationsteilnehmer, den geographischen Ort und die Zeitdimension zu überprüfen ist.

2. Sozialer Status von Individuen in Gruppen

Den zentralen Stellenwert des Individuums haben wir bereits angesprochen. Dieser Blick muss bei einer varietätenlinguistischen Betrachtung auf alle Kommunikationsteilnehmer und die jeweiligen sozialen Gruppierungen erweitert werden, in denen kommuniziert und interagiert wird.

Relevanz der Gruppe

> **Zitat**
>
> „Im Spannungsverhältnis von Individuen und Gesellschaft gibt es Zwischeninstanzen, die für die gesellschaftliche und somit auch für die kommunikative und sprachliche Dynamik von großer Bedeutung sind. Soziale Gruppen gehören zentral dazu." (Neuland/Schlobinski 2015: 291)

Mit dieser Sichtweise geht die Auffassung einher, dass die Gruppe eine Art Sammelbecken zwischen Individuum und Gesamtgesellschaft darstellt: Die soziale Gruppe wird vom Denken und Reden der beteiligten Individuen geprägt als auch von sonstigen Strömungen in der Gesellschaft, die in irgendeiner Weise rezipiert und verarbeitet werden. Das ist einer der Gründe, warum den sozialen Gruppen aus soziologischer und linguistischer Sicht besondere Aufmerksamkeit geschenkt wird (Neuland/Schlobinski 2015: 292): Durch die empirische Beobachtung dieser „Kleinaggregate" hofft man etwas über das Große und Ganze, nämlich die Gesellschaft oder die Sprachgemeinschaft, herauszubekommen. Dieser Sachverhalt trifft insbesondere auch auf die linguistische Forschung zu.

„Als soziales Aggregat, sei es als eher zufälliges Konglomerat (z. B. wartende Fußgänger vor roter Ampel), sei es als eine organisierte Zweckgemeinschaft (z. B. Rat für deutsche Rechtschreibung) oder organisierte Interessengemeinschaft (z. B. Fußballmannschaft), bilden soziale Gruppen in ihren objektiven Verbindungen Kommunikationsnetzwerke und in ihren subjektiven mehr oder weniger gemeinsam geteilte Werte- oder Sinnsysteme. Erstere bilden für Sprachvariations-, Sprachentwicklungs- und Sprachwandelprozesse soziale Tatsachen, die zusammen mit Spracheinstellungen, -bewertungen und sprachlichen Emotionen für dynamische Prozesse in Sprachgemeinschaften verantwortlich sind." (Neuland/Schlobinski 2015: 291)

Gruppenfaktoren

Wir können hier nicht alle relevanten Umstände erwähnen oder gar erörtern. Es geht vielmehr um wenige ausgewählte Faktoren, die für die Varietätenlinguistik besonders relevant, weil erkenntnisfördernd sind. Anhand dieser
sollen außersprachliche Merkmale bei der Bestimmung von Varietäten verdeutlicht werden. Die folgende Übersicht nennt die bekanntesten Aspekte:

- Alter und Geschlecht im Spiegel von sozialer Rolle (Klann-Delius 2005:
  154) und sozialem Status (Klann-Delius 2005: 158)
- Identität von Individuen und Gruppen (Krappmann 2004) oder Individuen in Gruppen (vgl. z.B. Fiehler 2008 zur Identität im Alter, Janich/
  Thim-Mabrey 2003 zu Identität durch Sprache und Stukenbrock zur
  Sprachreflexion als Medium kollektiver (nationaler) Identitätsstiftung in
  Deutschland von 1617–1945) oder „styling social identities" in Kulturen
  und Diskursen (Coupland 2007: 106)
- Milieu und Lebensstil (Georg 2004) sowie Herkunft (vgl. z.B. die Fallstu-
  die von Keim 2007 zur sozialen Orientierung und zum Ausdrucksverhal-
  ten junger Migrantinnen in Mannheim)
- Sozialprestige (Strasser/Brömme 2004) durch Sprache (z.B. Wiese 2012
  zum Kiezdeutsch und die öffentliche Debatte dazu)
- Gruppendynamische Prozesse sprachlicher Art, die Zugehörigkeit oder
  Abgrenzung zu markieren beabsichtigen (z.B. Fisch 2004, Neuland 2008:
  133)

Der Faktor des Alters und des Geschlechts: Sozialer Status und soziale Rolle als Handlungskategorien

Jugendsprache –
eine Varietät?

Auf besonderes Interesses stößt häufig die Jugendsprache (vgl. Androutsopoulos 1998, Neuland 2008, Neuland/Schlobinski 2015, Löffler [5]2016:
117 ff.). Mit der Benennung der Forschungsrichtung muss jedoch gleich darauf
hingewiesen werden, dass es Wissenschaftler gibt, die der sogenannten Jugendsprache den Status als Varietät absprechen (vgl. zur Diskussion Androutsopoulos 1998: 585) und stattdessen von Stil sprechen: Schlobinski/Kohl/Lude-
wigt (1993) sprechen von jugendlichen Sprechweisen (also von Stilen) und
nennen ihren Buchtitel deshalb *Jugendsprache. Fiktion und Wirklichkeit*. Deswegen wird der monolithisch wirkende Ausdruck *Jugendsprache* häufig ersetzt
durch „Varietätenbündel Jugendsprache" (Löffler [5]2016: 119). Mit dieser terminologischen Differenzierung wird darauf hingewiesen, dass Jugendliche in
diversen Gruppen und Konstellationen sprachlich handeln bzw. kommunikativ interagieren, so dass deren Kommunikationsverhalten aus varietätenlinguistischer Sicht eine Frage aufwirft: Kommen bestimmte von Jugendlichen
bevorzugte Sprachvarianten mehrfach, signifikant und strukturbildend vor

(dann müssen wir eine Varietät ansetzen), oder handelt es sich lediglich um Stilvarianten (die keinen eigenen Subsprachenstatus rechtfertigen, vgl. Kallmeyer 2000 zu Sprachvariation und Soziostilistik)? Dittmar (1997: 163) betont in diesem Zusammenhang die soziale Bedeutung sprachlicher Systeme und Systemkomponenten und der Variationen des Sprachgebrauchs unter Normgesichtspunkten (z.B. des Genitivs als Indikator für Bildungsstatus in Kontrast zur funktionsäquivalenten Verwendung des Dativs in Substandardvarietäten wie z.B. bei der Präposition *wegen* in der Nominalphrase *wegen des schönen Wetters* versus *wegen dem schönen Wetter*). Die schwierige Abgrenzung zwischen systeminduzierender Varietät und pragma-linguistischer Stilvariation (sozio-stilistische Sprachvarianten) haben wir bereits in Kapitel II in Abschnitt 5. *Begriffsabgrenzung: Varietät, Register und Stil* thematisiert.

Den Sprachgebrauch von Menschen, der fest an ein bestimmtes Lebensalter gebunden zu sein scheint, nennt man auch „Lebensalter-Sprachen" oder „transitorische Soziolekte" (Löffler [5]2016: 117). Schon die Bezeichnung enthält die (eigentlich erst zu beweisende) Behauptung, dass die Lebensphase oder das Lebensalter eine der wichtigen Ursachen für den jeweiligen Sprachgebrauch darstellt. Dies muss empirisch mit linguistisch validen Verfahren nachgewiesen werden. In diesem Zusammenhang ist zu bedenken, dass die Quantifizierbarkeit gerade von mündlichen Belegen ungezwungener Unterhaltungen unter Jugendlichen (und die schwierige Zugänglichkeit solcher Daten an sich) für diese Art der Forschung eine echte Herausforderung darstellt (vgl. zu Methoden der Datenerhebung Neuland 2008: 47 ff.). Man darf sich von daher nicht voreilig auf Grund bestimmter Oberflächenphänomene wie z.B. der Wortwahl (man denke an den Gebrauch von *ey Alter* als Erkennungszeichen einer Sprachgebrauchsform) zu voreiligen Schlüssen verleiten lassen (Neuland 2008: 56). Schließlich sind alle Kommunikationssituationen von vielfältigen Faktoren geprägt. So steht das Herausgreifen eines Faktors als *der* zentrale Umstand für einen bestimmten Sprachgebrauch vor dem Problem, die Einflussqualität oder Stärke der einzelnen Faktoren in irgendeiner Weise „messen" (also beurteilen) zu können.

Deppermann/Schmidt (2001) interessieren sich in einer kleinen Studie für die Art der Gesprächsführung, die Jugendliche praktizieren, wenn sie miteinander kommunizieren, ohne dass Erwachsene anwesend sind. Die untersuchte Gesprächssituation wird wie folgt beschrieben:

> „Sechs 14-17 Jahre alte Jugendliche, die in einer Kleinstadt leben und sich als Clique begreifen, sitzen in ihrer Freizeit in einem alten Wohnwagen zusammen, den die örtliche Jugendpflege ihnen als Treffpunkt zur freien Verfügung gestellt hatte. [...] Würde man die Jugendlichen fragen, was sie tun, würden sie dies selbst als „einfach nur rumhängen" bezeichnen – und viele Erwachsene würden das gewiss nicht anders sehen." (Deppermann/Schmidt 2001: 28)

Sprache und Lebensalter

Das Erkenntnisinteresse bezieht sich auf die „Geprächskultur" von Jugendlichen und wird durch die Analyse von repräsentativen Ausschnitten der Aufnahme (also des Korpus) verfolgt. Die Autoren Deppermann und Schmidt wollen dabei nicht isolierte Wörter oder Sätze untersuchen, sondern gehen „vom Gespräch als Prozess einer verbalkommunikativen interpersonalen Begegnung" (Deppermann/Schmidt 2001: 28) aus. Aus einer kleinen Auswahl an Gesprächstranskripten stellen sie eine Tabelle jugendtypischer Besonderheiten in der Art der Gesprächsführung zusammen. Die Besonderheiten der Gesprächsstile klassifizieren sie hinsichtlich ihrer Wirkung.

Tabelle: Jugendtypische Besonderheiten der Gesprächsführung nach Deppermann/ Schmidt (2001: 37)

Kategorie	unterhaltsam	nicht unterhaltsam
Länge der Redebeiträge	kurz und knapp	lang
Syntax	reduziert, Parataxe	schriftsprachlich, Hypotaxe
Phonologie	expressiv, variantenreich, nicht-lexikalische Laute, Imitationen	monoton, sachlich
Lexik	Neubildungen, Tabuwörter	Hochsprache
Stilistik	Hyperbolik	Präzision, Litotes
Inhalte	situationsgebunden, Tabubrüche	abstrakte, ernste Themen
Kohärenz	Angebotskommunikation, assoziative Übergänge	Konditionelle Relevanz, Themenfixierung, argumentative Übergänge
Genre	Beleidigen (‚Dissen'), Necken, Frotzeln, knappe Erzählungen, groteske/absurde Fiktionen	(Probleme), Diskutieren, Klärungsaktivitäten, Bitten, Entschuldigen
Gesprächsorganisation	kompetitiv	redegeleitet
Beziehung	Identitätswettbewerb, Informalität, Vertrautheit, ‚derbe Indirektheit'	Distanz, Höflichkeit und Takt, Indirektheit
Nonverbales	mehrere parallele Aufmerksamkeitsfoki, expressive und wenig kontrollierte Körperlichkeit	Konzentration auf das Gespräch, Körperkontrolle

Mit der Auflistung wird deutlich, dass im Freizeitbereich das Spektrum möglicher Sprachstile groß ist: „Es kann Gruppen-, Fach- und Szenesprachen sowie die Kommunikation in und mit Medien umfassen." (Neuland 2008: 64) Wenn wir uns darüber hinaus noch vergegenwärtigen, dass die menschliche Kognition und die seelischen Zustände eine Art Blackbox darstellen, müssen wir mit unseren Feststellungen über die vermeintlich jugendtypische Einzigartigkeit (Singularität) bestimmter Sprachphänomene sehr vorsichtig sein (Neuland 2008: 69). Neuland schlägt deswegen vor, Jugendsprache in einem multidimensionalen Varietätenraum zu verorten, der monokausale Festlegungen vermeidet (Abb. 13).

Ähnliches ist für ein vergleichbares Forschungsfeld zu konstatieren, das in letzter Zeit an Bedeutung gewonnen hat: Gemeint ist der Zusammenhang von Sprachgebrauch und älteren Menschen (Fiehler 2008). Die Analyse der Zusammenhänge von *Sprache und Alter* weist eine Gemeinsamkeit mit dem Forschungsfeld *Sprache und Geschlecht* auf, dem wir uns nun zuwenden wollen.

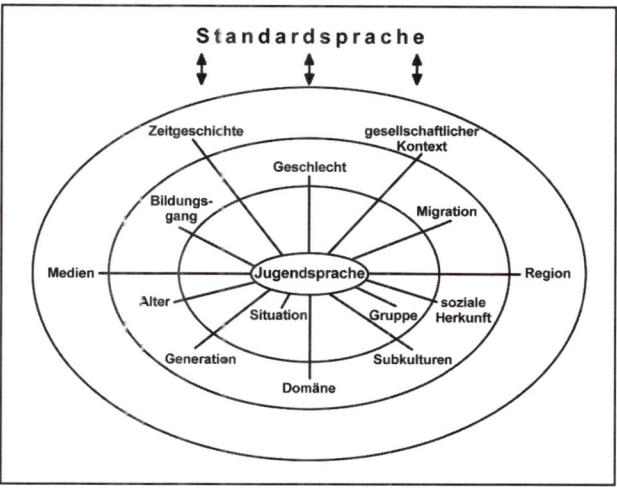

Abb. 13: „Variationsspektrum Jugendsprache" (Neuland 2008: 69)

„Im Zusammenhang von Sprache und Geschlecht oder Sprache und Alter wird ein besonderer Aspekt des Rollenkonzeptes betont, dass nämlich Geschlecht (‚gender') und Alter (‚age') in Bezug auf die Sprache keine biologischen, sondern soziale Kategorien sind. Man spricht vom sozialen Geschlecht bzw. von der sozialen Rolle und vom sozialen Alter. Rollensprache oder Sprachrollen werden als Bündel sprachlicher Normerwartungen angesehen, die je nach Situation, Status und Rolle an die Sprecher herangetragen werden." (Löffler ⁵2016: 41)

Die unmittelbare Verflochtenheit des Sprachgebrauchs mit politischen und gesellschaftlichen Verhältnissen wird in dem Forschungsbereich *Sprache und Geschlecht* besonders intensiv diskutiert. Eine Ursache sieht Klann-Delius in folgenden „Fakten […]: »Being female or male is a central fact in all of our lives« (Halpern 2000, S. 7). Diese Fakten zeigen auch, dass Frauen und Mädchen sich in einer schlechteren sozialen Position befinden." (Klann-Delius 2005: 2) Von dieser Ausgangsposition betrachtet dieser Forschungszweig sowohl das Sprachsystem (Klann-Delius 2005: 19ff., Pusch 1984/¹⁴2012) als auch den Sprachgebrauch (Klann-Delius 2005: 37ff.). In Bezug auf die Varietätenlinguistik und die Frage, ob Frauen und Männer verschiedene Sprachen, also Varietäten, sprechen, bezieht Klann-Delius in ihrem Standardwerk eindeutig Position:

Sprachgebrauch ist politisch

„Nie aber sind die sprachlichen Differenzen so tief greifend, dass man sagen kann, dass Männer oder Frauen eine völlig andere Sprache entwickelt und gebraucht hätten. Wenn von einer Männer- oder Frauensprache die Rede ist, so ist zum einen von unterschiedlichen Gebrauchsweisen des Sprachsystems bzw. von Sprachregistern die Rede, zum anderen davon, dass Sprachen in einigen Aspekten ihrer Struktur geschlechtsspezifische Asymmetrien aufweisen." (Klann-Delius 2005: 19)

Diese Forschungsrichtung sieht sich ähnlichen Problemen bei der Erhebung und Auswertung empirischer Daten ausgesetzt wie die Jugendsprachenforschung. Klann-Delius erkennt bei manchen Bestsellern zu diesem Thema eine „Tendenz zur typisierenden Polarisierung" und lehnt in Anbetracht kontroverser Forschungsergebnisse jede Art polarisierender Verallgemeinerungen des Sprachverhaltens der Geschlechter als unangemessen ab (Klann-Delius 2005: 131). Samel stellt in einer Tabelle prototypische Merkmale zusammen, die von jeglicher Situation abstrahieren und die Arbeiten von Trömmel-Plötz (1984) resümieren. Diese Zusammenstellung charakterisiert die Forschungseinschätzung der „feministischen Linguistik" (Samel 1995) am Ende des 20. Jahrhunderts.

Tabelle: Situationsabstrahierte Bestimmung geschlechtstypischer Gesprächsstile nach Samel (1995: 197)

Frauen	Männer
lassen Männer gewinnen;	kämpfen;
reden, um Gemeinsames herzustellen;	reden, um sich darzustellen, um sich mit anderen zu messen, um zu gewinnen;
bevorzugen private Gespräche in kleinen Gruppen über persönliche Themen wie Beziehungen, Verwandtschaft;	reden öffentlich; es geht ihnen um Wettstreit, Kampf ums Wort, Gewinnen;
unterstützen die Redebeiträge anderer	dominieren das Gesprächsthema

Liegt wirklich eine Varietät vor?

Es ist hier nicht der Platz, um die vielfältigen Forschungen zu Sprache und Geschlecht sowie Sprache und Alter darzulegen. Stattdessen besinnen wir uns auf die eigentlich wichtige Frage in unserem Erkenntnisinteresse, die da lautet: Wie können diagnostizierte Sprachvariationen auf den einschlägigen linguistischen Ebenen in Bezug gesetzt werden zu den sozialen Faktoren des Geschlechts (‚gender') und des Alters (‚age')? Lassen sich die Sprachvariationen als Merkmalbündel, die signifikant und strukturbildend vorkommen, fassen und damit eine Varietät konstruieren? Ermittelt eine empirische Untersuchung (z.B. Schmidt 1988, Fiehler 2008) Sprachauffälligkeiten, die auf den sozialen Faktor ‚gender' oder ‚age' zurückgeführt werden, dann ist vorsichtig abzuwägen, wie dominant die sozialen Faktoren ‚gender' und ‚age' tatsächlich für die vorkommenden Sprachvarianten sind, wenn man sie mit anderen möglichen Einflussfaktoren vergleicht. Die Festsetzung einer eigenen Varietät bedarf valider Methoden, wie sie im Kontext der Jugendspracheforschung bei Schlobinski/Kohl/Ludewigt (1993) und Neuland (2008) problematisiert werden. Viele Untersuchungen wie z.B. die von Fiehler (2008) analysieren die Wechselwirkungen zwischen Altern, Kommunikation und Identitätsarbeit anhand von Ausschnitten aus authentischen Gesprächen mit gesprächsanalytischen Methoden. Die Frage der Varietätenbildung steht dabei nicht im Vordergrund. Gleiches gilt für empirische Untersuchungen wie z.B. die von Schmidt (1988) zu geschlechtstypischem Kommunikationsverhalten in studentischen Kleingruppen. Dessen ungeachtet können diese Studien für die Varietätenlinguistik und ihre Fragestellungen fruchtbar gemacht werden.

3. Kommunikationssituationen und Redekonstellation

Versuchen wir nun noch die Vielgestaltigkeit der Kommunikationssituationen zu durchleuchten und nach Parametern zu ordnen. Es dürfte inzwischen deutlich geworden sein, dass die linguistische Differenzierung der Einzelsprache eng verknüpft ist mit der sozialen Differenzierung der Gesellschaft und der in ihr üblichen (privaten, offiziellen, öffentlichen, virtuellen usw.) Situationskontexte. Wir haben in Kapitel II unter Bezugnahme auf Gumperz (1982) festgestellt, dass die Interaktionsteilnehmer ihren je spezifischen Kontext prägen und ihn herstellen (vgl. zur Kontextualisierungsthese Müller 2015: 68ff.). Wir haben in diesem Zusammenhang schon die Bedeutung des Situationsbegriffs betont und die Sprechbedingungen als Redekonstellation (Steger/ Deutrich/Schank/Schütz 1974, 76ff.) bezeichnet, die durch folgende Merkmale typisiert ist:

> „Sprecherzahl, Zeitreferenz, Situationsverschränkung, Rang, Grad der Vorbereitetheit, Zahl der Sprecherwechsel, Themafixierung, narrative, argumentative oder assoziative Themenbehandlung, Öffentlichkeitsgrad." (Schwitalla ^{4}2012: 21)

Relevanz der Situation

Für die Charakterisierung und die Analyse von Situationen geht die Kontextualisierung davon aus, dass Erwartungshaltungen von Kommunikationsteilnehmern von zentraler Bedeutung sind. Die Interaktanten interpretieren die Kommunikationssituation unter Berücksichtigung verschiedener Faktoren, die Müller (2012: 50) prägnant im „Zwiebelmodell der Kontextualisierung" zusammenfasst. Im Mittelpunkt steht eine sprachliche Äußerungseinheit (hier mit *FK* für *Fokuskonstruktion* abgekürzt, eine Bezeichnung, die in unserem Zusammenhang keine Rolle spielt).

Die Kommunikationssituation und die beteiligten Personen mit ihren Interessen stehen also im Mittelpunkt des Aufmerksamkeitsfokus, wenn wir Äußerungen in Gestalt von

Kontextmodell

Abb. 14:
„Das Zwiebelmodell der Kontextualisierung" (Müller 2012: 50)

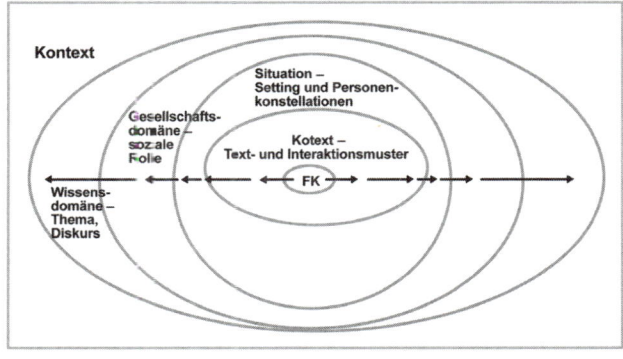

Text- oder Gesprächsauszügen und der unmittelbaren Zeichenumgebung (= Kotext) analysieren (vgl. die zwei innersten Schalen des Zwiebelmodells). Dies hat einen Grund: In der alltäglichen und in der fachspezifischen Lebenspraxis kommunizieren wir stets in wiederkehrenden, sozialen Situationen, in denen Personen mit ihrer Umgebung in Beziehung treten und dabei Wissen austauschen (vgl. Steger 1988: 296). Diese Umgebungen können als Gesellschaftsdomänen bezeichnet werden, in denen die Akteure gemäß sozialer Rollen und Hierarchien agieren (im Zwiebelmodell der Kontextualisierung als „Gesellschaftsdomäne – soziale Rolle" ausgewiesen). Kommunikation kann – wenn man im Zwiebelmodell die nächste äußere Schale betrachtet und den Horizont erweitert – als eine in (Wissens)Kulturen konventionalisierte Praxis des Austausches aufgefasst werden (im Zwiebelmodell der Kontextualisierung als „Wissensdomäne – Thema, Diskurs" dargestellt). Wie wichtig das Aufeinandertreffen von Text bzw. Gespräch und Mensch ist, wird deutlich, wenn wir uns darüber bewusst werden, dass wir unser Wissen über die Welt in erster Linie über Texte und Gespräche rezipieren. Dieses Wissen begegnet uns in spezifischen Kontexten und ist von daher durch die sprachlichen Mittel und die jeweiligen Kommunikationssituationen perspektiviert (Köller 2004). „Unser Zugang zu Wirklichkeiten außerhalb unserer Primärerfahrungen vollzieht sich also über die in Texten und Gesprächen perspektivierten und kontextualisierten Sachverhalte." (Felder/Gardt 2015: 15)

Beispiel Geld   Das Perspektivierungspotential eines sprachlichen Zeichens je nach historischem Kontext und Situationstypik soll an einem Beispiel illustriert werden. Hundt (2006) hat die situationsabhängige und situationsspezifische Bedeutung eines bestimmten Ausdrucks eindrucksvoll an dem (uns aus dem Alltag bekannten) Wort *Geld* gezeigt. Er verortet das Phänomen im Paradigma des Semantischen Kampfes (Felder 2006) und zeigt beim Geldbegriff, dass es keine Auseinandersetzung über die Bezeichnung, also den Ausdruck *Geld*, gibt. Vielmehr gibt es einen sprachlich ausgetragenen Kampf um (Teil-)Bedeutungen des Ausdrucks und um Objekte bzw. Sachverhalte selbst, ob diese nämlich unter den Geldbegriff fallen. Die weltweiten Finanz- und Kapitalströme haben also Phänomene geschaffen, von denen auch die Experten nicht genau wissen bzw. darum streiten, ob sie den herkömmlichen Bezeichnungen der Wirtschaftswissenschaften genügen. Beim Geldbegriff sind zwei von drei Aspekten des Semantischen Kampfes umstritten: Die Auseinandersetzungen um den Geldbegriff betreffen also in erster Linie die Bedeutungsfestlegungen und – ganz zentral – die Festlegung dessen, worauf mit dem Ausdruck *Geld* referiert werden darf. In diesen Bereichen wird der Streit der Wirtschaftswissenschaftler in historischer und gegenwärtiger Perspektive ausgetragen. Im Bereich der Wirtschaft haben wir es in einem umfassenden Sinn mit Wirtschaftsgütern zu tun, also nicht nur mit materiellen Gütern:

„Sicherlich gibt es auch im Bereich der Wirtschaft konkret fassbare Güter, v.a. im primären und sekundären Wirtschaftssektor. Allerdings ist der Großteil aller kommunikativen Referenten in der Wissensdomäne Wirtschaft nicht gegenständlich, sondern allererst durch kommunikative Praktiken konstituiert. Die sogenannte Wirklichkeit der Wirtschaft v.a. im tertiären und quartären Wirtschaftssektor ist fast vollständig kommunikativ erschaffen und erst über den sprachlichen Zugriff, durch Definitionen, durch kommunikative Aushandlungsprozesse für die Kommunikationsteilnehmer real. Beispiele für die wirklichkeitskonstitutive Kraft der Kommunikation sind hier nicht allein z.B. Versicherungsverträge, Miet- und Kaufverträge, sondern auch so grundlegende Konzepte wie GELD. Die Geschichte des Geldes zeigt in immer gleicher Weise einen Prozess, der die Definition dessen, was unter Geld verstanden werden soll, immer weiter von einem zunächst stoffwertgebundenen Geld (Vieh, Metall, o.Ä.) hin zu stoffwertlosem Geld, dessen Geltung sich über die Wertzuschreibung der Wirtschaftssubjekte ergibt, verschiebt." (Hundt 2015: 375)

Die Theorie hinkt der Lebenspraxis hinterher, zeichnet Begriffsveränderungen und -ausweitungen nach und versucht, diese in die theoretischen Modelle zu integrieren. Worauf in den Wirtschaftswissenschaften referiert wird, ist ein Geldbegriff, der zuallererst durch die wissenschaftliche Auseinandersetzung geschaffen wird, und zwar als Konstrukt. Dies entspricht dem Postulat: Fachsprache bildet nicht Wirklichkeit ab, sondern kreiert den Sachverhalt aus fachlich konstituierten Daten und Fakten (Felder 2009: 50). Hundt (2006) reflektiert den Geldbegriff in diversen Kontexten und zeigt, inwiefern in historischen Geldtheorien darum gerungen wurde, was überhaupt als Geld zu akzeptieren ist (Festlegung des Referenzobjektes). Damit ist untrennbar verbunden, welche Teilbedeutungen man einem theoretisch abgesicherten Geldbegriff überhaupt zubilligen möchte, welche Teilbedeutungen relevant gesetzt werden sollen und welche Teilbedeutungen historisch gesehen als obsolet betrachtet werden müssen.

Alltagswelt vor Fachwelt

Dieses Beispiel zeigt die Relevanz der Kontextualisierung von Wissensbeständen unter Berücksichtigung situationaler Faktoren. Im Vier-Dimensionen-Modell ist das Beispiel – also das Wissen um Wortinhalte und Referenzobjekte von *Geld* – in der zweiten Dimension zu verorten, dem Inhaltssystem. Dort variiert das Phänomen in Bezug auf die funktional-zweckhafte Leistung der Fachsemantik (semantische inhaltliche Variation) im Fokus der historischen Entwicklung. Bedeutungsgenese geschieht im (historischen) Kontext durch die von den Akteuren vorgenommenen Sprachgebrauchsformen. Akteure stellen durch die Wahl sprachlicher Varianten (Variablenrealisierungen) im Kontext Bedeutung her. Von daher schauen wir nach Gemeinsamkeiten und Unterschieden von Kontexten oder Situationen, um zu beantworten, wie

Wissen als Praxis

die Lebenspraxis in Form von Situationstypen beschrieben werden kann. Denn Texte und Gespräche sind stets in Situationen eingebettet. Da der individuelle Wirklichkeitszugang häufig in kommunikative Interaktionen eingebunden ist, erweist sich Sprechen und Zuhören immer auch als eine Form des sozialen Handelns: Wir erfahren und rezipieren Informationen, Wissensbestände und Sachverhalte in interaktiven Kontexten als sprachgebundene, sozio-kommunikative Phänomene. Zum Untersuchungsgegenstand wird dann die linguistische Performanz (ein Äquivalent zu *parole*): In ihr zeigt sich das Handeln in und durch Sprache (Sprachhandeln).

> „In der Performanz verbindet sich der Aspekt der Wiederholung [...] mit dem der Abweichung bzw. der Variation von Mustern, der Aspekt des Wiedererkennens verbindet sich [...] mit dem des Kontrasterlebnisses." (Linke/Feilke 2009: 9)

Sprachliche Manifestationen sind also mitnichten statisch, sondern ganz im Gegenteil zeigt der Sprachgebrauch eine beachtliche Dynamik, wie wir anhand der zahlreichen Beispiele schon gesehen haben. Dieser Aspekt der Dynamik muss bei der Analyse von sozialen Situationen bzw. Situationstypiken berücksichtigt werden. Gerhardt (2004: 433) stellt vor diesem Hintergrund „drei Modelle des Situationsdenkens in der Soziolinguistik" vor:

- Speech Acts/Speech Events (Austin 1962, Searle 1969)
- Diskursanalyse nach Gumperz 1982
- Genre/Partituren als Kommunikationsgattungen nach Bergmann 1981 und Bergmann/Luckmann 1999.

Situationsregeln und Situationstypik Die drei Ansätze können hier nicht im Einzelnen vorgestellt werden, ein erster Überblick und eine Einordnung in die soziologische Forschung finden sich in Gerhardt (2004). Stattdessen resümieren wir für unsere varietätenlinguistische Fragestellung: Ähnlich wie im vorherigen Abschnitt bei der Erörterung der sozialen Faktoren ‚gender' und ‚age' stehen wir als Analytiker auch hier vor dem Problem, Sprachvariation in Wechselwirkung (Korrelation) zu außersprachlichen Faktoren zu erklären – hier in Bezug auf die jeweilige Situation –, ohne dass wir bei der Herstellung eines Begründungsverhältnisses von empirisch untersuchten Einzelfällen zu einer Struktur von Situationsregeln (Gerhardt 2004: 435) ganz sicher sein können.

Gerhardt resümiert den Stellenwert und die Relevanz der Forschungen zur Situation wie folgt:

> „Situation ist ein in der Linguistik weithin bis heute „vernachlässigter" (Goffmann) Zugang zu Phänomenen der Sprache. [...] Die theoretischen Ansätze erkennen die Situation als kulturelles Repertoire und aktuelles,

individuell genutztes Interaktionsforum, und die Soziolinguistik untersucht die entsprechende Varianz und Relativität " (Gerhardt 2004: 430)

Wir halten also fest: Aus varietätenlinguistischer Sicht betrachten wir nicht nur die sprachliche Erscheinungsform, sondern wie Individuen mit Hilfe sprachlicher Zeichen in sozialen Gruppierungen unter Berücksichtigung der gesamten Kommunikationssituation agieren. Dies ist ein hoch gestecktes Ziel, dessen Probleme klar benannt werden müssen. Wir können uns nicht sicher sein, ob wir (1) alle einschlägigen Faktoren erforscht haben und wie (2) unterschiedlich die diagnostizierten Faktoren sich auf die Individuen und deren Interpretation der Situation auswirken. Vor dieser Folie ist das individuelle Sprachhandeln eingebettet in Gesellschaftssphären mit spezifischen Wissensdomänen, in denen sprachliche Manifestationen (Text, Gespräch) als konventionalisierte Tätigkeitsform zum Austausch von Wissensbeständen im Alltag (z.B. Sprachhandlung des Auskunft-Einholens) verstanden werden können ebenso wie zur fachspezifischen Aufgabenbewältigung (berufs- und fachspezifische Informationsbeschaffungstechniken). Sowohl sprachliches Handeln von Individuen als auch die kommunikative Praxis von Gruppierungen offenbaren sich – bei aller Möglichkeit individueller Varianz – musterhaft an der Sprachoberfläche als soziale Praxis und erscheinen in ihren kommunikativen Routinen als verfestigte Zeichenverwendungsformen, die sich als Typen von Texten, Gesprächen und multimedialen Einheiten in spezifischen Situationen kategorisieren lassen (z.B. Verkaufsstrategien und kommunikative Praktiken von Bankberatern). Die Untersuchung sprachlicher Phänomene im Hinblick auf ihre „Einbettungsbedingungen" (Situationsfaktoren) hat verdeutlicht, warum sich in der Sprachwissenschaft die Redeweise von der Kommunikation als einer kulturell geprägten Lebenspraxis etabliert hat (Steger/Deutrich/Schank/Schütz 1974, Linke/Feilke 2009, Konerding 2015).

Faktorendiagnose und Deutung

Dies ist der Ausgangspunkt für den Grundgedanken, dass Individuen als sprechende Akteure in der Kommunikation sozio-kulturelle Praktiken vollziehen (Konerding 2015: 63). Bündelt man diese einzelnen Praktiken (z.B. die Art und Weise, Gerichtsentscheidungen gegenüber jugendlichen Straftätern zu begründen), so können wir von einer Praxis der Urteilsbegründung in Jugendstrafverfahren sprechen. Die Herausbildung einer Sprachpraxis findet nicht nur in fachlich-institutionellen Sprachhandlungsfeldern mit einem spezialisierten Wissensbereich statt (wie unser Beispiel aus der Rechtspraxis andeuten sollte), sondern auch im Alltag: Man denke an die Art und Weise, wie sich in Deutschland oder vergleichsweise in anderen Ländern Konventionen des Begrüßens herausgebildet haben, die immer wieder praktiziert werden, die sich manchmal vielleicht auch verändern und sich jeweils verfestigen. Bei Begrüßungsritualen ist vor allem auch auf nonverbale Gepflogenheiten zu achten, nicht nur auf die sprachliche Äußerung. Vor diesem Hintergrund kann

Sprechen ist Praxis

Kommunikation verbaler und nonverbaler Natur als soziale Praxis betrachtet und analysiert werden (vgl. dazu die Ausführungen und Einordnungen in Deppermann/Feilke/Linke 2016).

Umgang mit dem Analyseraster

Mit diesen Ausführungen haben wir die außersprachlichen Merkmale vorgestellt, die bei einer varietätenlinguistischen Untersuchung mit innersprachlichen Merkmalen in Beziehung gesetzt werden müssen. Dadurch ist das Analyseraster zur varietätenlinguistischen Erfassung von Variationsphänomenen im Wesentlichen vorgestellt. Wir sind dabei dem Ordnungsprinzip vom Kleinen zum Großen gefolgt, indem wir zunächst das sprachlich agierende Individuum in seiner Abhängigkeit von Raum, Zeit und Ort betrachteten, um hinterher das soziale Umfeld und die Umgebung in Form sozialer Gruppierungen in Augenschein zu nehmen. Anschließend erweiterten wir die zu berücksichtigenden Einflussfaktoren um die Kommunikationssituation unter Berücksichtigung gesellschaftlicher Sphären und der Fokussierung der Gesellschafts- und Wissensdomänen, in denen Individuum, soziale Gruppe und Kommunikationssituation zu verorten sind. Mit diesem Tableau hofft die Varietätenlinguistik möglichst viele relevante Faktoren zu erfassen, hat aber das Problem, dass die unterschiedliche Wirkmächtigkeit der Einflussfaktoren nur schwer ermittelt werden kann und dass letztlich die Untersuchungsergebnisse von plausiblen Zuordnungen und Begründungsverhältnissen abhängen. Im nun folgenden Abschlusskapitel wollen wir solche Gedanken zusammenführen und für das weitere Nachdenken und Erforschen aufbereiten. Aus diesem Grund fassen wir alle bisher behandelten Aspekte in einem Schaubild zusammen:

Abb. 15:

Das Varietäten-Auge

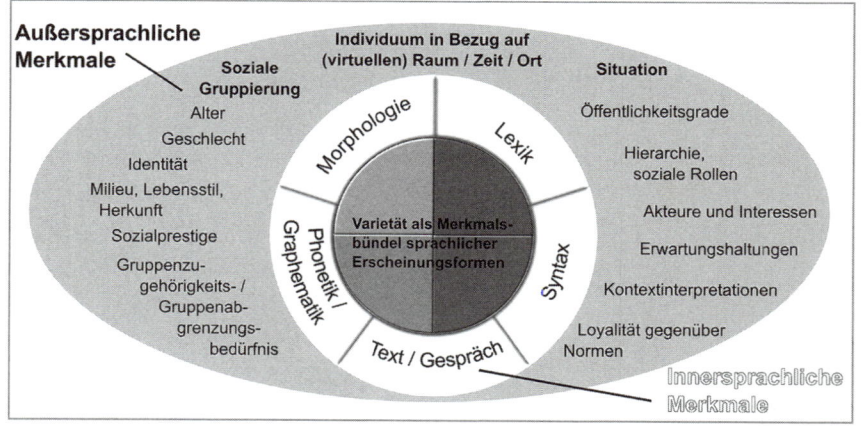

Wie ist das Varietäten-Auge zu lesen?

Man beginne in der Mitte des Schaubilds mit der sprachlichen Erscheinungsform, die unter der Fragestellung betrachtet wird, ob sie ein Exemplar einer bestimmten Varietät ist oder präziser formuliert, ob die sprachliche Manifestation als ein Exempel einer bestimmten Varietät zugeschrieben werden kann. Die unter Varietätengesichtspunkten zu analysierende Erscheinungsform wird in dem Schaubild von ganz innen nach außen projiziert und untersucht: Zunächst wird die Erscheinungsform im Fokus der linguistischen Ebenen durch die vier Dimensionen analysiert (daher muss man sich diesen Ebenen-Ring drehend vorstellen), um sie anschließend im Hinblick auf die Wechselwirkung zu den außersprachlichen Merkmalen zu interpretieren. Nehmen wir als Beispiel eine unter Freunden versandte SMS, die nur aus einem Wort besteht, nämlich *YOLO* (= *You Only Live Once*) - das Jugendwort des Jahres 2012. Setzen wir also *YOLO* zu Analysezwecken in den Mittelpunkt des Varietäten-Auges, so schauen wir zunächst, welche linguistischen Ebenen der innersprachlichen Merkmale (Phonetik/Graphematik, Morphologie, Lexik, Syntax, Text/Gespräch) zur Analyse berücksichtigt werden müssen. Das Akronym *YOLO* lässt sich über die lexematische Ebene und die Ebene Text/Gespräch analysieren: Die kontextabstrahierte Bedeutung von *YOLO* ist der lexematischen Ebene zuzuschreiben, die konkrete pragmatische Funktion dieser Kurzbotschaft ist nur über die Textebene und über die Fokussierung der im Vorfeld ausgetauschten Nachrichten zwischen den beiden Interaktanten zu beschreiben. Im Hinblick auf die Ausdrucksebene ist *YOLO* in der Reichweite begrenzt, und zwar durch die Konventionen bestimmter sozialer Gruppen. Inhaltsseitig haben wir es mit Alltagssemantik zu tun. Vor diesem Hintergrund leuchten wir die außersprachlichen Merkmale aus, um zu entscheiden, welche gruppenspezifischen und situationalen Faktoren für die Analyse der SMS-Nachricht herangezogen werden müssen (Alter, Lebensstil, Gruppenzugehörigkeit usw.).

Begrifflich ist dabei die folgende Unterscheidung wichtig: Während der Ausdruck *Situation* sich ausschließlich auf die außersprachlichen und textexternen Umstände bezieht, referiert *Kontext* auf das Verhältnis von innersprachlicher (textinterner) Umgebung zu außersprachlichem Zusammenhang, in dem eine Äußerung vorkommt. Der linguistische Ausdruck *Kotext* meint im Vergleich dazu nur den textinternen Kontext, der einer Textstelle vorausgeht oder folgt. Er ist das Pendant zum Situationsbegriff mit dem textexternen Kontext. ∎

---

1. Unterscheiden Sie die Faktoren Raum und Ort. Inwiefern unterscheidet sich der virtuelle Sozialraum im Internet vom realen Sozialraum der Face-to-Face-Kommunikation?

2. Zwischen dem konkreten Individuum und der abstrakten Gesellschaft spielt die soziale Gruppe als Zwischeninstanz eine besondere Rolle. Erläutern Sie die gegenseitigen Einflüsse und sprachlich-kommunikativen Wechselwirkungen zwischen Individuen und sozialer Gruppe sowie zwischen Gruppen und der Gesellschaft als Ganzes.

3. In der Varietätenlinguistik wird bezweifelt, dass Jugendsprache eine eigene Varietät darstellt. Erläutern Sie die Begründung.

4. Wie sind kommunikative Unterschiede zwischen Frauen und Männer zu deuten, damit der Terminus *Genderlekt* gerechtfertigt ist?

5. Erklären Sie verschiedene sprachliche Erscheinungsformen, indem Sie diese gedanklich in das Innere des Varietäten-Auges projizieren, um diese Erscheinungsformen anschließend von innen nach außen über die Analyse der innersprachlichen Merkmale und linguistischen Ebenen sowie über einschlägige außersprachliche Merkmale genauer zu beschreiben. Beginnen Sie mit den folgenden Beispielen: Vorlesung eines Professors, wissenschaftlicher Fachaufsatz, Face-to-Face-Kommunikation auf dem Schulhof, WhatsApp-Gruppe einer Schulklasse, Strafzettel, Informationsbroschüre zur Erstellung der Einkommensteuererklärung, Anleitungsvideo im Internet zum Streichen von Heizkörpern, Mundartgedicht, Roman des 21. Jahrhunderts.

Kommentierte Literatur

Dürscheid, Christa (2016a): Nähe, Distanz und neue Medien. In: Feilke, Helmuth/Hennig, Mathilde (Hg.): Zur Karriere von Nähe und Distanz. Rezeption und Diskussion des Koch-Oesterreicher-Modells. Berlin: de Gruyter, S. 363–391. Ein Grundsatzaufsatz zur Medialitätsproblematik in neuen Medien.

Neuland, Eva (2008): Jugendsprache. Eine Einführung. Tübingen: A. Francke. Gut verständliche und vielfältige Forschungen berücksichtigende Einführung.

Klann-Delius, Gisela (2005): Sprache und Geschlecht. Eine Einführung. Stuttgart/Weimar: Metzler. Linguistisch fundierte Grundlagendarstellung unter zusätzlicher Berücksichtigung der nicht germanistischen Forschungsliteratur.

Schmitz, Ulrich (2015): Einführung in die Medienlinguistik. Darmstadt: Wissenschaftliche Buchgesellschaft. Prägnante Übersicht über die Vielfältigkeit neue Medien.

Thaler, Verena (2007): Mündlichkeit, Schriftlichkeit, Synchronizität. Eine Analyse alter und neuer Konzepte zur Klassifikation neuer Kommunikationsformen. In: Zeitschrift für germanistische Linguistik 35/2007, S. 146–181. Der Aufsatz stellt das Nähe-Distanz-Modell von Koch/Österreicher 1985 zur Beschreibung neuer computergestützter Kommunikationsformate der aus der Forschung zur computergestützten Gruppenarbeit stammenden Theorie der Mediensynchronizität gegenüber.

VI. Sprachliche Ordnung in der Heterogenität

Überblick

Nachdem in Kapitel IV die innersprachlichen Merkmale und in Kapitel V die außersprachlichen Merkmale an vielfältigen Beispielen dargelegt und am Ende des vorherigen Kapitels in dem „Varietäten-Auge" illustriert wurden, geht es in diesem abschließenden Kapitel um die Exemplifizierung und Zusammenführung in Bezug auf die Leitfrage des Buches: Wie kann eine zu analysierende Sprachgebrauchsform (= sprachliche Erscheinungsform wie Text, Gespräch oder multimediale Einheit) im Fokus der linguistischen Ebenen durch die vier Dimensionen des Varietätenmodells analysiert werden, um die sprachliche Erscheinungsform im Hinblick auf die Wechselwirkung zu den außersprachlichen Merkmalen zu interpretieren? Im letzten Kapitel wird diese grundsätzliche Frage noch präzisert: Wie ist die sprachliche Vielfalt mit Hilfe der gängigen varietätenlinguistischen Fachausdrücke begriffssystematisch zu erklären? Dazu werden die weit verbreiteten Ausdrücke *Standardsprache*, *Alltagssprache*, *Gemeinsprache* usw. voneinander abgegrenzt, aber auch randunscharfe Kategorisierungen wie *Jugendsprache*, *Pressesprache* oder *Mediensprache* präzisert. Die Erklärungskraft des Vier-Dimensionen-Modells soll an solchen vagen Ausdrücken verdeutlicht werden.

1. Bedingungen für das Festsetzen einer Varietät

Die vier Dimensionen des Modells (Ausdruckssystem, Inhaltssystem, Medialität, historische Zeitstufe) und ihre jeweiligen Komponenten haben einen unterschiedlichen Stellenwert, wenn es um die Frage geht, wie erklärungsmächtig die jeweiligen Komponenten (im Hinblick auf die Varietätencharakterisierung) bei der Festsetzung einer Varietät sind. Die Erklärungskraft ist implizit schon im Bezeichnungsmuster der Varietäten angelegt. Die folgende Tabelle ruft dies in Erinnerung:

Bezeichnungs-muster:	Attribut 1	Attribut 2	Substantiv	Attribut 3 (postnominal)
Beispiel für Varietätennamen:	Gesprochene	dialektale	Fachsprache (im Bereich X)	des Neuhochdeutschen
Bezug zum Vier-Dimensionen-Modell:	3. Dimension: Medialitätstyp	1. Dimension: Ausdrucksreichweite	2. Dimension: Funktionsreichweite, Semantiktyp	4. Dimension: Historische Zeitstufe

Tabelle: Muster der Varietäten-Benennung

In dem folgenden Varietätennamen ist erkennbar, dass in dieser Mehr-wortverbindung (Syntagma) *Gesprochene dialektale Fachsprache (der Elek-troinstallation) des Neuhochdeutschen* dem Substantiv *Fachsprache* ein beson-derer Stellenwert zukommt. Und in der Tat haben die möglichen Komponen-ten dieser Dimension – nämlich *Alltagssemantik, Vermittlungssemantik, Fach-/ Spezialsemantik* – das Potential, eine hinreichende Bedingung für das Ansetzen der möglichen Varietäten *Alltagssprache, Vermittlungssprache, Fachsprache* darzustellen, wie die Analyse der Funktionsreichweite des Inhaltssystems und die Begrenzung der Semantiktypen gezeigt hat (vgl. Kapitel IV). Da diese Di-mension allerdings nur die inhaltsseitige bzw. semantische Reichweite spezifi-ziert, haben wir es mit einer unterspezifizierten Varietätenbezeichnung zu tun (die Ausdrucksseite mit entweder hoher, mittlerer oder kurzer Reichweite bleibt unberücksichtigt).

Entsprechendes gilt für die drei Komponenten *Dialekt, Regiolekt, Stan-dardlekt* des Ausdruckssystems in dem Platzhalter vor dem Substantiv (also Attribut 2 in unserem Bezeichnungsmuster), was schon daran zu erkennen ist, dass in den Bezeichnungen dieser Komponenten jeweils das Grundwort *Lekt* im Sinne von ›Teilsprache‹ vorkommt. Auch die Komponenten dieser Dimen-sion haben das Potential, eine hinreichende Bedingung beim Bestimmen einer Varietät darzustellen. Da diese Dimension allerdings nur die ausdrucksseitige, areale (und gegebenenfalls gruppenhafte) Reichweite spezifiziert, haben wir es wieder mit einer unterspezifizierten Varietätenbezeichnung zu tun (in diesem Fall bleibt die semantische Spezifizierung und Funktionsreichweite uner-wähnt).

Etwas anders verhält es sich bei der dritten Dimension, der Medialität mit den Komponenten *geschrieben, gesprochen, multimedial*. Natürlich muss zur Charakterisierung einer Varietät auch eine Komponente dieser Dimension be-stimmt werden, der Status dieser Komponenten ist aber kein hinreichender. Das heißt: Es gibt nicht die gesprochene oder die geschriebene Sprache im Sinne einer Varietät. Wir haben daher weder gesprochene Sprache noch ge-schriebene Sprache als eigene Varietät definiert, sondern nur als eine Realisie-rungsform einer Varietätendimension. Die Realisierungsform gibt aber nicht den Hauptausschlag bei der Charakterisierung des Subsystems. Die jeweilige Realisierungsform ist sekundär im Vergleich zu den Primärphänomenen der ersten beiden Dimensionen, nämlich dem Ausdruckssystem und dem Inhalts-system.

Gleiches gilt für die grobkörnigen Komponenten der vierten Dimension, der historischen Zeitstufe mit den Komponenten *Althochdeutsch, Mittelhoch-deutsch, Frühneuhochdeutsch, (Spät-)Neuhochdeutsch*. Es muss zwar eine Ein-ordnung im Rahmen dieser Varietätendimension stattfinden, aber auch ihr Status ist nicht hinreichend. Das heißt: Eine Einordnung in eine Zeitstufe mit gegebenenfalls noch differenzierterer Datierung ist notwendig, gibt aber nicht einen – das Subsystem charakterisierenden – Ausschlag (es gibt beispielsweise nicht die mittelhochdeutsche Sprache im Sinne einer Varietät). Wir bezeichnen weder eine Zeitstufe noch ein einzelnes Jahrhundert noch andere beliebige Zeitabschnitte als eine Varietät.

Der Status der einzelnen Komponenten im Vier-Dimensionen-Modell unterscheidet sich offensichtlich und lässt sich wie folgt zusammenfassen, wenn wir die Frage beantworten wollen, welche notwendigen und welche hinreichenden Bedingungen für das Ansetzen einer Varietät gegeben sein müssen: Als notwendige Bedingung wird eine Bedingung bezeichnet, die keinen Ersatz zulässt (conditio sine qua non) und deren Erfordernis unabkömmlich ist (hier die zwingende Auswahl mindestens einer Komponente im Rahmen der vier Dimensionen). Als hinreichende Bedingung (conditio per quam) versteht man im Allgemeinen eine Bedingung, die für den Eintritt einer Sache oder eines Sachverhalts genügt. In diesem Sinne *hinreichend* sind die Komponenten der ersten beiden Dimensionen, weil ihre Komponenten das einzuordnende Phänomen im Sinne einer Varietätenzuordnung charakterisieren. Für die dritte und vierte Dimension gilt dies nicht, hier sprechen wir stattdessen von Markierung.

	1. Dimension: Ausdruckssystem	2. Dimension: Inhaltssystem	3. Dimension: Medialität	4. Dimension: Zeitstufen
Status: notwendig	+	+	+	+
Status: hinreichend	+	+	–	–

Wir halten fest: Die erste Dimension (Ausdrucksreichweite) und die zweite Dimension (Semantik bzw. Funktionsreichweite) sind notwendig und hinreichend für die Vergabe eines eigenen bzw. spezifischen Varietätenstatus. Im Gegensatz dazu ist die Bestimmung einer Varietät auf der alleinigen Basis der dritten Dimension, der Medialität, nicht gegeben. Daher ist eine Medialitätskomponente zwar notwendig, nicht aber hinreichend für das Anberaumen einer spezifischen Varietät. Sie stellt neben der ersten Dimension (Ausdrucksform) und der zweiten Dimension (Inhaltssystem) sowie der vierten Dimension (historische Zeitstufe) nur ein Beschreibungs- und Strukturierungskriterium dar. Analoges gilt für die vierte Dimension.

2. Mehrwert des Modells und Präzisierungen

Im Folgenden werden wir Ausdrücke im Rahmen des Vier-Dimensionen-Modells präzisieren, die sich in der Fachdiskussion als problematisch herausgestellt haben. Wir beginnen mit den Wörtern *Standardsprache – Alltagsspra-*

che – Gemeinsprache. Sie werden zum Teil als sinn- und sachverwandt wahrgenommen oder in einer Weise gebraucht, die große semantische Überlappungen aufweisen, während gleichzeitig die charakterisierenden Unterschiede verschwimmen oder nur schwer explizierbar sind.

Die Präzisierung erfolgt mit Hilfe eines resümierenden Schaubilds.

Abb. 16: Die einzelnen Komponenten der vier Dimensionen

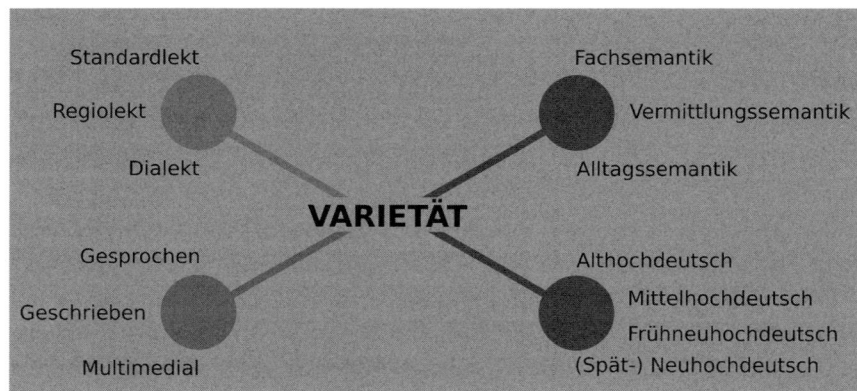

Vier Dimensionen zur Bestimmung einer Varietät

Standardlekt
Regiolekt
Dialekt

Fachsemantik
Vermittlungssemantik
Alltagssemantik

VARIETÄT

Gesprochen
Geschrieben
Multimedial

Althochdeutsch
Mittelhochdeutsch
Frühneuhochdeutsch
(Spät-) Neuhochdeutsch

Standardlekt + X

Beginnen wir mit dem Fachausdruck *Standardsprache.* Er ist im Vier-Dimensionen-Modell als die Kopplung des hochreichweitigen Standardlekts (SL) mit einer der drei Komponenten des Inhaltssystems (Semantiktyp) zu beschreiben: Standardlekt ist also kombinierbar mit

- der Alltagssemantik – wir hatten das Beispiel des privaten und inoffiziellen Small-Talks in Hannover als Exempel für Standardsprechsprache oder die schriftliche Nachricht auf dem Küchentisch „Essen zum Aufwärmen ist im Kühlschrank" für geschriebene standardlektale Alltagssprache;
- der Vermittlungssemantik – als prototypische Beispiele dienten ein Vortrag (in standardnaher Aussprache) zur medizinischen Heilkraft von Kräutern (der an kein spezifisches Fachpublikum gerichtet ist) und einer entsprechenden Informationsbroschüre;
- der Fachsemantik – exemplifiziert durch einen wissenschaftlichen Fachvortrag (ohne regiolektale Färbung in der Aussprache) und durch einen Fachaufsatz.

Wir können also *Standardsprache* in drei verschiedenen Ausprägungen definieren – und zwar durch die Kopplung der ersten beiden Dimensionen (als hinreichende Bedingung für Varietäten). Man kann aber auch umgekehrt formulieren: *Standardsprache* ist eine semantisch unterspezifizierte Varietätenbezeichnung oder Varietätenbenennung, weil die semantische Funktions-Varietätendimension unerwähnt bleibt. Die dritte und vierte Dimension kommen notwendig dazu, ohne dass die Komponenten dieser Dimensionen den Gesamtstatus verändern könnten:

Standardsprache = Kopplung aus Standardlekt + Alltagssemantik
Standardsprache = Kopplung aus Standardlekt + Vermittlungssemantik
Standardsprache = Kopplung aus Standardlekt + Fachsemantik

Im ersten Fall führt also die Anwendung des präziseren Vier-Dimensionen-Modells zu einer Benennung wie „gesprochene standardlektale Alltagssprache des Neuhochdeutschen", wenn es sich um ein Gespräch in der heutigen Zeit handelt.

Alltagssprache ist im Unterschied zum Fachwort *Standardsprache* durch die Semantik geprägt und kann entsprechend (prototypisch betrachtet und den Gedanken der Kontinua nur implizierend) in drei arealen Reichweiten realisiert werden. *Alltagssprache* ist also charakterisiert durch die Alltagssemantik in Kombination mit einer Komponente der ausdrucksseitig bestimmbaren Reichweiten-Varietätendimension wie

Y + Alltagssemantik

- Dialekt: beispielsweise ein im Dialekt geführtes Gespräch über fachunspezifische Angelegenheiten des Alltags oder eine im Dialekt verfasste Zeitungsglosse über alltägliche Kuriositäten („dem Volk aufs Maul geschaut");
- Regiolekt: z.B. ein im Regiolekt realisiertes Alltagsgespräch (also mittelreichweitiges Ausdruckssystem), bei dem die großräumige Zuordnung möglich ist, aber eine basisdialektale Realisierung fehlt;
- Standardlekt - z.B. ein ohne regiolektale Färbung geführtes Alltagsgespräch oder entsprechende Texte.

Alltagssprache kann sich in drei verschiedenen Ausprägungen manifestieren - und zwar durch die Kopplung der ersten beiden Dimensionen (als hinreichende Bedingung für Varietäten). Man kann aber auch hier wieder umgekehrt formulieren: *Alltagssprache* ist eine ausdrucksseitig unterspezifizierte Varietätenbenennung oder Varietätenbezeichnung, weil die kommunikative Reichweite der ersten Dimension (Reichweiten-Varietätendimension) unberücksichtigt bleibt. Die dritte und vierte Dimension kommen wiederum notwendig dazu, ohne dass die Komponenten dieser Dimensionen den Gesamtstatus verändern könnten:

Alltagssprache = Kopplung aus Standardlekt + Alltagssemantik
Alltagssprache = Kopplung aus Regiolekt + Alltagssemantik
Alltagssprache = Kopplung aus Dialekt + Alltagssemantik

Gemeinsprache =
SL + AS

Kommen wir nun zum Ausdruck *Gemeinsprache* und präzisieren diesen im Vier-Dimensionen-Modell über die Beschränkung. Wie das Wort *gemein* (im Sinne von 〉auf die Allgemeinheit bezogen〈) in *Gemeinsprache* andeutet, sollte die Beschränkung möglichst geringfügig ausfallen. Also kombinieren wir aus dem Ausdruckssystem den hochreichweitigen Standardlekt mit der Alltagssemantik im Inhaltssystem, da diese keinen (bzw. einen sehr geringen) Fachlichkeitsgrad aufweist. *Gemeinsprache* wird hier also aus einer spezifischen Kopplung der ersten beiden Dimensionen definiert.

Gemeinsprache = Kopplung aus Standardlekt + Alltagssemantik

Die notwendigen Bedingungen der Medialität (3. Dimension) und der historischen Zeitstufe (4. Dimension) kommen hinzu, können aber mit ihren Komponenten die Charakteristik der Gemeinsprache nicht grundlegend verändern. Es spielt also für das Festlegen der Varietät keine Rolle, ob Gemeinsprache geschrieben, gesprochen oder multimedial realisiert wird und wie sie zeitlich verortet ist. Die dritte und vierte Dimension stellen keine hinreichende Bedingung bei der Varietätencharakterisierung dar. Dieser Gesichtspunkt gilt natürlich auch für die soeben getroffenen Aussagen zur Standard- und Alltagssprache. Die präzisere Benennung der Gemeinsprache in heutiger Zeit auf der Grundlage des Vier-Dimensionen-Modells lautet also „geschriebene/gesprochene standardlektale Alltagssprache des Neuhochdeutschen".

„Als einschlägiges, viel besprochenes Beispiel [für Wörter der Gemeinsprache, die fachsprachlich ausgestaltet sind/Anm. E.F.] ließe sich hier der Unterschied zwischen *Eigentum* (der voll umfassende Eigentümer von unbeweglichen und beweglichen Sachen/Habe, einschließlich Besitz-, Verfügungs- und Nutzungsrecht) und *Besitz* (tatsächlich in Gewahr einer Sache, auch wenn man nicht der Eigentümer ist) in der Gemeinsprache und der fachsprachlichen Ausdifferenzierung anführen. Im [rechtlichen/Anm. E.F.] Fachsprachengebrauch sind *Eigentum* und *Besitz* strikt zu trennen." (Luth 2015: 50)

Genauigkeit der
Termini

Der Terminus *Gemeinsprache* ist im Vergleich zu *Standardsprache* und *Alltagssprache* insofern wesentlich präziser, als sowohl aus der Dimension des Ausdruckssystems als auch aus der Dimension des Inhaltssystems ausschließlich eine einzelne Komponente kombiniert wird (nämlich Standardlekt mit Alltagssemantik). Beim Ausdruck *Standardsprache* hatten wir dahingegen eine Unterspezifizierung im Hinblick auf den Semantiktyp (im Inhaltssystem sind drei Semantiktypen kombinierbar) und beim Ausdruck *Alltagssprache* eine Unterspezifizierung hinsichtlich der kommunikativen Reichweite des Ausdruckssystems diagnostiziert (hier sind drei verschiedene Lekte – Dia-/Regio-/Standardlekt – verknüpfbar).

Fachsprache als Antonym zu *Alltagssprache* ist durch die Begrenztheit im Inhaltssystem, also in der Fach- und Spezialsemantik gekennzeichnet. Die Fach- und Spezialsemantik kann also ausdrucksseitig gekoppelt werden mit

Y + Fachsemantik

- Standardlekt (dann sprechen wir von standardlektaler Fachsprache),
- Regiolekt (= regiolektale Fachsprache),
- Dialekt (= dialektale Fachsprache).

Fachsprache wird mündlich, schriftlich oder multimedial realisiert (3. Dimension). Im Hinblick auf die vierte Dimension, die sprachgeschichtliche Perspektive, entstehen im Deutschen (erst in der Frühen Neuzeit) mit der Ablösung des Lateinischen als lingua franca der Wissenschaft sukzessive Publikationen in deutscher Sprache. Insofern beginnt aus heutiger Sicht die Forschungsaktivität in Bezug auf die deutsche Sprache als Fach- oder Vermittlungssprache erst in diesem Zeitabschnitt. „Die heutige gültige Standard- oder Einheitssprache [...] ist ihrer Entstehung nach eine gelehrte Schriftsprache, die nach der Intention der Schöpfer – es waren Literaten und Grammatiker – für literarische Zwecke und für Gegenstände höherer Natur bestimmt waren." (Löffler ⁵2016: 80)

Funktiolekt ist synonym zu *Fachsprache* zu sehen. *Funktiolekt* ist eine Bezeichnung, die im Rahmen der zweiten Dimension (dem Inhaltssystem) auf die Fachsemantik verweist. Der Ausdruck wird also durch die zweite Dimension (die fachsemantische Funktions-Varietätendimension) charakterisiert, er ist jedoch ausdrucksseitig unterspezifiziert, weil nichts über die kommunikative Reichweite des Ausdruckssystems gesagt wird. Deshalb ist die Bezeichnung *Funktiolekt* als Analogon zur Komponente *Fachsemantik* zu koppeln mit

Funktiolekt – Fachsprache

- Standardlekt (dann sprechen wir von standardlektalem Funktiolekt oder Standardfachsprache),
- Regiolekt (= regiolektaler Funktiolekt bzw. regiolektale Fachsprache),
- Dialekt (= dialektaler Funktiolekt bzw. dialektale Fachsprache).

Funktiolekt ist also ein Synonym zu *Fachsprache*. *Funktiolekt* ist eine ausdrucksseitig unterspezifizierte Varietätenbezeichnung, weil die Reichweiten-Varietätendimension nicht ausgewiesen ist. Im Vergleich dazu ist *Regiolekt* eine semantisch unterspezifizierte Varietätenbenennung, weil die semantische Funktions-Varietätendimension unerwähnt bleibt. In Anbetracht dessen kann man *Funktiolekt* auch wie folgt definieren:

Funktiolekt =
Kopplung aus Dialekt, Regiolekt oder Standardlekt + Fachsemantik

Im Bezeichnungsschema des Vier-Dimensionen-Modells wird statt *Funktiolekt* der Ausdruck *Fachsprache* verwendet: „Geschriebene/gesprochene standardlektale Fachsprache des Neuhochdeutschen" bezeichnet also das oben genannte erste Beispiel vollständig in allen vier Dimensionen.

Soziolekt

Bleibt noch die Erörterung der Soziolekte. Der Terminus *Soziolekt* wird in der ersten Dimension, dem Ausdruckssystem, markiert (vgl. Kapitel IV). Dort haben wir zwei Subdimensionen benannt – und zwar die sozialräumliche (= areale und gesellschaftliche) und die sozietäre (= gruppenhafte).

Die erste Subdimension des Ausdruckssystems – also die sozialräumliche – ist ausschließlich über areale in Kombination mit gesellschaftlichen bzw. (staats-)bürgerlichen Kriterien definiert (z. B. das Verständnis als Alemanne oder als Süddeutscher). Die zweite Subdimension des Ausdruckssystems ist die gruppenbezogene oder gruppenhafte (sozietäre) Subdimension. Ihr Geltungsbereich kann beschrieben werden als das Zugehörigkeitsverständnis zu einer sozialen Gruppe wie Jugendliche oder Rentner. Diese Markierung des Sozialen oder – wie gerade beim Funktiolekt gesehen – des Fachlich-Funktionalen (z. B. einer Berufsgruppe zugehörig) kann also flankierend zu den drei sozialräumlichen Kategorien *Dialekt – Regiolekt – Standardlekt* hinzukommen. Man spricht dann von einem sozial (z. B. jugendsprachlichen) oder funktional/fachlich (z. B. berufsbedingten) markierten Ausdruckssystem des Dialekts, Regiolekts oder Standardlekts.

Soziolekt = Dialekt oder Regiolekt oder Standardlekt plus sozietäre (gruppenhafte) Komponente gekoppelt mit Alltagssemantik oder Vermittlungssemantik oder Fach-/Spezialsemantik

Am Beispiel des Soziolekts kann daran erinnert werden, dass die beiden Subdimensionen der kommunikativen Reichweite des Ausdruckssystems – nämlich sozialräumlich und gruppenhaft – die Verflechtung von Raum- und Sozialstruktur transparent machen. Oder anders formuliert: Sozialstruktur und Raumstruktur greifen ineinander, sie sind verwoben. *Raum* wird hier also als soziale und als areale Größe aufgefasst. Somit wird gleichsam evident, dass Sprache in Gesellschaft eingebettet ist, dass sprachliches Handeln und gesellschaftliches Handeln ineinander verwoben sind und dass Sprachwissenschaft aufgrund dessen über gesellschaftspolitische Implikationen verfügt. Es existiert eine Wechselwirkung (Korrelation) zwischen der Vielfältigkeit der Gesellschaft und der Vielfalt sprachlicher Verwendungsweisen.

Status Jugendsprache

Wir haben in Kapitel V schon die Streitfrage erwähnt, ob Jugendsprache der Status einer Varietät zugesprochen werden kann (Schlobinski/Kohl/Ludewigt 1993, Androutsopoulos 1998: 585). Löffler spricht vom „Varietätenbündel Jugendsprache" (Löffler 52016: 119), Androutsopoulos tituliert die nicht regiolektal eingefärbten Gemeinsamkeiten jugendsprachlich etikettierter Merkmale als „sekundäre Varietät".

„Jugendsprache ist eine sekundäre Varietät, die in der sekundären Sozialisation erworben, in der alltäglichen informellen Kommunikation im sozialen Alter der Jugend habituell verwendet und als solche identifiziert
wird. Sie wird auf Basis einer areal und sozial verschiedenen Primärvarie-
tät realisiert und besteht aus einer Konfiguration aus morphosyntaktischen, lexikalischen und pragmatischen Merkmalen, deren Kompetenz,
Verwendungshäufigkeit und spezifische Ausprägung nach der soziokulturellen Orientierung der SprecherInnen variiert." (Androutsopoulos
1998: 592)

Gemäß dem Vier-Dimensionen-Modell muss eine sprachliche Erscheinungsform, die als jugendsprachliches Exempel hinsichtlich des Varietätenstatus zu überprüfen ist, folgende Eigenschaften erfüllen: Zunächst ist für
eine solche Erscheinungsform eine der drei Komponenten des Ausdruckssystems (Dialekt, Regiolekt, Standardlekt) zu klassifizieren. Darüber hinaus ist
zu prüfen, ob diese Erscheinungsform im Hinblick auf die Ausdrucksweise
zusätzlich noch gruppenhafte Merkmale aufweist. Dann hätten wir es mit
einem sozial (z. B. jugendsprachlichen) markierten Ausdruckssystem des Dialekts, Regiolekts oder Standardlekts zu tun, und für die soziale Markierung
würden wir dominant den sozialen Faktor ‚age' als Erklärungsfaktor für Spezifika des Sprachgebrauchs anführen. In Bezug auf die Inhaltsseite, also den
Semantiktyp, kommen alle drei Komponenten als zu koppelnde Semantik in
Betracht: Alltagssemantik (z. B. Gespräche über Freizeitgestaltung oder ein
auf „jugendlich cool" gemachter Werbespot), Vermittlungssemantik (z. B. eine
an 16-Jährige adressierte Info-Broschüre des Handwerks zur Vorstellung von
Gewerken zwecks Anwerbung von Lehrlingen), Fach-/Spezialsemantik (z. B.
Gamer-Semantik). Solche jugendsprachlichen Erscheinungsformen können
darüber hinaus mündlich, schriftlich oder multimedial realisiert werden. Aus
all dem ergibt sich: Jugendsprache ist keine „eigene" Varietät, sondern stellt
eine spezifisch soziale Markierung einer über andere Faktoren (Ausdruckssystem, Inhaltssystem, Medialität, historische Zeitstufe) konstruierten Varietät dar.

Konsequenterweise beantworten wir die Frage, ob Frauen und Männer   **Genderlekt?**
zwei verschiedene Sprachen sprechen oder – varietätenlinguistischer formuliert – ob es einen Genderlekt im Sinne einer Varietät gibt, wie folgt: Eine zu
analysierende Erscheinungsform, deren Sprachgebrauch im Wesentlichen
durch den sozialen Faktor ‚gender' verursacht zu sein scheint, gilt es zunächst
durch eine der drei basalen Komponenten des Ausdruckssystems (Dialekt,
Regiolekt, Standardlekt) einzuteilen. Darüber hinaus ist zu prüfen, ob diese
Erscheinungsform im Hinblick auf die Ausdrucksweise zusätzlich noch in signifikanter Weise Merkmale aufweist, die überzufällig mit dem Geschlecht
korrelieren (also in erklärender Wechselwirkung stehen). In einem solchen

Fall, dass wir also Gender als dominanten Erklärungsfaktor für die Spezifika des Sprachgebrauchs interpretieren, haben wir es mit einer sozial markierten Varietät zu tun. Das heißt: Die über die Faktoren Ausdruckssystem, Inhaltssystem, Medialität und historische Zeitstufe konstruierte Varietät zeichnet sich im Vergleich zu anderen Varietäten durch eine ‚gender'-Einfärbung aus. Wie Klann-Delius (2005) darlegt, sind diese Spezifika nicht grundständig varietäten-bildend, sondern varietäten-einfärbend: Denn es ist „von unterschiedlichen Gebrauchsweisen des Sprachsystems bzw. von Sprachregistern die Rede" oder von sprachstrukturellen „geschlechtsspezifischen Asymmetrien" (Klann-Delius 2005: 19). Damit wird dem Faktor ‚gender' eine wichtige Rolle in der Analyse von Interaktionen zugeschrieben, wenngleich auch nicht von einer eigenen Varietät der Frauensprache oder Männersprache ausgegangen wird. Die gesellschaftspolitische Relevanz dieser Forschungsrichtung wird durch die varietätenlinguistische Sichtweise nicht geschmälert.

Unspezifische Ausdrücke

Umgangssprache?

Einige verbreitete Ausdrücke werden hier nicht verwendet, weil sie eher verwirren, als etwas erklären: Das Wort *Umgangssprache* ist außerhalb der Sprachwissenschaft leicht verstehbar und stellt kein Problem dar, weil es etwas unspezifisch auf alltägliche nicht offizielle Sprachgebrauchsformen verweist. In der Sprachwissenschaft mit varietätenlinguistischem Beschreibungsinteresse müssen wir allerdings feststellen, dass der Ausdruck *Umgangssprache* eine undefinierbare Mischung aus arealen (da vorzugsweise regionalen), sozialen (dort vorwiegend gruppenspezifischen bzw. substandardlichen) und medialen (hier meist mündlichen) Gesichtspunkten vermengt, ohne dass er eine Ordnung stiften kann (so auch Schmidt 2005: 64).

Mediolekt –
Situolekt?

Die verbreiteten Ausdrücke *Mediolekt* (Löffler [5]2016: 82) und *Situolekt* oder *situationale Varietäten* (Löffler [5]2016: 80) werden hier ebenfalls nicht berücksichtigt. *Situolekt* wird hier nicht als hilfreich eingeschätzt, weil jede sprachliche Erscheinungsform in Situationen eingebettet ist, die im Rahmen der außersprachlichen Merkmale berücksichtigt wird, die aber nicht den Stellenwert einer varietäten-charakterisierenden Systemhaftigkeit in sich birgt bzw. deren Typik schon präziser in der zweiten Dimension des Inhaltssystems (Alltags-, Vermittlungs-, Fachsemantik) erfasst wird. Aus diesem Grund wird auch der Terminus *diaphasisch* nicht als weiterführend erachtet. Der Ausdruck *Mediolekt* hat ein ähnliches Problem: Gesprochene und geschriebene Sprache besitzen nicht den Status, eine Varietät zu begründen. Von daher hilft der Terminus *Mediolekt* nicht weiter. *Mediolekt* verweist darüber hinaus auch auf geschriebene Pressesprache (Massenmedien) oder gesprochene Rundfunksprache (Radio, Fernsehen). Diese beiden Erscheinungsformen können im Vier-Dimensionen-Modell wie folgt erklärt werden:

(a) Schriftliche Pressesprache ist eine Kopplung aus Standardlekt und Vermittlungssemantik (z. B. in sog. seriösen überregionalen Zeitungen) oder Alltagssemantik (z. B. im Boulevardjournalismus). Die Vermittlungssemantik lässt sich im Geiste der horizontalen Gliederung noch präzisieren: Es ist zum einen der Kommunikationsbereich der Institutionen betroffen. Wie ist dies zu begründen? Institutionen sind öffentliche Einrichtungen (nicht nur staatliche oder kirchliche), die dem Wohl oder Nutzen des Einzelnen oder der Allgemeinheit dienen können, auch wenn die Aktivitäten von Institutionen wie Medien in gesamtökonomische Prozesse eingebunden sind und mit Gewinnstreben verbunden sein können. Zum anderen sind je nach Zeitungsinhalt die Kommunikationsbereiche der Technik/angewandten Wissenschaften, des spezialisierten Freizeitbereichs, der Wissenschaften, Literatur und Kunst, Religionen und Weltanschauungen sowie auch des Alltags relevant. Entscheidend bei den Kommunikationsbereichen im Kontext der Presse ist der Umstand, dass wir es in der Regel mit Vermittlungssemantik zu tun haben. Fachliche Publikationsorgane für Experten verwenden natürlich Fachsprache und bewegen sich in Bezug auf die Charakterisierung des Kommunikationsbereichs in der Fach- oder Spezialsemantik, während sich zum Beispiel humorvolle Kolumnen über das Leben der Alltagssemantik bedienen.

Schriftsprache in Medien

(b) Mündliche Radio- oder Fernsehformate sind ohne Problem über ein hoch- bzw. mittelreichweitiges Ausdruckssystem (also Standardlekt oder Regiolekt) zu charakterisieren. Starke Dialektausprägungen werden wegen der dadurch entstehenden Begrenzung in der Zuhörerschaft meist vermieden, abgesehen von sehr lokal agierenden Sendern. In Bezug auf die Semantik haben wir es zum einen mit Alltagssemantik zu tun (z. B. eine Familiensendung) oder mit Vermittlungssemantik, wenn es im Speziellen um die Verbreitung von Wissen und Information zwecks Unterrichtung des Publikums geht. Bei der Vermittlungssemantik greift dann wieder die horizontale Gliederung, die wir gerade erwähnt haben – also die Kommunikationsbereiche der Technik/angewandten Wissenschaften, des spezialisierten Freizeitbereichs, der Wissenschaften, Literatur und Kunst, Religionen und Weltanschauungen.

Sprechsprache in Medien

Terminologische Klärungen und Begriffssystematik

Die Verwendung diverser teilsynonymer Ausdrücke wie *(Teil)-Sprache*, *Subsystem*, *Lekt* und *Varietät* macht es erforderlich, terminologische Ordnung zu stiften. Der Ausdruck *Sprache* lässt sich aus varietätenlinguistischer Sicht in zwei Teile unterteilen:

Teil-/Sub-Sprachen

-   Gesamtsprache
-   Teilsprache (= Subsprache)

Hierbei haben wir es auch mit vorwissenschaftlichen Bezeichnungen zu tun. Dies ist in unserem Fall von Vorteil, weil die Sprecher des Deutschen sehr wohl ein Gefühl für Untergliederungen ihrer Sprache während ihrer Sprachsozialisation entwickelt haben. Die Varietätenlinguistik sollte ihre Ausführungen auf einer Grundlage beginnen, auf der sprachliches Allgemeinwissen (ob im Detail richtig oder falsch, sei erst einmal dahingestellt) berücksichtigt und thematisiert wird. Aus varietätenlinguistischer Sicht ist gegen die vagen und alltagsweltlichen Ausdrücke *Gesamtsprache* und *Teil-/Subsprache* nichts einzuwenden. Sie sind für alle alltagsweltlich verstehbar und können fachsprachlich bzw. varietätenlinguistisch präzisiert werden (analog zu unserem Beispiel des Fachausdrucks *anbluten* aus dem Textilbereich, dessen Bedeutung alltagsweltlich mit ›Farbe wäscht sich aus‹ umschrieben werden kann, während Fachexperten im Textilwesen mit der gleichen Ausdruckshülle als Fachterminus genaue Vorstellungen von Verfahren und Messungen bei Farbechtheitsprüfungen verbinden).

Lekt – ein Subsystem Die Sprachwissenschaft muss sich vor diesem Hintergrund um weitere Präzisierung bemühen. Der Ausdruck *Lekt* als fremdsprachliches Wort legt schon nahe, dass sich hinter ihm eine genauere Vorstellung verbirgt, auch wenn er prima facie synonym zu *(Teil-)Sprache* erscheint. Wir verwenden *Lekt* in fachwissenschaftlichem Sinne also nur dann, wenn auf der Grundlage varietätenlinguistischer Kriterien (z.B. signifikante Merkmalbündel sprachlicher Varianz) eine Interpretation als eigenes Subsystem plausibel ist. Andernfalls – wie z.B. beim Ausdruck *Genderlekt* – explizieren wir, dass wir die Sprachgebrauchsformen, die wesentlich durch den sozialen Faktor ‚gender‘ geprägt zu sein scheinen, zwar im Rahmen der außersprachlichen Faktorenanalyse berücksichtigen, diesen Faktor aber nicht für systembildend halten und von daher nicht von dem Konstrukt des Genderlekts ausgehen. Genau genommen müssen wir auch den Ausdruck in der Varietätenlinguistik vermeiden, weil wir kein entsprechendes Phänomen in der Sprachwirklichkeit dafür finden.

Insofern sind auf der Grundlage des hier gemachten varietätenlinguistischen Beschreibungsmodells *Lekt* und *Varietät* keine Synonyme, weil *Lekt* in den Bezeichnungen *Dialekt, Regiolekt, Standardlekt* nur auf eine einzige Varietätendimension (nämlich das Ausdruckssystem) verweist. *Varietät* im hier verwendeten strikten Sinne verlangt hingegen die Bestimmung durch Komponenten aller vier Dimensionen (Ausdruckssystem, Inhaltssystem, Medialität, historische Zeitstufe). Deswegen haben wir *Dialekt* als einen semantisch unterspezifizierten Varietätennamen klassifiziert, er sagt nichts über den Semantiktyp aus. Gleiches gilt für *Regiolekt* und *Standardlekt*.

Sprachen und Lekte *Sprache* und *Lekt* sind demzufolge auch keine Synonyme, sondern unterscheiden sich geringfügig. *Sprache* im fachwissenschaftlichen Sinne verlangt – wie Varietät auch – eine Bestimmung über die Komponenten aller vier Dimensionen. Dabei spielt es keine Rolle, ob *Sprache* im Sinne von ›Gesamtsprache‹

verwendet wird oder im Sinne von ›Teilsprache‹. Jedes Mal müssen alle vier Dimensionen ausgewiesen sein: Denn auch im Wort *Gesamtsprache* sind die vier Dimensionen angelegt, weil sich die Gesamtsprache aus Teilsprachen und allen immanenten Dimensionen als ihren Bestandteilen zusammensetzt. *Lekt* dahingegen wird – wie bereits erwähnt – auch als Bezeichnung für eine Varietätendimension gebraucht (und zwar für die kommunikative Reichweite des Ausdruckssystems), was zu den semantisch unterspezifizierten Bezeichnungen von *Dialekt, Regiolekt, Standardlekt* führt. Wir fassen also zusammen:

- *Standardsprache* unterscheidet sich von *Standardlekt* nur darin, dass das Wort *Standardlekt* lediglich auf eine Varietätendimension verweist (nämlich das Ausdruckssystem), während *Standardsprache* sich erst in Varietäten – genauer Standardvarietäten – manifestiert.
- *Regionalsprache* unterscheidet sich von *Regiolekt* nur darin, dass der Terminus *Regiolekt* in der Varietätendimension nur eine einzige Komponente der mittleren Reichweite abbildet, während *Regionalsprache* sich in verschiedenen Varietäten – genauer regiolektalen Varietäten – manifestiert.
- Zu *Dialekt* gibt es keine gängige Entsprechung (man müsste sie erfinden wie „Mundartsprache").

Der Unterschied zwischen *Standardsprache, Standardvarietät* und *Standardlekt* ergibt sich sodann wie folgt: *Standardsprache* kommt nur in Form von Standard-Varietäten vor, so wie Regionalsprache nur in regiolektal bestimmten Varietäten vorkommt. Sprache als Abstraktum manifestiert sich also in Varietäten – z.B. in *Standardvarietäten*. Wie alle Varietäten muss von daher auch die Sprache durch die vier Dimensionen charakterisiert sein. Standardlekt betrifft – wie gesagt – nur eine Dimension, nämlich die kommunikative Reichweite des Ausdruckssystems.

Das Adjektiv *standardlektal* wird beispielsweise in der Varietätenbezeichnung „geschriebene standardlektale Alltagssprache" verwendet. Referieren wir auf die gesprochene Standardsprache oder die Standardsprechsprache, so empfiehlt es sich häufig, von *gesprochener standardnaher Alltagssprache* zu sprechen, weil die standarddeutsche Aussprachenorm im strengen Sinne nur von ausgebildeten Sprechern erreicht wird. Das Adjektiv *regiolektal* in *Varietät der gesprochenen regiolektalen Vermittlungssemantik des Neuhochdeutschen* ist präziser als das Adjektiv *regional*, weil es auf die mittelreichweitige Komponente des Ausdruckssystems verweist, nämlich den Regiolekt.

Das Vier-Dimensionen-Modell schafft die Voraussetzungen dafür, bei Varianz in einer der vier Dimensionen nicht gleich von einem Varietätenwechsel sprechen zu müssen (was gegenstandsinadäquat ist), sondern von einer (gegebenenfalls stilistisch markierten) Variante in einer Dimension, die Kommunikationsteilnehmer bei der Wahl eines Registers (Realisierung ihres Idiolekts) bewusst oder unbewusst verwenden. Vereinzelte Auffälligkeiten in sprachlichen Erscheinungsformen, die in besonderem Zusammenhang mit z.B. den sozialen Faktoren ‚gender' oder ‚age' stehen, sind dadurch über die Markierung einer Dimension (hier der ausdrucksseitigen Dimension) erklärbar, ohne dass ein System *Genderlekt* oder *Gerontolekt* angesetzt werden müsste (was in Anbetracht der Vielzahl der sprachlichen Gemeinsamkeiten der hier erwähnten Sprachgebrauchsformen unangemessen wäre). Diesen Gesichtspunkt haben wir schon in Kapitel II betont, als verdeutlich wurde,

> „dass in einer Sprache nicht alles variabel ist, sondern es einen stattlichen invariablen Kern des Systems gibt, und folglich alle Varietäten ein und derselben Sprache einen nicht geringen gemeinsamen Teil (common core) haben." (Berruto 2004: 189)

Wir resümieren die terminologischen Präzisierungen:

- *Teilsprache* ist ein unterspezifizierter Alltagsausdruck mit Randunschärfen. In der Varietätenlinguistik können wir ihn auch verwenden, müssen ihn aber semantisch präzisieren, was durch die vier Dimensionen zur Bestimmung von Varietäten geschieht.
- *Lekt* ist ein präziser geprägtes Fachwort im Sinne von unterspezifizierter ›Teilsprache‹ (weil nur auf eine der ersten beiden Dimensionen referiert wird). Das ist schon in der Wortbildung *Dialekt, Soziolekt, Funktiolekt* usw. zu erkennen, bei deren Definition inner- und außersprachliche Faktoren eine Rolle spielen und bei denen die Systemhaftigkeit der signifikant vorkommenden Sprachvariantenbündel vorliegen muss.
- *Genderlekt, Gerontolekt* sind heuristisch interessante Wörter. Sie unterstellen erst einmal die Systemhaftigkeit einer irgendwie spezifizierten Sprachgebrauchsform – und zwar in Abhängigkeit der sozialen Faktoren ‚gender' und ‚age'. Ob diese Systemhaftigkeit wirklich gegeben ist bzw. nachgewiesen werden kann, wird in der Literatur mitunter bezweifelt (Klann-Delius 2005: 19).
- *Varietät* wird hier als Fachterminus verwendet, der sich durch die Charakterisierung in vier Dimensionen (Ausdrucks-/Inhaltssystem, Medialität, historische Zeitstufe) ausweist.
- *Sprache* ist ein Abstraktum, das in Varietäten konkreter und erfassbarer wird.

3. Reflexion der Varietätenproblematik

Die bisherigen Ausführungen in diesem abschließenden Kapitel haben nochmals eindringlich verdeutlicht, wie sehr Sprachstrukturen und der individuelle Sprachgebrauch von gesellschaftlichen Verhältnissen, Erwartungen und Rahmenvorgaben geprägt sind. Varietätenlinguistik und Soziolinguistik (vgl. die Definitionsunterschiede in der Einleitung) fokussieren regelhafte Zusammenhänge zwischen Sprache und Gesellschaft.

Sprache und Gesellschaft

Erst die Kopplung einer Reichweite der ausdrucksseitig bestimmbaren Reichweiten-Varietätendimension (Dialekt, Regiolekt und Standardlekt) mit einer semantisch bestimmbaren Funktions-Varietätendimension (also mit den Semantiktypen des Alltags, der Vermittlung oder verschiedener Fach-/Spezialsemantiken) und einer Realisierungsart (gesprochen – geschrieben – multimedial) unter Berücksichtigung der historischen Zeitstufe ermöglicht eine vollständige Varietätencharakterisierung. Die ersten beiden Dimensionen (Ausdrucks- und Inhaltssystem) gelten dabei als hinreichend bei der Bestimmung von Varietäten, die dritte Dimension (Medialität) wie auch die vierte Dimension (historische Zeitstufe) kommen notwendigerweise flankierend hinzu. Die varietätenlinguistische Sichtweise des Vier-Dimensionen-Modells ist in der Zusammenstellung spezifisch profiliert und basiert auf den Ergebnissen einer profunden Forschungstradition (exemplarisch sei erwähnt Flydal 1952, Coseriu 1970, 1988, Klein 1974, Nabrings 1981, Steger 1988, Schmidt/Herrgen 2011 und Löffler ⁵2016).

Das Vier-Dimensionen-Modell beansprucht (wie alle Modelle) eine Orientierung angesichts einer komplexen und heterogen erscheinenden Sprachwirklichkeit zu geben. Zur Herstellung eines systematisierenden Zusammenhangs zwischen den erwähnten innersprachlichen Gesichtspunkten und den außersprachlich relevanten Faktoren werden Konstrukte der Erklärung generiert: die Varietäten.

Orientierung durch Modelle

Sprachtheoretisch basiert das Vier-Dimensionen-Modell – wie in der Einleitung skizziert und an diversen Stellen im Buch erwähnt – auf einem Verständnis von Sprache, das das Sprechen und Schreiben von Individuen in Situationen als soziale Praxis versteht und dabei die Rezipienten und ihre Erwartungen als interagierende Akteure der Situationsinterpretation mitbedenkt, da Kontext gemeinsam in der jeweiligen Situation hergestellt wird (Gumperz 1982). Coserius (1970, 1988) Theorie der Sprachtätigkeit (also des Handelns im Sprechen unter Verwendung sprachlicher Zeichen in Anbetracht vielfältiger Situationsfaktoren) ist dafür wegweisend,

Sprachtheoretische Basis

„[…] denn es macht das sprachliche Tun der Sprachbenutzer (Sprechen, Schreiben, kommunikatives Handeln) zum Ausgangspunkt und vereint es mit dem Wissen, der Kompetenz der Sprachbenutzer und den Resultaten ihres sprachlichen Tuns auf drei verschiedenen Betrachtungsebenen, die Sprache als eine universelle, einzelsprachliche und interaktionale Tätigkeit in den Blick zu nehmen ermöglichen. Die Grundidee des Modells [gemeint ist Coserius Ansatz/Anm. E.F.] erscheint für varietätentheoretische Belange gerade deshalb weiterführend, da Sprachvariation als eine Teilaktivität von Sprachtätigkeit definierbar wird und von diesem Ausgangspunkt aus grundlegende Zusammenhänge beleuchtet werden können: zum einen die Zusammenhänge zwischen Sprachvariation, ihren Voraussetzungen (Wissen, Können, Kompetenz) und ihren Ergebnissen (ihren abstrakten Regeln und konkreten Erscheinungsbildern) [...], zum anderen die Unterschiede, aber auch die Zusammenhänge zwischen Sprachformen und Stilformen." (Hoffmann 1999: 316)

Grenzen der Modelle

Natürlich stoßen Modelle bei der kategorisierenden Beschreibung von empirisch beobachtbaren Sprachphänomenen an ihre Grenzen. Sie sind dessen ungeachtet erkenntnisstiftend. Betrachten wir dazu exemplarisch das Unterfangen, die funktional zweckhafte Leistung der Inhaltssysteme mit Hilfe von Semantiken für Kommunikationsbereiche zu erfassen. Folgende drei Grobkategorien haben wir hergeleitet und dargestellt:

- Alltagssemantik
- Vermittlungssemantiken
- Fach-/Spezialsemantiken

Die sowohl für die Vermittlungssemantiken als auch für die Fach-/Spezialsemantiken einschlägigen Kommunikationsbereiche wurden gemäß einer horizontalen Gliederung, die in Grundzügen auf der Funktionalstilistik der Prager Schule basiert (Riesel 1975, Schwitalla 1976, Steger 1988), in folgende Semantiktypen eingeteilt:

- Semantik der Institutionen
- Semantik der Technik/angewandten Wissenschaften
- Semantik der Grundlagenwissenschaften
- Semantik des spezialisierten Freizeitbereichs
- Semantik der Literatur und Kunst
- Semantik der Religionen und Weltanschauungen

Reduktion von Komplexität

Eine solche Einteilung kann eine komplexe Wirklichkeit nur rudimentär kennzeichnen, erfüllt aber trotz ihres abstrakten Charakters eine wichtige Orientierungsfunktion – und zwar durch die kriteriengeleitete und transparente Reduktion von Komplexität. Einzelne Phänomene, die unter varietätenlinguistischen Gesichtspunkten analysiert werden sollen, manifestieren sich in

Texten, Gesprächen oder multimedialen Einheiten. Wenn man diese zunächst einmal vor der Folie der recht abstrakten Semantixtypen betrachtet, so hat man einen ersten Hinweis auf Spezifika des Kommunikationsbereichs im Vergleich zu anderen, die auch in ihrer Allgemeinheit für varietäten- und soziolinguistische Betrachtungsweisen einschlägig sind.

Die Semantik der Institutionen – um dies an einem Beispiel zu verdeutlichen – unterscheidet sich von der Semantik des Freizeitbereichs wesentlich durch ein staatliches Gestaltungsinteresse (z.B. in der Bildurgs- oder Gesundheitspolitik), während im Freizeitbereich staatliche Institutionen nur im Hintergrund durch ordnungspolitische oder ökonomische Rahmenvorgaben Grenzen abstecken (z.B. bei Zielkonflikten zwischen Naturschutz und Startplätzen für das Paragleiten). Oder die Semantik der Literatur und Kunst unterliegt kaum erfassbaren Eigendynamiken von Diskursen und den dort tätigen Akteuren (man denke an die provozierende Kunstfreiheit, die mitunter Personen des öffentlichen Lebens als Beleidigung empfinden), während Semantiken der Technik/angewandten Wissenschaften durch ihren praktischen Lebensbezug mit ihren konkreten Gegenständen unmittelbar in unserem Alltag von Relevanz sind. Das sieht man trivialerweise schon daran, dass in Wohnhäusern in der Regel alle zwei Jahre eine Abgaswegeüberprüfung für raumluftunabhängige Feuerstätten vorgeschrieben ist. Der Staat mischt sich auf der Grundlage rechtlicher Vorgaben (die wiederum neue technische Entwicklungen adäquat berücksichtigen sollen) in das Privatleben seiner Bürger ein. Für den Bürger ist der Nachvollzug der unterschiedlichen Fachsemantiken nur in Ansätzen zu erahnen. Die entsprechenden Erklärungen der dort tätigen Experten, die dann als Vermittler für uns Laien fungieren, helfen uns etwas dabei. Die fachliche Tiefe bleibt dem einzelnen Bürger ohne entsprechende Fachausbildung und das Erlernen der dazugehörigen Fachkommunikation allerdings verborgen.

Mit diesen Hinweisen sollte gezeigt werden, dass wesentliche Kennzeichen der Semantiken (trotz des recht abstrakten Charakters) kommunikationspraktische Auswirkungen haben und von daher ihren varietätenlinguistischen Zweck zu erfüllen vermögen. Die horizontale Gliederung ersetzt keine Feinanalyse, sie verdeutlicht situationsspezifische und kommunikationstypische Charakteristika in Bezug auf die soziale Stellung und Interessen der Akteure. Sie ist in ihrer Grobkörnigkeit sowohl rahmengebend als auch richtungsweisend für weitere Detailanalysen.

> „So einleuchtend das Gliederungsschema [die Semantiken für Kommunikationsbereiche/Anm. E.F.] auch unter soziolinguistischen Aspekten zunächst erscheint, so ergeben sich im Einzelnen doch zahlreiche Zuordnungsprobleme. Der Erkenntniswert solcher Zuordnungsprobleme ist dabei unbestritten." (Löffler [5]2016: 112)

Spezifika von
Semantiktypen

„Nützliche"
Schwächen

In diesem Zusammenhang müssen wir auch nochmals das prägende Charakteristikum der kontinuierlichen Übergänge erwähnen, welches das Verhältnis zwischen allen Komponenten innerhalb der vier Grunddimension auszeichnet. Dazu stellten wir schon in Kapitel IV die Komponenten der Dimensionen nebeneinander und reflektieren die möglichen Übergänge:

- 1. Dimension: Standardlekt | Regiolekt | Dialekt
- 2. Dimension: Fachsemantik | Vermittlungssemantik | Alltagssemantik
- 3. Dimension: Gesprochene Sprache | Geschriebene Sprache | Multimediale Einheiten
- 4. Dimension: Althochdeutsch | Mittelhochdeutsch | Frühneuhochdeutsch | Neuhochdeutsch

Bei allen Dimensionen sind die Übergänge zwischen den einzelnen Komponenten als Kontinuum zu denken – so zumindest eine häufige Darstellung in der Forschungsliteratur (z. B. Löffler [5]2016). Es gibt für alle Dimensionen prototypische Sprachphänomene, die in jeder Dimension genau einer Komponente entsprechen, ohne dass wir es mit Grenzphänomenen oder Randunschärfen zu tun hätten. Ein philosophischer Fachaufsatz, der im Jahre 2000 in einer Fachzeitschrift mit *peer-review*-Verfahren gedruckt wird, trifft zum Beispiel ins Zentrum der jeweiligen Komponente: Es handelt sich – gemäß dem Bezeichnungsmuster – um ein Exemplar, das sich als geschriebene standardlektale Fachsprache (im Bereich der Philosophie) des Neuhochdeutschen (Varietätenbezeichnung) einordnen lässt. Als Gegenstück im Sinne eines schwer zu kategorisierenden Exempels ist ein multimediales Format aus Sprachzeichen, bewegten Bildern und Audiobotschaft in den neuen Medien zu sehen, die dialektale, gruppenspezifische, fachsprachliche, alltagsweltliche und kulturspezifische Kennzeichen aufweist (Beispiel eines satirischen Radiopodcasts http://www.radioeins.de/archiv/podcast/zwei_alte_hasen.html). Es stellt sich also die Frage, welche Kriterien berücksichtigt werden, wie die Kriterien im Vergleich zu anderen Kriterien gewichtet werden sollen und welche Kriterien als charakterisierend besonders dominant interpretiert werden. Oder anders formuliert: Wie viele (inner- und außersprachliche) Merkmale müssen in welcher Häufigkeit, in welcher wechselseitigen Relation und in welcher Prägnanz in diesem „Cocktail" (also dem varietätenlinguistisch zu analysierenden Sprachphänomen) vorkommen, damit die eine oder andere Komponente als Erklärungsfaktor gerechtfertigt ist? Schmidt (2005, 2010) hat sich mit diesem varietätenlinguistischen Grundlagenproblem ausgiebig auseinandergesetzt. Das möchten wir im Folgenden darlegen und überdenken. Die Leser seien vor der Lektüre etwas vorgewarnt: Die nun folgenden Gedanken sind abstrakterer und problemorientierterer Natur. Sie heben die bisherigen Darlegungen nicht auf, sondern konzentrieren sich auf die Problemstellen angesichts einer komplexen Sprachwirklichkeit.

Kategoriengrenzen in Form von Gradata (= Stufen, Schritten) oder Kontinua (= lückenlose und allmähliche Veränderung in ein anderes Stadium)

Die aus heuristischen Gründen veranschlagte Grenzziehung zwischen Dimensionen und den einzelnen Komponenten innerhalb der jeweiligen Dimensionen verfolgt das Ziel, plausible Kategorien zur Erwartbarkeit bestimmter Sprachvarianten in Abhängigkeit von Situationskonstellationen zu entwickeln. Die Varietätenlinguistik untersucht systematische und prinzipiengeleitete Variantenrealisierungen, die – treten sie häufig „in vorhersehbarer Weise" (Berruto 2004: 189) als Variantenmenge auf – als strukturbildendes Variantenbündel kategorial zur Charakterisierung der zu analysierenden Erscheinungsform dienen. Auf der Grundlage dieser Kategorien können manche Sprachphänomene ohne Probleme eingeordnet werden (sie gelten dann als prototypisch – z.B. der gerade erwähnte philosophische Fachaufsatz –, weil das Phänomen passgenau den Anforderungskriterien der Kategorie entspricht). Andererseits gibt es aber auch anders gelagerte Phänomene, für die das Verhältnis der Wechselwirkung zwischen einzelnen Faktoren ausgesprochen schwierig zu bestimmen ist, wie das folgende Problem (das wir in Kapitel IV bereits erwähnten) exemplarisch zeigen soll: Welche Anredeform in offiziellen E-Mails (*sehr geehrte/r, Liebe/r, Hallo, Hi, Guten Morgen/Tag/Abend*) korrespondiert mit welchen außersprachlichen Faktoren (Individuum in (virtuellem) Raum/Zeit/Ort in Abhängigkeit von der sozialen Gruppierungen und in Relation zu Situationstypen)? Diese „Fälle" sind deshalb so schwierig, weil ein Set an außersprachlichen Einflussfaktoren in Verbindung mit innersprachlichen Erscheinungsformen gebracht werden muss, ohne dass wir exakt wissen, welche Wirkung einem bestimmten Faktor bei der Auswahl der Sprachvariante durch Sprecher zukommt. Für ein erklärendes Modell wäre dahingegen wünschenswert: Immer wenn der außersprachliche Faktor A in einer bestimmten Ausprägung vorkommt, dann hat dies eine direkte und vorhersagbare Auswirkung auf die von den Sprechern ausgewählte Sprachvariante B. Die Vielfalt der Sprachwirklichkeit erlaubt allerdings solche klaren Zuordnungen nur selten. Dies ist auch der Grund, warum Prototypikalität ein so hoher Stellenwert in linguistischen Untersuchungen beigemessen wird.

Relationen und Zuordnungen

Die Varietätenlinguistik interessiert sich also für die gegenseitig verursachende Wechselwirkung (Korrelation) zwischen Varianten und Faktoren (also zu analysierende Größen) bzw. es wird ein solches Wechselverhältnis unterstellt. Konkreter ausbuchstabiert im Hinblick auf unser Beispiel: Beim Erstkontakt in offiziellen Situationen findet sich häufig die Anrede *sehr geehrte/r*. Weitaus schwieriger ist zu beantworten, ab wann diese offizielle Anredeform durch eine andere ersetzt wird, wenn sich dauerhafte Geschäfts- bzw. Dienstbeziehungen entwickelt haben. Dieser Wechsel (Switchen) von der höflichsten und offiziellsten Anredeform zu weniger formellen Anredeformen (die bei

Wechselverhältnis zwischen A und B

dauerhaftem Kontakt als angemessener empfunden werden) ist für die Kommunikationsteilnehmer von Relevanz, weil die Akteure in ihrer sozialen Praxis keine Fehler begehen wollen und von daher dankbar auf Ratgeber schielen. Für Varietätenlinguisten ist diese Frage insofern von Bedeutung, als es sich um ein Merkmal bei der Charakterisierung der sprachlichen Erscheinungsform unter varietätenlinguistischen Gesichtspunkten handelt. Die Varietätenlinguistik kann also über die Fokussierung der Anredeformen Rückschlüsse ziehen, für wie offiziell die Verfasser einer E-Mail die Situation halten (Einschätzung und Herstellung von Kontexten).

Kippschalter-Wechselverhältnis

In Kapitel IV haben wir dieses Wechselverhältnis zwischen zwei Größen mit einem Lichtschalter (Kippschalter) verglichen: Es gibt nur zwei Positionen, und jede Position des Kippschalters ist fest mit dem Leuchten oder Nicht-Leuchten der Lichtquelle verknüpft. Überträgt man diesen Gedanken auf unseren Fall mit der Frage, welcher Grad der Dienstbeziehung letztlich mit welcher Anredeform in E-Mails korreliert (also in ursächlicher Wechselbeziehung steht), so offenbart sich das Problem, dass die Vielzahl der Sprecher überhaupt keine gleichförmige Praxis pflegen oder dass das individuelle Sprachverhalten so unterschiedlich (heterogen) ausfällt, dass nur bedingt Regularitäten festgestellt werden können. Wir werden also in vielen Fällen keine flächendeckende, einheitliche und gleichförmige Entweder-oder-Relation vorfinden, wenn wir ein sprachliches Phänomen (in unserem Fall die Anrede in dienstlichen E-Mails) aus dem Blickwinkel eines bestimmten Faktors (wie offiziell wird die Situation eingeschätzt?) betrachten. Trotz dieser verschiedenen Praktiken verschiedener Sprecher haben die meisten Sprecher dennoch ein Gefühl dafür, wann die Konventionen diesbezüglich klar verletzt werden.

Kontinuums-Wechselverhältnis

In ähnlich schwieriger Weise ist die genaue Erfassung kontinuierlicher Übergänge zu sehen. In Kapitel IV wählten wir zur Veranschaulichung die Lautstärkenregelung einer Stereoanlage, bei der ein Regler für die wechselseitige Lautstärke zweier Lautsprecher verantwortlich ist. Wenn der Regler die Lautstärke eines Lautsprechers minimiert, so wird genau in dem gleichen Maße die Lautstärke des anderen Lautsprechers maximiert. Es handelt sich um einen perfekt kontinuierlichen Übergang beziehungsweise ein stufenloses Wechselverhältnis zwischen zwei Größen. Auch dieses Bild einer Zuordnung von Sprachvariante (hier Anredeform bei E-Mails beim Aufbau einer Geschäftsbeziehung) und außersprachlichem Faktor (offizieller Charakter der Kommunikationssituation) hilft genau genommen nicht weiter, weil die nicht gleichförmige Sprachpraxis vieler Sprachteilnehmer keine perfekt kontinuierliche Modellierung des Übergangs ermöglicht.

Areale Sprachgrenzen

Wählen wir nun im Kontrast einen anderen Fall. Wie kann man sich zum Beispiel die Sprachwirklichkeit an sogenannten Dialektgrenzen vorstellen? Wie ist die Grenzziehung bei Isoglossen in Bezug auf die wirklich vorkommenden Variablenrealisierungen zu denken? Isoglossen (wörtlich übersetzt ›gleiche

Sprache<, zusammengesetzt aus *isos* >gleich< und *glossa* >Sprache<) verweisen in
Anlehnung an geographische Ländergrenzen auf die Grenze von Dialektgebie-
ten bei sprachgeographischen Darstellungen – genauer gesagt auf „die Grenzli-
nie zwischen zwei dialektalen Realisationen eines sprachlichen Phänomens auf
jeder Sprachebene" (siehe das Lemma im Metzler Lexikon Sprache ⁴2010). Sind
solche Grenzen zwischen dialektalen Sprachvarianten als Gradata oder Kontinua zu modellieren? Im Wortatlas der deutschen Sprache (Mitzka/Schmitt
1951) scheint die Antwort eindeutig zu sein: Für jeden Aufnahmeort füllt der
Explorator gemäß den Aussagen der Gewährspersonen eine Variable entweder
mit Variante A (*Samstag*) oder Variante B (*Sonnabend*), eher selten werden an
einem bestimmten Aufnahmeort zwei Varianten eingetragen. Viele Beispiele
aus dem *Wortatlas der deutschen Umgangssprache* (Eichhoff 1997–2000) belegen
das ebenfalls, wie die Karte zum Lexem >Junge< in zwei Hauptvarianten – nämlich *Junge* im Norden und *Bub* im Süden zeigt (vgl. Abb. 5 im Online-Aufsatz
von Spiekermann 2007 in *Linguistik online* 32, 3/2007).

Die Einträge suggerieren, dass die Sprachbevölkerung gerade an diesen
Dialektgrenzen relativ einheitlich bestimmte Sprachvarianten bevorzugt. Un-
kritische Leser könnten der Versuchung erliegen, Dialektgrenzen im Sinne der
Kippschalter-Metapher zu deuten – also dass diesseits und jenseits der von
Dialektologen eingezeichneten Grenzen jeweils eindeutig die eine oder andere
Sprachvariante realisiert wird. Diese Annahme ist in dieser Schlichtheit unangemessen, da ihre Gültigkeit voraussetzen würde, dass sich die Sprecher nicht
aus ihrem angestammten Dialektgebiet entfernen und dass nur heimische Dialektsprecher dort wohnen. Die Annahme ist also nur in der Abstraktion ten-
denziell zutreffend: Dürscheid/Elspaß (2015) problematisieren unter Verweis
auf Reiffenstein (2001) zum Beispiel das plurizentrische Konzept der nationalen Varietäten, das wir in der Einleitung erwähnt haben: Dort haben wir auf
die idealisierte Vorstellung einer Gesamtsprache Deutsch hingewiesen, die das
Deutsche in Deutschland, Österreich, Liechtenstein, Luxemburg und der
Schweiz unterscheidet (Kellermeier-Rehbein 2014) und nationale Amtssprachen (Ammon 2015: 206) bzw. Varietäten ansetzt. Die in diesem Zusammenhang vorgebrachte Kritik zielt nicht im Speziellen auf Dialektgrenzen, sondern
auf die Grenze nationaler Varietäten. Die Grundproblematik ist aber die
gleiche, denn „die Merkmale einer Varietät [machen] nicht an der Landes-
grenze Halt" (Dürscheid/Elspaß 2015: 564).

Eine Kategorienbildung in Form des Konstrukts Varietät – z.B. in Form
der Grenzziehung im Sprachatlas (vgl. z.B. *Der deutsche Sprachatlas* (DAS),
der auf Georg Wenker (1852–1911) zurückgeht und im Internet unter dem
Projektnamen *Digitaler Wenker-Atlas* (DiWA) zu finden ist; Schmidt/Herrgen
2001ff.) oder der Identifikation einer sozial oder funktional markierten Subsprache – scheint unter bestimmten Voraussetzungen gerechtfertigt zu sein,
und zwar dann, wenn durch linguistische Untersuchungsmethoden eine be-

Sprachphänomene an
der Grenze

Methoden der
Spracherhebung

stimmte Anzahl an Informanten oder untersuchten Probanden als repräsentativ für einen Lekt (Dialekt, Regiolekt, Soziolekt, Funktiolekt usw.) angenommen wird. Als linguistische Untersuchungsverfahren der Sprachforschung gelten Methoden wie z.B. direkte oder indirekte Befragungen, Interviews und gelenkte Gespräche, teilnehmende Beobachtung, Korpusanalysen. Wir haben es jedoch bei der Bestimmung von Lekten (ob sozial, areal oder funktional bestimmt) nie mit einer perfekt kontinuierlichen Zuordnung „eines situativen Merkmals (also etwa des Formalitätsgrades einer Situation oder des Sozialprestiges der Kommunikationspartner)“ mit einer „gleichmäßige[n] Veränderung der Wahl der linguistischen Varianten“ (Schmidt 2005: 65) zu tun. Und andererseits löst auch eine „Änderung eines situativen Merkmals bei Vorliegen einer bestimmten Qualität (Merkmalsausprägung/-konstellation)“ nie „schlagartig“ bei den Sprechern einen „Wechsel von einem Set fest gekoppelter linguistischer Varianten zu einem anderen“ (Schmidt 2005: 65) im Sinne einer Entweder-oder-Beziehung aus. Schmidt resümiert daher wie folgt:

> „Die Zuordnung von Variantenmengen zu Sprechergruppen und Sprachverwendungssituationen ist weder strikt diskret [also abgrenzbar/Anm. E.F.] noch perfekt kontinuierlich.“ (Schmidt 2010: 126).

Heterogenität versus Homogenität

Bei Fragen der varietätenlinguistischen Kategorienbildung liegt demnach ein Spannungsverhältnis zwischen komplexer Empirie und theoretischem Erklärungsbemühen vor, das wir schon mehrfach angesprochen haben: Die Sprachverwendung zeigt sich im Rahmen empirischer Beobachtung und Analyse sehr heterogen. Die Varietätenlinguistik antwortet auf diese Heterogenität mit Homogenitätsannahmen. Sie will die Vielfalt als geordnet erklären und interne Relationen und Wechselwirkungen aufzeigen. Schmidt hat dieses Problem des Homogenitätspostulats in der Varietätenforschung prägnant zusammengefasst, es basiert letztlich auf Annahmen der Prototypikalität:

Zitat

„Homogenität von Sprache ist [...] stets methodisch hergestellt:

– durch Rekonstruktion historisch nicht überlieferter Sprachstufen („Westgermanisch“)
– durch Normalisierung historisch überlieferter Sprachstufen („Normalmittelhochdeutsch“)
– durch Identifikation der kodifizierten Norm mit dem Sprachsystem einer Einzelsprache („Deutsche Schriftsprache“)
– durch Identifikation von Sprachkompetenz mit Forscherkompetenz („Introspektion“ als Folge axiomatischer Homogenität)

Wenn Sprache also heterogen ist, wenn aber gleichzeitig die theoretischen Zentralbegriffe der modernen Linguistik, also Saussures *langue*- und Chomskys Kompetenzbegriff, Homogenität postulieren, dann wird und wurde ein theoretischer Komplementärbegriff benötigt, der genau diese Lücke schließt: eben der Varietätenbegriff." (Schmidt 2005: 61)

Der Varietätenbegriff soll demnach die sehr vielfältige und nur bedingt zu ordnende Sprachkomplexität durch prägnante Charakteristika auf diversen linguistischen Ebenen erklärbar machen. Denn von außen betrachtet ist eine Varietät (in ihrer Einheitlichkeit, aber auch in ihrer Vielfältigkeit) eine Menge von „weitgehend übereinstimmenden prosodisch-phonologischen, morphosyntaktischen und lexikalischen Varianten, die verschiedene Sprecher in bestimmten Situationen verwenden" (Schmidt 2005: 64). Die dem ersten Anschein nach so einleuchtend erscheinende Idee, Varietäten als signifikante Variantenbündel (Merkmalbündel) zu fassen, stößt also an ihre Grenzen, denn eine Analyse relativer Variantenmengen zum Ansetzen einer bestimmten Varietät zeigt sich in der empirischen Forschung bei bestimmten Kommunikationsformen als schwer einlösbar. Ähnlich gestaltet sich die Problematik bei der Zuordnung von Sprachvarianten zu Situationen: „100%-Zuordnung zwischen linguistischen Varianten und Situationstypen finden wir in unseren heterogenen natürlichen Sprachen nirgends" (Schmidt 2005: 66). Trotz dieser Defizite bei der Erfassung sprachlicher Vielfalt, können wir Aussagen treffen, wenn wir uns von den hohen Ansprüchen einer theoretisch wünschenswerten Beschreibungsperfektion verabschieden und uns mit „Zwischenformen" (Schmidt 2005: 66) begnügen (d.h. mit nicht ganz strikten Implikationsbeziehungen „zwischen Teilmengen von Varianten, die mehr oder weniger deutlich mit Situationstypen korrelieren (vgl. etwas Lausberg 1993, 42–53; Salewski 1998, 108–123 und Lenz 2003, 187–192)" (Schmidt 2005: 65). Insofern lässt sich folgende Bilanz ziehen:

> **Zitat**
>
> „Da Varietäten als Teile einer Gesamtsprache immer eine (zumindest minimale) Teilmenge an gemeinsamen Varianten aufweisen, können sie (mengentheoretisch) keine diskreten oder disjunkten [getrennte, geschiedere/Anm. E.F.] Variantenmengen darstellen. [...] Die Zuordnung von Variantenmengen zu Sprechergruppen und Sprachverwendungssituationen ist weder strikt diskret noch perfekt kontinuierlich, sondern durch nicht strikte Implikationsbeziehungen zwischen Teilmengen und Varianten bestimmt, die mehr oder weniger deutlich mit Situationen korrelieren. Es ist bis heute noch nicht gelungen, die exakten linguistischen Vergleichsmaße zu entwickeln, die angesichts dieses Befunds eine befriedigende Abgrenzung von Varietäten ermöglichen würde. Erforderlich wären z.B. ein „Variabilitätsmaß" in Abhängigkeit von sozialen Kriterien und ein „Kohäsionsmaß" für Variantengruppen." (Schmidt 2010: 126)

Nachdem wir in den ersten fünf Kapiteln die Varietätenlinguistik als eine etablierte Forschungsrichtung mit einem Set an Fachtermini, Beschreibungsansätzen und empirischen Untersuchungen vorgestellt haben, so konzentrieren wir uns in dem abschließenden Kapitel auf die Problematisierung der bisherigen Ergebnisse und die Annahmen ihrer Herleitung. Das mag manche Leser vielleicht verunsichern. Man muss sich dabei aber eines vor Augen führen: Sprachwissenschaft (wie viele andere Wissenschaften auch) sieht sich ständig vor das Problem gestellt, dass eine komplexe Wirklichkeit (hier Sprachwirklichkeit) dahingehend erforscht werden soll, dass wir etwas über Relationen und gegenseitige Kausalitäten von Größen in Erfahrung bringen wollen. Die Linguistik muss dazu empirisch arbeiten und kann auf der Grundlage von Untersuchungen vorläufige Verallgemeinerungen und Abstraktionen ableiten. Der Erkenntnisprozess erweitert sich sukzessive durch neue Forschungen. Gleichzeitig müssen bestehende Kenntnisse kritisch hinterfragt werden. Mit der soeben dargelegten Problematisierung ist die Frage nach den Kategoriengrenzen – in Form von Gradata (= Stufen, Schritten) oder Kontinua (= lückenlose und allmähliche Veränderung in ein anderes Stadium) – nicht beantwortet, sondern nur skizziert (vgl. auch Becker 2001: 83). Dass die Fokussierung der Varietätengrenzen oder -übergänge ein schwieriges Problem darstellt, dürfte deutlich geworden sein, da Varietäten weder diskret (abgrenzbar) sind noch perfekt kontinuierlich ineinander übergehen. Als Lösung wird mit forschungspraktischer Absicht ein „differenzierter linguistisch-kognitiver Varietätenbegriff" (Schmidt 2010: 126) unterbreitet, der nicht vor der Komplexität der Wirklichkeit kapituliert, sondern konkrete Vorschläge empfiehlt:

> „Ein Lösungsweg [...] bestünde darin, die strikte Dichotomie diskret [die oben erwähnte Kippschalter-Metapher/Anm. E.F.] vs. kontinuierlich [das Bild des Reglers einer Stereoanlage, der die wechselseitige Lautstärke zweier Lautsprecherboxen steuert/Anm. E.F.] durch eine tendenzielle zu ersetzen, sich also mit dem Ansetzen tendenziell diskreter Varietäten zu begnügen. Es wären Kriterien zu erarbeiten, wann von einer tendenziell diskreten und wann von einer tendenziell kontinuierlichen Zuordnung von Varianten zu Situationen gesprochen werden kann." (Schmidt 2005: 66)

Dieses Desiderat wird die Varietätenlinguistik noch einige Zeit beschäftigen. Schmidt (2005, 2010) und Schmidt/Herrgen (2011) präzisieren ihren linguistisch-kognitiven Varietätenbegriff wie folgt:

Zitat

„Individuell-kognitiv sind Varietäten also durch je eigenständige prosodisch-phonologische und morpho-syntaktische Strukturen bestimmte und mit Situationstypen assoziierte Ausschnitte des sprachlichen Wissens. Da es sich um in gleichgerichteten Synchronisierungsakten herausgebildetes gemeinsames sprachliches Wissen handelt, sind Varietäten immer auch sozial konstituiert. Daher definieren wir Varietäten sprachsozial als partiell systemisch differente Ausschnitte des komplexen Gesamtsystems Einzelsprache, auf deren Grundlage Sprechergruppen in bestimmten Situationen interagieren." (Schmidt/Herrgen 2011: 51)

Varieäten, die dieser linguistisch-kognitiv ausgerichteter Definition genügen, bezeichnen Schmidt/Herrgen als „Vollvarietäten" (Schmidt 2005: 69, Schmidt 2010: 128 und Schmidt/Herrgen 2011: 51). Zentral für diesen Varietätenbegriff ist die strukturelle Abgrenzbarkeit linguistischer Subsysteme. Neben den sogenannten Vollvarietäten werden „sektorale Varietäten" angesetzt wie z. B. Fachsprachen, „bei denen auf der Basis einer Vollvarietät (Standardsprache oder Dialekt) begrenzte sektorale, meist lexikalische Inventardifferenzierungen und Inventarsubstitutionen vorliegen und bei denen die individuelle Kompetenz lebenslang einer kontinuierlichen Veränderung unterliegt" (Schmidt 2010: 128). Des Weiteren führen Schmidt/Herrgen den Terminus *Sprechlagen* ein – sie wollen damit den „Verdichtungsbereich variativer Sprachverwendung" erfassen, der sich empirisch in „differenten sprachlichen Gruppenkonventionen nachweisen" lässt (Schmidt/Herrgen 2011: 52). Dieser differenzierte Vorschlag kann hier nicht weiter ausgeführt werden, er ist auf Grund seiner linguistisch-kognitiven Ausrichtung für die weitere varietätenlinguistische Diskussion aber von zentraler Bedeutung. Im Unterschied zu dem hier vorgestellten Vier-Dimensionen-Modell schenken Schmidt/Herrgen dem Inhaltssystem (der Semantik) keine gesonderte Beachtung, sondern argumentieren rein ausdrucksseitig über je „eigenständige prosodisch-phonologische und morpho-syntaktische Strukturen" (Schmidt/Herrgen 2011: 51). Das Vier-Dimensionen-Modell folgt mit dem geschärften Blick auf die funktional-zweckhafte Leistung der Sprache (also auf die zweite Dimension, das Inhaltssystem) Stegers (1988, 1990) Argumentation. Er macht diese Dimension als Ergebnis einer Interpretation von Personen-Umgebungs-Beziehungen stark. Dies hat einen Grund: Denn geht man von der für Varietäten erforderlichen Gleichförmigkeit der Sprachmittel und der durch sie evozierten Bedeutungen bzw. Konzepte aus, so erlangt die Inhaltsebene mit dem semantisch-pragmatischem Fokus zentrale Bedeutung. Aus diesem Grund sucht Steger den varietätenspezifischen kognitiven Korrelaten in den Köpfen der Akteure durch die Semantiktypen der Kommunikationsbereiche gerecht zu werden. Dieser Gesichtspunkt ist vor allem für die Experten im Rahmen der Fach- und Vermittlungskommunikation von enormer Bedeutung.

Abschließend sei erwähnt, wie Gilles/Scharloth/Ziegler (2010: 1) die Vielzahl der Varietätendefinitionen zu systematisieren versuchen, indem sie zwischen systemlinguistischen, soziolinguistischen oder psycholinguistischen Varietätendefinitionen unterscheiden. Zur Illustration führen sie die Definitionen von Auer (1989), Berruto (2004) und Schmidt (2005) an:

Typen von Varietätendefinitionen

„1. [Eine Varietät ist die/Anm. E.F.] Menge interpretierter oder uninterpretierter stark kookkurrierender grammatischer Merkmale, die gegen andere Varietäten im Repertoire abgegrenzt und (oft) bewusst/benennbar sind" (Auer 1989: 29)
2. „Eine sprachliche Varietät zeichnet sich dadurch aus, dass gewisse Realisierungsformen des Sprachsystems in vorhersehbarer Weise mit gewissen sozialen und funktionalen Merkmalen kookkurrieren [...]. Varietäten [sind] als (konventionell bestimmte, unscharf abgegrenzte) Verdichtungen in einem Kontinuum zu verstehen." (Berruto 2004: 189, 191)
3. „Individuell-kognitiv sind Varietäten also durch je eigenständige prosodisch-phonologische und morpho-syntaktische Strukturen bestimmte und mit sozialen Situationstypen assoziierte Ausschnitte sprachlichen Wissens [...]. Varietäten [sind] sprachsozial als partiell systematisch differente Ausschnitte des komplexen Gesamtsystems Einzelsprache, auf dessen Grundlage Sprechergruppen in bestimmten Situationen interagieren, zu definieren." (Schmidt 2005: 69)" (Gilles/Scharloth/Ziegler 2010: 1)

Und zum Schluss: Was wir wollten und wo wir sind?

Eine Diskussion weiterer varietätenlinguistischer Definitionen würde den hier vorgesehenen Rahmen sprengen. Bei Interesse sei auf die Zusammenstellung von Dovalil (2010: 53) verwiesen, der die (in den letzten 25 Jahren) vorgeschlagenen Varietätendefinitionen auflistet. Die in der Einleitung dieses Buches vorgeschlagene Varietätendefinition verbindet sprachsystematische Aspekte (Varietäten sind Subsysteme) mit denen der Performanz (ein System wird also als eine Gesamtheit von sprachlichen Handlungsmöglichkeiten verstanden). Aus diesem Grund steht der Gedanke der sozialen Praxis (Linke/Feilke 2009, Konerding 2015) und linguistischer Praktiken (Deppermann/Feilke/Linke 2016) bei allen varietätenlinguistischen Darlegungen Pate.

„Im Sinne dieser Neuorientierung kontrastiert Coupland den „alten" und „neuen" Zugang zu Variabilität am Beispiel von Dialekt-Stilisierungen im walisischen Radio (Coupland 2001, vgl. auch Coupland 2007): Dem Verständnis von Dialekt als „Sprachverhalten" setzt er ein Verständnis als Performanz (im anthropologischen Sinn: als formbetonte, reflexive, an Zuhörende gerichtete Darbietung) entgegen, und das systemorientierte Verständnis von Dialekt als Variationsstruktur bzw. Subsystem kontrastiert er mit Dialekt als sozialer Praxis." (Androutsopoulos/Spreckels 2010: 201)

System und
Performanz

Die Ausführungen dieses Buches möchten (durch die Betonung der vier innersprachlichen Dimensionen im Wechselverhältnis mit den außersprachlichen Merkmalen) eine Brücke schlagen zwischen systemlinguistischem Zu-

griff (als erklärendes Ordnungsmuster der sprachlichen Vielfalt) und sprach-
gebundener Handlungspraxis (also dem sprachlichen Tun der Sprachbenutzer
beim sprechenden und schreibenden kommunikativen Handeln). Dabei soll
auch die sprachliche Intuition von Laien als Ausgangspunkt mit bedacht werden, wenn die Varietätenlinguistik kriteriengeleitet Kategorisierungen entwickelt. Denn die Sprachwissenschaft kann und darf nicht ignorieren, dass Sprecher (als linguistische Laien) über eine vor-wissenschaftliche, intuitive Kompetenz in Bezug auf die Verschiedenheit sprachlicher Erscheinungsformen
verfügen. Ein Gespür für Sprachgebrauchsunterschiede geht allerdings nicht
einher mit der Fähigkeit zur transparenten und expliziten Kategorisierung der
sprachlichen Vielfalt. Nicht explizierbare Sprachbewusstheit ist dennoch vorhanden. Lüdtke/Mattheier formulieren in diesem Sinne:

> „Varietät ist eine im Sprecherwissen verankerte Zusammenziehung von
> Variantenbündeln zu einer übergreifenden, in sich relativ abgeschlossenen
> Einheit […]. Mit dieser Verflechtung von außer- und innersprachlicher
> Zuweisung werden Varietäten teils vom Sprecherwissen als mentale Grö-
> ße „demolinguistisch", teils als mit Systematizität behaftete Einheiten ge-
> deutet oder konzipiert […]. Die Verteilung von Varietäten innerhalb einer
> Gesamtsprache wird mit der Annahme vom Varietätengefüge oder der Ar-
> chitektur von Varietäten konstruiert (Coseriu 1988)." (Lüdtke/Mattheier
> 2005: 15)

Varietätenlinguistische Ansätze sollten diesen Aspekt der sprachlichen In- **Erahnen und Wissen**
tuition berücksichtigen und deswegen bei ihren Ausführungen terminologisch
und modellorientiert auf Verstehbarkeit und Nachvollzug achten. Denn der
politische Charakter varietätenlinguistischer Kompetenz ist evident ebenso
wie die gesellschaftliche Relevanz: Je bewusster und geschulter das Zoon politi-
kon in Bezug auf Theorie und Praxis verschiedener Sprachen in der Sprache
(Varietäten), ihrer Gesetzmäßigkeiten und möglicher Gruppenzugehörigkeits-
verfahren oder Gruppenausschlussstrategien ist, desto eher ist kommunikative
Partizipation an der Wissensgesellschaft möglich und können Verfahren des
Ausgrenzens identifiziert und beim Namen genannt werden. Dieser abstrakt
politische Satz gilt für soziale Gruppen im Kleinen wie für institutionelle Kommunikationspraxis im Großen. Gerade die viel beklagte „Sprachlosigkeit" zwischen staatlichen Einrichtungen bzw. privatwirtschaftlichen Unternehmen
und einzelnen Bürgern ist ein beredtes Beispiel dafür. Die gesellschaftspolitische Relevanz von Fach- und Vermittlungssprache im Kontext der aktiven
Bürgergesellschaft spielt noch eine viel zu geringe Rolle im Aufmerksamkeitsfokus der Öffentlichkeit (vgl. dazu die Ansätze im Forschungsnetzwerk *Sprache und Wissen* sprache-und-wissen.de).

VI. Sprachliche Ordnung in der Heterogenität

Sozio- und
Varietätenlinguistik

Zum Abschluss seien die zwei Ausleuchtungen auf die Architektur der Sprache (Flydal 1951) oder den Varietätenraum (Klein 1974: 13, Dittmar 1997: 177) verdeutlicht, die schon in der Einleitung erwähnt wurden: die varietätenlinguistische und die soziolinguistische Herangehensweise. Der eine (stärker varietätenlinguistische) Scheinwerfer strahlt zunächst die Gesamtsprache aus (als die in der Sprachbevölkerung vorkommenden Möglichkeiten des Sprachgebrauchs) und richtet sich dann auf die Verästelungen und Ausdifferenzierungen im Varietätenspektrum. Die Gesamtmenge der Sprachvarietäten (= zu Aggregaten gebündelte Mengen signifikanter Sprachvarianten im Spiegel außersprachlicher Faktoren) wiederum formiert dasjenige, was eine Gesamtsprache wie etwa ‚die deutsche Sprache‘ als Ganzes ausmacht: So gesehen ist „das Deutsche ein Varietätenbündel" (Löffler [5]2016: 55). Das Wissen um die Regularitäten vieler Varietäten ermöglicht gesellschaftliche Partizipation. Die andere (stärker soziolinguistisch inspirierte) Ausleuchtung startet bei der sozialen Praxis der einzelnen Sprecher, betrachtet sie als interagierende Individuen in sozialen Gruppierungen, analysiert die dort geäußerten sprachlichen Erscheinungsformen vor dem Bezugsrahmen der gemeinsam hergestellten Kommunikationssituation mit der Absicht, prototypische Sprachvarianten unter bestimmten Gesichtspunkten zu bündeln, so dass das Erklärungskonstrukt Varietät im Kontrast zu anderen Varietäten (situationsgebundenen Sprachgebrauchssystemen) entsteht. Idealtypisch bildet die Summe aller Varietäten die „ganze" Sprache mit einer unterstellten virtuellen Gesamtgrammatik als Gesamtsystem (Steger 1988: 304).

Sprachwissenschaft sollte also die Unterschiede in der sozialen Praxis aus der Perspektive des Sprachgebrauchs systematisieren. Sie muss die einzelnen Sprachgebrauchsformen als Sprachgebrauchssysteme in ihrem inneren Strukturzusammenhang beschreiben und in ihren Systemgrenzen zu anderen Varietäten erfassen können. Idealiter kann die Varietätenlinguistik

- Varietäten durch Strukturmerkmale auf allen linguistischen Ebenen abgrenzen,
- die interne Struktur durch signifikante Sprachvarianten bestimmen und
- das Wechselverhältnis zwischen sprachinternen und sprachexternen Faktoren benennen.

Eine varietätenlinguistische Analyse untersucht dementsprechend sprachliche Erscheinungsformen – die in Gestalt von Text- oder Gesprächssorten oder multimedialen Einheiten vorkommen – im Fokus des Vier-Dimensionen-Modells und vollzieht prototypisch die folgenden Schritte:

-   Varietätencharakterisierung im Vier-Dimensionen-Modell durch Bezeichnungsmuster:

Bezeichnungs-möglichkeiten des Modells	Geschriebene/ Gesprochene/ Multimediale	standardlektale/ regiolektale/ dialektale	Fachsprache/ Vermittlungs-/ Alltagssprache	des Alt-/Mittel-/ Frühneu-/ Neu-hochdeutschen

-   Problematisierung der Übergänge und Kategoriengrenzen im Spiegel der Gradata- („Kippschalter"-Metapher) oder Kontinua-Problematik (Metapher der wechselseitigen Lautsprecher-Leistungsregelung) und der Schwierigkeiten der Abgrenzung
-   Identifizierung von Sprachvarianten und Überprüfung, ob diese mehrfach (kookkurrent), signifikant und damit strukturgebend vorkommen im Vergleich zu anderen Sprachvarianten
-   Profilierung und Bündelung der Sprachvarianten im Vergleich zu anderen Varietäten
-   Objektivierung und Abgleich über die Komponenten der jeweiligen Grunddimensionen und den außersprachlichen Faktoren
-   Benennung des Potentials weiterer vertiefender Analysen (Forschungsdesiderata)
-   Mehrwertanalyse in Bezug auf unser Wissen über Sprache im Varietätenspektrum und das Funktionieren von Sprache in kommunikativen Bezugsbereichen

Eine solche Analyse erfasst systematisch das Zusammenspiel innersprachlicher und außersprachlicher Merkmale im Vier-Dimensionen-Modell zur Identifizierung signifikanter Merkmalbündel als Bestimmungskriterien von Varietäten. ■

Abb. 17: Gliederungsaspekte und Analysegesichtspunkte der Gesamtsprache

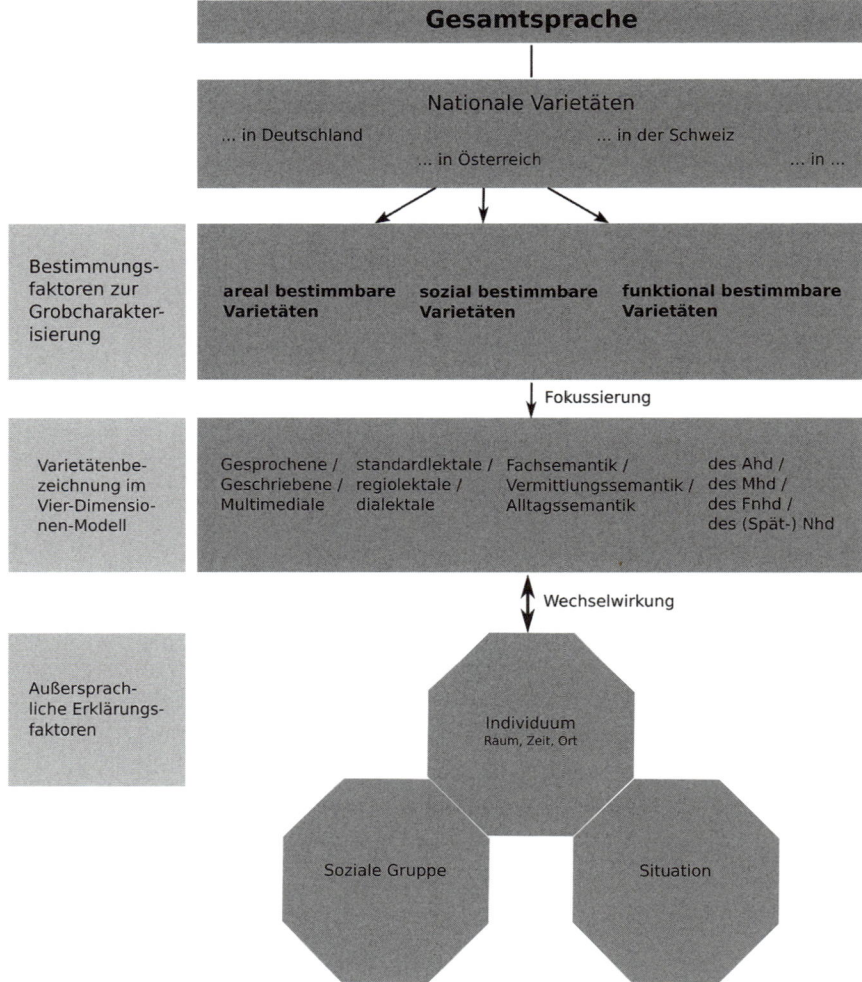

Kommentierte Literatur

Schmidt, Jürgen Erich/Herrgen, Joachim (2011): Sprachdynamik. Eine Einführung in die moderne Regionalsprachenforschung. Berlin: Erich Schmidt (Grundlagen der Germanistik 49). Ein Grundlagenwerk, das mit Schwerpunkt auf das Ausdruckssystem theoretische und empirische Fragen des Diatopischen vorstellt und diskutiert.

Felder Ekkehard/Gardt, Andreas (Hg.) (2015): Handbuch Sprache und Wissen. Berlin/Boston: de Gruyter (Handbücher Sprachwissen – HSW Bd. 1). Überblick über den Forschungsstand linguistischer Grundlagenforschung, der Sprachanalyse im systemlinguistischen Fokus und der angewandten Linguistik.

Bestimmung von Varietäten

Kommunikation wird in der Lebenspraxis, in Technik, Institutionen und Wissenschaften in sozialen Situationen vollzogen, in denen Personen mit ihrer Umgebung in Beziehung treten und sich dabei über Lebenssachverhalte austauschen.

vgl. Hugo Steger (1998)

Abb. 18: Gesamtschau auf die „Bestimmung von Varietäten" (Plakat-Design Dr. Jörn Stegmeier)

Eine Varietät muss, ausgehend von sprachlichen Erscheinungsformen, durch die Kopplung je eines Elements der folgenden vier Grunddimensionen charakterisiert werden: Kommunikative Reichweite des Ausdruckssystems, kommunikative Reichweite des Inhaltssystems, Medialität und historische Zeitstufe. Die sprachliche Erscheinungsform "Brötchen" ist standardnah, von geringem Fachlichkeitsgrad, geschrieben (in diesem Beispiel) und neuhochdeutsch.

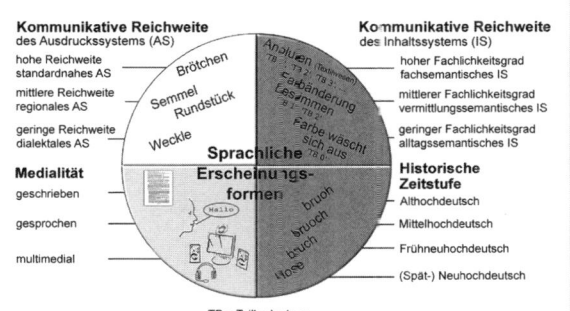

Eine Varietät als Subsystem muss durch innersprachliche und außersprachliche Merkmale bestimmbar sein. Sie manifestiert sich in Texten, in Gesprächen und multimedialen Einheiten elektronischer Geräte mit mindestens einer kommunikativen Funktion (als Exempel von Text- und Gesprächssorten). Je nach Dominanz bestimmter Merkmalsbündel kann auf einer als Kontinuum gedachten Skala eher von areal, sozial oder funktional determinierten Varietäten bzw. Lekten gesprochen werden: Regiolekt, Soziolekt, Funktiolekt.

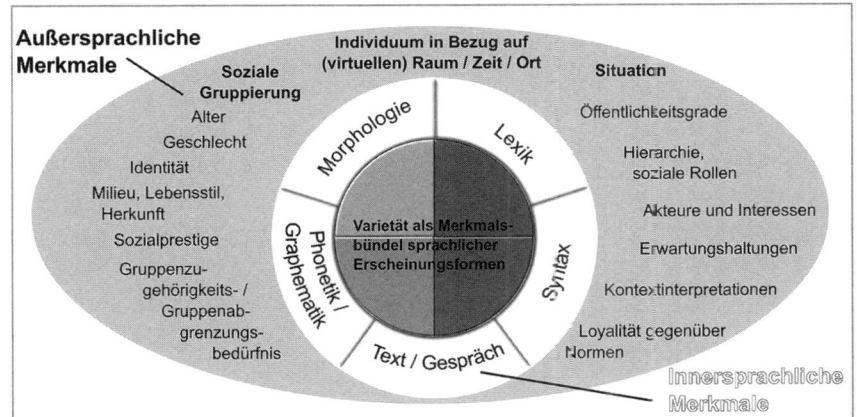

Glossar

Abkürzungen der Termini:

SL = Standardlekt

FS = Fachsemantik

RL = Regiolekt

VS = Vermittlungssemantik

DL = Dialekt

AS = Alltagssemantik

+ ... = weitere Dimensionen sind zu berücksichtigen

Standardsprache = Kopplung aus Standardlekt + Alltags- oder Vermittlungs- oder Fachsemantik

Gemeinsprache = Kopplung aus Standardlekt + Alltagssemantik

Alltagssprache = Kopplung aus Standardlekt oder Regiolekt oder Dialekt + Alltagssemantik

Fachsprache = Kopplung aus Standardlekt oder Regiolekt oder Dialekt + Fachsemantik

Funktiolekt = Kopplung aus Standardlekt oder Regiolekt oder Dialekt + Fachsemantik

Soziolekt = Dialekt oder Regiolekt oder Standardlekt plus sozietäre (gruppenhafte) Komponente, gekoppelt mit Alltagssemantik oder Vermittlungssemantik oder Spezial-/Fachsemantik

Sogenannte Jugendsprache: keine Varietät, sondern ein Bündel von Varietäten, das sich in Soziolekten manifestiert

Sogenannte Frauen-/Männersprache („Genderlekt"): keine Varietät, sondern stilistische Markierungen, die sich in anderweitig zu bestimmenden Funktiolekten oder Soziolekten manifestieren

Varietäten aus der Perspektive der 1. Dimension: Ausdrucksystem

Dialekt = kurzreichweitiges Ausdruckssystem gekoppelt mit AS oder VS oder FS + ...

Regiolekt = mittelreichweitiges Ausdruckssystem gekoppelt mit AS oder VS oder FS + ...

Standardlekt = hochreichweitiges Ausdruckssystem gekoppelt mit AS oder VS oder FS + ...

Varietäten aus der Perspektive der 2. Dimension: Inhaltssystem (Semantiktypen)

Alltagssprache = SL oder RL oder DL gekoppelt mit Alltagssemantik + ...

Vermittlungssprache = SL oder RL oder DL gekoppelt mit Vermittlungssemantik + ...

Fachsprache = SL oder RL oder DL gekoppelt mit Fachsemantik + ...

Varietäten aus der Perspektive der 3. Dimension: Medialität

Geschriebene Sprache (GSCHS) = SL oder RL oder DL gekoppelt mit AS oder VS oder FS + ...

Gesprochene Sprache (GSPS) = SL oder RL oder DL gekoppelt mit AS oder VS oder FS + ...

Multimediale Zeichen-Einheiten = SL oder RL oder DL gekoppelt mit AS oder VS oder FS + ...

GSCHS, GSPS und multimediale Zeichen-Einheiten sind theoretisch koppelbar mit allen Komponenten der drei anderen Grunddimensionen.

Varietäten aus der Perspektive der 4. Dimension: Historische Zeitstufe und Sprachentwicklung

Die groben Gliederungseinheiten und nach Feinjustierung verlangenden historischen Zeitstufen

– Althochdeutsch (ca. 750–1050)

– Mittelhochdeutsch (ca. 1050–1350)

– Frühneuhochdeutsch (ca. 1350–1650)

– (Spät-)Neuhochdeutsch (ca. 1650–1950-heute)

sind theoretisch koppelbar mit allen Komponenten der drei anderen Grunddimensionen.

Literaturverzeichnis

Alle Online-Quellen, die in diesem Buch aufgeführt werden, wurden am 9.5.2016 zuletzt eingesehen.

Adamzik, Kirsten (1995): Textsorten – Texttypologie. Eine kommentierte Bibliographie. Münster: Nodus Publikation.

Adamzik, Kirsten (1998): Fachsprachen als Varietäten. In: Hoffmann, Lothar/Kalverkämper, Hartwig/Wiegand, Herbert Ernst (Hg.): Fachsprachen. Ein internationales Handbuch zur Fachsprachenforschung und Terminologiewissenschaft. Band 1. Berlin/New York: de Gruyter, S. 181–189 (Handbücher zur Sprach- und Kommunikationswissenschaft Bd. 14.1).

Ágel, Vilmos/Hennig, Mathilde (Hg.) (2010): Nähe und Distanz im Kontext variationslinguistischer Forschung. Berlin/New York: de Gruyter (Linguistik – Impulse und Tendenzen Bd. 35).

Ammon, Ulrich (1995): Die deutsche Sprache in Deutschland, Österreich und der Schweiz. Das Problem der nationalen Varietäten. Berlin/New York: de Gruyter.

Ammon, Ulrich (2015): Die Stellung der deutschen Sprache in der Welt. Berlin: de Gruyter.

Androutsopoulos, Jannis (1998): Deutsche Jugendsprache. Untersuchungen zu ihren Strukturen und Funktionen. Frankfurt/Main: Peter Lang (VarioLingua Bd. 6).

Androutsopoulos, Jannis/Runkehl, Jens/Schlobinski, Peter/Siever, Torsten (Hg.) (2006): Neuere Entwicklungen in der linguistischen Internetforschung. Themenheft, Germanistische Linguistik 186–187. Hildesheim u. a.: Olms.

Androutsopoulos, Jannis/Spreckels, Janet (2010): Varietät und Stil: Zwei Integrationsvorschläge. In: Gilles, Peter et al. (Hg.): Variatio delectat. Empirische Evidenzen und theoretische Passungen sprachlicher Variation. Frankfurt/Main: Peter Lang, S. 197–214 (VarioLingua Bd. 37).

Asmuth, Bernhard (1991): Stilprinzipien, alte und neue. Zur Entwicklung der Stilistik aus der Rhetorik. In: Neuland, Eva/Bleckwenn, Helga (Hg) Stil – Stilistik – Stilisierung. Linguistische, literaturwissenschaftliche und didaktische Beiträge zur Stilforschung. Frankfurt/Main: Peter Lang, S. 23–38.

Auer, Peter (1989): Natürlichkeit und Stil. In: Selting, Margret/Hirnenkamp, Volker (Hg.): Stil und Stilisierung. Arbeiten zur interpretativen Soziolinguistik. Tübingen: Niemeyer. S. 27–60 (Linguistische Arbeiten Bd. 235).

Auer, Peter (2013) (Hg.): Sprachwissenschaft. Grammatik – Interaktion – Kognition. Stuttgart: Metzler.

Austin, John L. (1962/1972): How to Do Things with Words. Oxford – Übersetzung: Austin, John L. (1972): Zur Theorie der Sprechakte. Stuttgart: Reclam.

Barbour, Stephen/Stevenson, Patrick (1998): Variation im Deutschen. Soziolinguistische Perspektiven. Berlin/New York: de Gruyter.

Bartsch, Renate (1987): Sprachnormen: Theorie und Praxis. Tübingen: Niemeyer (Konzepte der Sprach- und Literaturwissenschaft Bd. 38).

Bausinger, Hermann (1972): Deutsch für Deutsche. Dialekte, Sprachbarrieren, Sondersprachen. Frankfurt/Main: Fischer.

Becker, Andrea (2001): Populärmedizinische Vermittlungstexte. Studien zur Geschichte und Gegenwart fachexterner Vermittlungsvarietäten. Tübingen: Niemeyer (Reihe Germanistische Linguistik Bd. 225).

Becker, Andrea/Hundt, Markus (1998): Die Fachsprache in der einzelsprachlichen Differenzierung. In: Hoffmann, Lothar/Kalverkämper, Hartwig/Wiegand, Herbert Ernst (Hg.): Fachsprachen. Ein internationales Handbuch zur Fachsprachenforschung und Terminologiewissenschaft. Band 1. Berlin/New York: de Gruyter, S. 118–133 (Handbücher zur Sprach- und Kommunikationswissenschaft Bd. 14.1).

Bergmann, Jörg (1981): Ethnomethodologische Konversationsanalyse. In: Dialogforschung. Jahrbuch 1980 des Instituts für deutsche Sprache. Düsseldorf: Schwann, S. 9–52.

Bergmann, Jörg/Luckmann, Thomas (Hg.) (1999): Kommunikative Konstruktion von Moral. Band 2: Von der Moral zu den Moralen. Opladen: Westdeutscher Verlag.

Berruto, Gaetano (2004): Sprachvarietät – Sprache/ Linguistic Variety – Language. In: Ammon, Ulrich et al. (Hg.) Sociolinguistics/Soziolinguistik. 2. Auflage. Band 1. Berlin: de Gruyter, S. 188–195 (Handbücher zur Sprach- und Kommunikationswissenschaft Bd. 3.1).

Brinker, Klaus/Cölfen, Hermann/Pappert, Steffen ([8]2014): Linguistische Textanalyse. Eine Einführung in Grundbegriffe und Methoden. Berlin: Erich Schmidt (Grundlagen der Germanistik Bd. 29).

Bühler, Karl (1934): Sprachtheorie. Jena: Fischer.

Busse, Beatrix/Warnke, Ingo (2015): Sprache im urbanen Raum. In: Felder, Ekkehard/Gardt, Andreas (Hg.): Handbuch Sprache und Wissen. Berlin/Boston: de Gruyter, S. 519–538 (Handbücher Sprachwissen – HSW Bd. 1).

Coseriu, Eugenio (1970): System, Norm und 'Rede'. In: Coseriu, Eugenio (Hg.): Sprache – Strukturen und Funktionen. Tübingen: Tübinger Beiträger zur Linguistik, S. 193–212.

Coseriu, Eugenio (1988): Sprachkompetenz. Grundzüge der Theorie des Sprechens. Tübingen: Francke (UTB 1481).

Coupland, Nikolas (2001): Dialect stylization in radio talk. In: Language in Society 30, p. 345–375.

Coupland, Nikolas (2007): Style. Language variation and identity. Cambridge: Cambridge University Press.

Daneš, František (2005): Dimensionen im Varietätenraum. In: Lenz, Alexandra N./Mattheier, Klaus (Hg.): Varietäten – Theorie und Empirie. Frankfurt/Main: Peter Lang, S. 39–49 (VarioLingua 23).

Das Aussprachewörterbuch. Duden Band 6. Berlin: Dudenverlag [7]2015.

Das Herkunftswörterbuch. Etymologie der deutschen Sprache. Duden Band 7. Berlin: Bibliographisches Institut [5]2013.

Deppermann, Arnulf/Schmidt, Axel (2001): Hauptsache Spaß – Zur Eigenart der Unterhaltungskultur Jugendlicher. In: Der Deutschunterricht Heft 6/ 2001; S. 27–38.

Deppermann, Arnulf ([4]2008): Gespräche analysieren. Wiesbaden: VS Verlag.

Deppermann, Arnulf/Feilke, Helmuth/Linke, Angelika (2016): Sprachliche und kommunikative Praktiken: Eine Annäherung aus linguistischer Sicht. In: Deppermann, Arnulf/Feilke, Helmuth/Linke, Angelika (Hg.): Sprachliche und kommunikative Praktiken. Berlin/Boston: de Gruyter, S. 1–23.

Deutsche Akademie der Wissenschaften und Union der Deutschen Akademien der Wissenschaften (2013): Reichtum und Armut der deutschen Sprache: Erster Bericht zur Lage der deutschen Sprache. Ludwig Eichinger, Peter Eisenberg, Wolfgang Klein, Angelika Storrer. Berlin u.a.: de Gruyter.

Die Grammatik. Duden Band 4. Mannheim: Dudenverlag [3]1973.

Die Grammatik. Duden Band 4. Mannheim: Bibliographisches Institut und Brockhaus [7]2005.

Dittmar, Norbert (1997): Grundlagen der Soziolinguistik. Ein Arbeitsbuch mit Aufgaben. Tübingen: Niemeyer.

Dovalil, Vít (2010):Zum Begriff 'Varietät' und dessen Verflechtung mit 'Norm' und 'Stil'. In: Gilles, Peter et al. (Hg.): Variatio delectat. Empirische Evidenzen und theoretische Passungen sprachlicher Variation. Frankfurt/Main: Peter Lang, S. 44–57 (VarioLingua Bd. 37).

Dürscheid, Christa (2003): Medienkommunikation im Kontinuum von Mündlichkeit und Schriftlichkeit. Theoretische und empirische Probleme. In: Zeitschrift für Angewandte Linguistik 38, S. 37–56.

Dürscheid, Christa (2005): Medien, Kommunikationsformen, kommunikative Gattungen. In: Linguistik online 22, 1/2005.

Dürscheid, Christa ([5]2016): Einführung in die Schriftlinguistik. Göttingen: Vandenhoeck & Ruprecht (UTB 3740).

Dürscheid, Christa (2016): Graphematische Mikrovariation. In: Domahs, Ulrike/Primus, Beatrice (Hg.): Handbuch Laut, Gebärde, Buchstabe. Berlin/Boston: de Gruyter, S. 492–510 (Handbücher Sprachwissen – HSW Bd. 2).

Dürscheid, Christa (2016a): Nähe, Distanz und neue Medien. In: Feilke, Helmuth/Hennig, Mathilde (Hg.): Zur Karriere von Nähe und Distanz. Rezeption und Diskussion des Koch-Oesterreicher-Modells. Berlin: de Gruyter, S. 363–391 (Reihe Germanistische Linguistik Bd. 306).

Dürscheid, Christa/Elspaß, Stephan (2015): Variantengrammatik des Standarddeutschen. In: Kehrein,

Roland/Lameli, Alfred/Rabanus, Stefan (Hg.): Regionale Variation des Deutschen. Projekte und Perspektiven. Berlin/Boston: de Gruyter, S. 563–584.

Ehlich, Konrad/Ossner, Jakob/Stammerjohann, Harro (Hg.) (2001): Hochsprachen in Europa. Entstehung, Geltung, Zukunft. Freiburg: Fillibach.

Eichhoff, Jürgen (1997–2000): Wortatlas der deutschen Umgangssprache. 4 Bände. Bern/München: Saur.

Eisenberg, Peter (2007): Sprachliches Wissen im Wörterbuch der Zweifelsfälle. Über die Rekonstruktion einer Gebrauchsnorm. In: Aptum. Zeitschrift für Sprachkritik und Sprachkultur. Heft 3/2007, S. 209–228.

Elmentaler, Michael (2012): In Hannover wird das beste Hochdeutsch gesprochen. In: Anderwald, Lieselotte (Hg.): Sprachmythen – Fiktion oder Wirklichkeit? Frankfurt/Main: Peter Lang, S. 101–116.

Elmentaler, Michael/Rosenberg, Peter (2015): Norddeutscher Sprachatlas (NOSA). Band 1: Regiolektale Sprachlagen. Hildesheim: Olms.

Feilke, Helmuth (2003): Textroutine, Textsemantik und sprachliches Wissen. In: Linke, Angelika/Ortner, Hanspeter/Portmann-Tselikas, Paul R. (Hg.): Sprache und mehr. Ansichten einer Linguistik der sprachlichen Praxis. Tübingen: Niemeyer, S. 209–229 (Reihe Germanistische Linguistik Bd. 245).

Feilke, Helmuth (2015): Sprachsystem und Sprachgebrauch. In: Felder, Ekkehard/Gardt, Andreas (Hg.): Handbuch Sprache und Wissen. Berlin/Boston: de Gruyter, S. 81–105 (Handbücher Sprachwissen – HSW Bd. 1).

Felder, Ekkehard (2006): Semantische Kämpfe in Wissensdomänen. Eine Einführung in Benennungs-, Bedeutungs- und Sachverhaltsfixierungs-Konkurrenzen. In: Felder, Ekkehard (Hg.): Semantische Kämpfe. Macht und Sprache in den Wissenschaften. Berlin/New York: de Gruyter, S. 13–46 (Linguistik – Impulse und Tendenzen Bd. 19).

Felder, Ekkehard (2009): Sprachliche Formationen des Wissens. Sachverhaltskonstitution zwischen Fachwelten, Textwelten und Varietäten. In: Felder, Ekkehard/Müller, Marcus (Hg.): Wissen durch Sprache. Theorie, Praxis und Erkenntnisinteresse

des Forschungsnetzwerkes ‚Sprache und Wissen'. Berlin/New York: de Gruyter, S. 21–77 (Sprache und Wissen Bd. 3).

Felder, Ekkehard/Gardt, Andreas (2015): Sprache – Erkenntnis – Handeln. In: Felder, Ekkehard/Gardt, Andreas (Hg.): Handbuch Sprache und Wissen. Berlin/Boston de Gruyter, S. 3–33 (Handbücher Sprachwissen – HSW Bd. 1).

Fiehler, Reinhard (2005): Gesprochene Sprache. In: Die Grammatik. Duden Band 4. Mannheim: Bibliographisches Institut und Brockhaus ⁷2005, S. 1175–1255.

Fiehler, Reinhard (2008): Altern, Kommunikation und Identitätsarbeit. Mannheim: Institut für Deutsche Sprache.

Fiehler, Reinhard/Barden, Birgit/Elstermann, Mechthild/Kraft, Barbara (2004): Eigenschaften gesprochener Sprache. Tübingen: Narr.

Fisch, Rudolf (2004): Gruppe/Group. In: Ammon, Ulrich et al. (Hg.): Sociolinguistics/Soziolinguistik. 2. Auflage. Band. 1. Berlin: de Gruyter, S. 423–429 (Handbücher zur Sprach- und Kommunikationswissenschaft Bd. 3.1).

Flydal, Leiv (1952): Remarques sur certains rapports entre le style et l'état de langue. In: Norsk Tidsskrift for Sprogvidenskap 16/1952, S. 241–258.

Georg, Werner (2004): Schicht/Class. In: Ammon, Ulrich et al. (Hg.): Sociolinguistics/Soziolinguistik. 2. Auflage. Band. 1. Berlin: de Gruyter, S. 378–383 (Handbücher zur Sprach- und Kommunikationswissenschaft Bd. 3.1).

Gerhardt, Ute (2004): Situationen/Situations. In: Ammon, Ulrich et al. (Hg.): Sociolinguistics/Soziolinguistik. 2. Auflage. Band. 1. Berlin: de Gruyter, S. 430–437 (Handbücher zur Sprach- und Kommunikationswissenschaft Bd. 3.1).

Gilles, Peter (2003): Zugänge zum Substandard. Korrelativ-globale und konversationell-lokale Verfahren. In: Androutsopoulos, Jannis/Ziegler, Evelyn (Hg.): Standardfragen. Frankfurt/Main u.a.: Peter Lang, S. 195–215 (VarioLingua Bd. 18).

Gilles, Peter/Scharloth Joachim/Ziegler, Evelyn (2010): Variatio delectat? In: Gilles, Peter et al. (Hg.): Variatio delectat. Empirische Evidenzen und theoretische Passungen sprachlicher Variation. Frankfurt/Main: Peter Lang, S. 1–5 (VarioLingua Bd. 37).

Gloy, Hans ([2]1998): Sprachnormierung und Sprach-kritik in ihrer gesellschaftlichen Verflechtung. In: Besch, Werner/Betten, Anne/Reichmann, Oskar/Sonderegger, Stefan (Hg.): Sprachgeschichte. Ein Handbuch zur Geschichte der deutschen Sprache. Band 1. Berlin/New York: de Gruyter, S. 396–406 (Handbücher zur Sprach- und Kommunikations-wissenschaft Bd. 2.1).

Gumperz, John (1982): Discourse strategies. Cam-bridge: Cambridge University-Press.

Gumperz, John (1994): Sprachliche Variabilität in in-teraktionsanalytischer Perspektive. In: Kallmeyer, Werner (Hg.): Kommunikation in der Stadt. Band 1. Exemplarische Analysen des Sprachverhaltens in Mannheim. Berlin/New York: de Gruyter, S. 612–643.

Günthner, Susanne (1999): „Entwickelt sich der Kon-zessivkonnektor obwohl zum Diskursmarker? Grammatikalisierungstendenzen im gesprochenen Deutsch." In: Linguistische Berichte 180, S. 409–446.

Günthner, Susanne (2008): 'weil – es ist zu spät'. Geht die Nebensatzstellung im Deutschen verlo-ren? In: Denkler, Markus/Günthner, Susanne/Imo, Wolfgang et al. (Hg.): Frischwärts und Unkaputt-bar. Sprachverfall oder Sprachwandel im Deut-schen? Münster: Aschendorff. 103–128.

Großes Wörterbuch der deutschen Aussprache (GWdA). 1964: Wörterbuch der deutschen Aus-sprache. Herausgegeben von dem Kollektiv Eva-Maria Krech et al. Leipzig: Bibliographisches Insti-tut.

Habscheid, Stephan (2009): Text und Diskurs. Pader-born: Fink (UTB 3349).

Halliday, Michael Alexander Kirkwood/McIntosh, An-gus/Strevens, Peter (1964): The linguistic sciences and language teaching. London: Longman.

Halpern, Diane F. ([3]2000): Sex Differences in cogni-tive abilities. Mahwah, NJ: Erlbaum.

Hartmann, Peter (1976): Norm und Sprachbegriff: Zur Normdiskussion in der Linguistik. In: Gloy, Klaus/Presch, Gunter (Hg.): Sprachnormen III. Stuttgart/Bad Cannstatt: Frommann-Holzboog, S. 28–58.

Hinnenkamp, Volker/Selting, Margret (Hg.) (1989): Stil und Stilisierung. Arbeiten zur interpretativen Soziolinguistik. Tübingen: Niemeyer (Linguistische Arbeiten Bd. 235).

Hoffmann, Michael (1999): Thesen zur Varietätenlin-guistik. In: Zeitschrift für germanistische Linguistik (ZGL) 27/1999, S. 309–321.

Hoffmann, Michael (2007): Funktionale Varietäten des Deutschen – kurz gefasst. Potsdam: Universi-tätsverlag.

Hundt, Markus (1992): Einstellungen gegenüber dia-lektal gefärbter Standardsprache. Eine empirische Untersuchung zum Bairischen, Hamburgischen, Pfälzischen und Schwäbischen. Stuttgart: Steiner (Beiheft zur Zeitschrift für Dialektologie und Lin-guistik 78).

Hundt, Markus (2006): Das Ringen um den Geldbe-griff. Begriffswandel und Metaphernkonstanz in historischen und zeitgenössischen Geldtheorien. In: Felder, Ekkehard (Hg.): Semantische Kämpfe. Macht und Sprache in den Wissenschaften. Ber-lin/New York: de Gruyter, S. 313–351 (Linguistik – Impulse und Tendenzen Bd. 19).

Hundt, Markus (2015): Sprache in der Wirtschaft. In: Felder, Ekkehard/Gardt, Andreas (Hg.): Handbuch Sprache und Wissen. Berlin/Boston: de Gruyter, S. 373–391 (Handbücher Sprachwissen – HSW Bd. 1).

Janich, Nina/Thim-Mabrey, Christiane (Hg.) (2003): Sprachidentität – Identität durch Sprache. Tübin-gen: Narr.

Kallmeyer, Werner (2000): Sprachvariation und So-ziostilistik. In: Häcki Buhofer, Annelies (Hg.): Vom Umgang mit sprachlicher Variation. Soziolinguistik, Dialektologie, Methoden und Wissenschaftsge-schichte. Tübingen/Basel: Francke, S. 261–279.

Keim, Inken (2007): Die „türkischen Powergirls". Le-benswelt und kommunikativer Stil einer Migran-tinnengruppe in Mannheim. Tübingen: Narr.

Kellermeier-Rehbein, Birte (2014): Plurizentrik. Ein-führung in die nationalen Varietäten des Deut-schen. Berlin: Erich Schmidt Verlag.

Kilian, Jörg/Lüttenberg, Dina (2009): Kompetenz. Zur sprachlichen Konstruktion von Wissen und Kön-nen im Bildungsdiskurs nach PISA. In: Felder, Ek-kehard/Müller, Marcus (Hg.): Wissen durch Spra-che. Berlin/New York: de Gruyter, S. 245–278.

Klann-Delius, Gisela (2005): Sprache und Geschlecht. Eine Einführung. Stuttgart/Weimar: Metzler.

Klein, Wolfgang (1974): Variation in der Sprache. Ein Verfahren zu ihrer Beschreibung. Kronberg/Ts: Scriptor.

Koch, Peter/Österreicher, Wulf (1985): Sprache der Nähe – Sprache der Distanz. Mündlichkeit und Schriftlichkeit im Spannungsfeld von Sprachtheorie und Sprachgeschichte. In: Romanisches Jahrbuch 36, S. 15–43.

Köller, Wilhelm (2004): Perspektivität und Sprache. Zur Struktur von Objektivierungsformen in Bildern, im Denken und in der Sprache. Berlin/New York: de Gruyter.

Konerding, Klaus-Peter (2015):Sprache und Wissen. In: Felder, Ekkehard/Gardt, Andreas (Hg.): Handbuch Sprache und Wissen. Berlin/Boston: de Gruyter, S. 57–80 (Handbücher Sprachwissen – HSW Bd. 1).

König, Werner (¹⁵2005): dtv-Atlas zur deutschen Sprache. München: Deutscher Taschenbuchverlag.

Krappmann; Lothar (2004): Identität/Identity. In: Ammon, Ulrich et al. (Hg.) Sociolinguistics/Soziolinguistik. 2. Auflage. Band 1. Berlin: de Gruyter, S. 378–383 (Handbücher zur Sprach- und Kommunikationswissenschaft Bd. 3.1).

Lausberg, Helmut (1993): Situative und individuelle Sprachvariation im Rheinland. Variablenbezogene Untersuchung anhand von Tonbandaufnahmen aus Erfstadt-Erp. Köln: Bohlau.

Lenz, Alexandra N. (2003): Struktur und Dynamik des Substandards. Eine Studie zum Westmitteldeutschen (Wittlich/Eifel). Stuttgart: Steiner (Zeitschrift für Dialektologie und Linguistik. Beiheft 125).

Lenz, Alexandra N. (2005): Hyperdialektismen und Hyperkorrekturen – Indizien für Varietätengrenzen. In: Lenz, Alexandra N./Mattheier, Klaus J. (Hg.): Varietäten – Theorie und Empirie. Frankfurt/Main: Peter Lang, S. 75–95 (VarioLingua Bd. 23).

Limbach, Jutta (2008): Sprachzucht ist ein Beitrag zur Demokratie. In: Eichhoff-Cyrus, Karin M./Antos, Gerd (Hg.): Verständlichkeit als Bürgerrecht? Die Rechts- und Verwaltungssprache in der öffentlichen Diskussion. Mannheim: Dudenverlag, S. 371–377 („Thema Deutsch" Bd. 9).

Ling, Peter Anton (²2013): Stimme, Stimmfach, Fachertrag. Die Bedeutung der Opernstimmfächer am Beispiel der männlichen Stimmfächer. Augsburg: Wißner.

Linke, Angelika (2001): Trauer, Öffentlichkeit und Intimität. Zum Wandel der Textsorte ‚Todesanzeige' in der zweiter Hälfte des 20. Jahrhunderts. In: Fix, Ulla/Habscheid, Stephan/Klein, Josef (Hg.): Zur Kulturspezifik von Textsorten. Tübingen: Stauffenburg, S. 195–223 (Textsorten Bd. 3).

Linke, Angelika/Feilke, Helmuth (Hg.) (2009): Oberfläche und Performanz. Untersuchungen zur Sprache als dynamischer Gestalt. Tübingen: Niemeyer (Reihe Germanistische Linguistik Bd. 283).

Löffler, Heinrich (2003): Dialektologie. Eine Einführung. Tübingen: Narr (Narr Studienbücher).

Löffler, Heinrich (⁵2016): Germanistische Soziolinguistik. Berlin: Erich Schmidt (Grundlagen der Germanistik 23)

Lüdtke, Jens/Mattheier, Klaus (2005): Variation – Varietäten – Standardsprachen. Wege für die Forschung. In: Lenz, Alexandra N./Mattheier, Klaus J. (Hg.): Varietäten – Theorie und Empirie. Frankfurt/Main: Peter Lang, S. 13–38 (VarioLingua Bd. 23).

Luth, Janine (2015): Semantische Kämpfe im Recht. Eine rechtslinguistische Analyse zu Konflikten zwischen dem EGMR und nationalen Gerichten. Heidelberg: Winter (Schriften des Europäischen Zentrums (EZS) Bd. 1).

Mathesius, Vilém (1961/1975): A Functional Analysis of Present Day English on a General Linguistic Basis. The Hague: Mouton de Gruyter.

Mattheier, Klaus J. (1997): Über Destandardisierung, Umstandardisierung und Standardisierung in modernen europäischen Standardsprachen. In: Mattheier, Klaus J./Radtke, Edgar (Hg.): Standardisierung und Destandardisierung europäischer Nationalsprachen. Frankfurt/Main, S. 1–9 (VarioLingua Bd. 1).

Mesthrie, Rajend/Swann, Joan/Deumert, Andrea/Leap, William (²2009): Introducing Sociolinguistics. Edinburgh: Edinburgh University Press.

Metzler Lexikon Sprache (⁴2010). Herausgegeben von Helmut Glück. Stuttgart/Weimar: Metzler.

Mitzka, Walther/Schmitt, Ludwig Erich (1951ff.): Deutscher Wortatlas. Gießen: Schmitz.

Müller, Anke (in Vorb.): Verständlichkeit der Verwaltungssprache. In: Felder, Ekkehard/Vogel, Friedemann (Hg.): Handbuch Sprache im Recht. Berlin/Boston: de Gruyter. (Handbücher Sprachwissen – HSW Bd. 12).

Müller, Marcus (2012) Vom Wort zur Gesellschaft: Kontexte in Korpora. Ein Beitrag zur Methodologie der Korpuspragmatik. In: Felder, Ekkehard/Müller, Marcus/Vogel, Friedemann (Hg.): Korpuspragmatik. Thematische Korpora als Basis diskurslinguistischer Analysen. Berlin/Boston: de Gruyter, S. 33–82 (Linguistik – Impulse und Tendenzen Bd. 44).

Müller, Marcus (2015): Sprachliches Rollenverhalten: Korpuspragmatische Studien zu divergenten Kontextualisierungen in Mündlichkeit und Schriftlichkeit. Berlin/Boston: de Gruyter (Sprache und Wissen Bd. 19).

Nabrings, Kirsten (1981): Sprachliche Varietäten. Tübingen: Narr (Tübinger Beiträge zur Linguistik Bd. 147).

Neuland, Eva (2008): Jugendsprache. Eine Einführung. Tübingen: A. Francke (UTB 2397).

Neuland, Eva/Schlobinski, Peter (2015): Sprache in sozialen Gruppen. In: Felder, Ekkehard/Gardt, Andreas (Hg.): Handbuch Sprache und Wissen. Berlin/Boston: de Gruyter, S. 291–313 (Handbücher Sprachwissen – HSW Bd. 1).

Niebaum, Hermann/Macha, Jürgen (^{3}2014): Einführung in die Dialektologie des Deutschen. Tübingen: Niemeyer (Germanistische Arbeitshefte Bd. 37).

Nöth, Winfried (^{2}2000): Handbuch der Semiotik. Stuttgart: Metzler.

Paul, Hermann (1880/^{6}1960): Prinzipien der Sprachgeschichte. Halle: Niemeyer.

Piitulainen, Marja-Leena (1993): Die Textstruktur der finnischen und deutsch-sprachigen Todesanzeigen. In: Schröder, Hartmut (Hg.): Fachtextpragmatik. Tübingen: Narr. S. 141–186.

Polenz, Peter v. (1991/1994/1999): Deutsche Sprachgeschichte. Band I, II und III. Berlin/New York: de Gruyter.

Pusch, Luise F. (1984/^{14}2012): Das Deutsche als Männersprache. Frankfurt/Main: Suhrkamp.

Radtke, Edgar (1997): Einleitung. In: Mattheier, Klaus J./Radtke, Edgar (Hg.): Standardisierung und Destandardisierung europäischer Nationalsprachen. Frankfurt/Main, S. VII–IX (VarioLingua Bd. 1).

Reiffenstein, Ingo (2001): Das Problem der nationalen Varietäten. Rezensionsaufsatz zu Ulrich Ammon. Die deutsche Sprache in Deutschland, Österreich und der Schweiz. Das Problem der nationalen Varietäten. In: Zeitschrift für deutsche Philologie, Heft 120/2001; S. 78–89.

Richtiges und gutes Deutsch. Duden Band 9. Mannheim: Dudenverlag ^{5}2001.

Richtiges und gutes Deutsch. Duden Band 9. Mannheim: Bibliographisches Institut ^{7}2011.

Riecke, Jörg (2016): Geschichte der deutschen Sprache. Eine Einführung. Stuttgart: Reclam.

Riecke, Jörg (in Vorb.): Brunfels, Otto *1489 in Mainz, † 23.11.1534 in Bern: Mediziner und Botaniker, Theologe und Pädagoge. In: Frühe Neuzeit in Deutschland. Literaturwissenschaftliches Verfasserlexikon. Hrsg. von Wilhelm Kühlmann, Jan-Dirk Müller, Michael Schilling, Johann Anselm Steiger, Friedrich Vollhardt. Berlin/Boston: de Gruyter.

Riesel, Elise (^{2}1970): Der Stil der deutschen Alltagsrede. Leipzig: Reclam.

Riesel, Elise (1975): Grundsatzfragen der Funktionalstilistik. In: Linguistische Probleme der Textanalyse. Jahrbuch 1973 des Instituts für deutsche Sprache. Düsseldorf: Schwann, S. 36–53.

Roelcke, Thorsten (^{3}2010): Fachsprachen. Berlin: Erich Schmidt (Grundlagen der Germanistik Bd. 37).

Salewski, Kerstin (1998): Zur Homogenität des Substandards älterer Bergleute im Ruhrgebiet. Stuttgart: Steiner (Zeitschrift für Dialektologie und Linguistik. Beiheft 99).

Samel, Ingrid (1995): Einführung in die feministische Sprachwissenschaft. Berlin: Erich Schmidt.

Sanders, Willy (^{3}1996): Gutes Deutsch – besseres Deutsch. Praktische Stillehre der deutschen Gegenwartssprache. Darmstadt: Wissenschaftliche Buchgesellschaft.

Scherer, Klaus R./Wallbott, Harald. G. (Hg.) (1984): Nonverbale Kommunikation. Forschungsberichte zum Interaktionsverhalten. Weinheim: Beltz.

Schlobinski, Peter/Kohl, Gaby/Ludewigt, Irmgard (1993): Jugendsprache. Fiktion und Wirklichkeit. Opladen: Westdeutscher Verlag.

Schmidt, Claudia (1988): „Typisch weiblich – typisch männlich". Geschlechtstypisches Kommunikationsverhalten in studentischen Kleingruppen. Tübingen: Niemeyer (Reihe Germanistische Linguistik Bd. 87.

Schmidt, Jürgen Erich (2005): Versuch zum Varietätenbegriff. In: Lenz, Alexandra N./Mattheier, Klaus

J. (Hg.): Varietäten – Theorie und Empirie. Frankfurt/Main: Peter Lang, S. 13–38 (VarioLingua Bd. 23).

Schmidt, Jürgen Erich (2010): Die modernen Regionalsprachen als Varietätenverbände. In: Gilles, Peter et al. (Hg.): Variatio delectat. Empirische Evidenzen und theoretische Passungen sprachlicher Variation. Frankfurt/Main: Peter Lang, S. 125–143 (VarioLingua Bd. 37).

Schmidt, Jürgen Erich/Herrgen, Joachim (Hg.) (2001ff.): Digitaler Wenker-Atlas (DiWA). Bearbeitet von Alfred Lameli et al. Erste vollständige Ausgabe von Georg Wenkers *Sprachatlas des Deutschen Reichs* 1888–1923 von Emil Maurmann, Georg Wenker und Ferdinand Wrede. Marburg: Forschungszentrum Deutscher Sprachatlas.

Schmidt, Jürgen Erich/Herrgen, Joachim (2011): Sprachdynamik. Eine Einführung in die moderne Regionalsprachenforschung. Berlin: Erich Schmidt (Grundlagen der Germanistik Bd. 49).

Schmitt, Reinhold (1993): Kontextualisierung und Konversationsanalyse. In: Deutsche Sprache 21, S. 326–354.

Schmitz, Ulrich (2015): Einführung in die Medienlinguistik. Darmstadt: Wissenschaftliche Buchgesellschaft.

Schwitalla, Johannes (1976): Was sind Gebrauchstexte? In: Deutsche Sprache 1. Zeitschrift für Theorie, Praxis, Dokumentation, S. 20–40.

Schwitalla, Johannes (⁴2012): Gesprochenes Deutsch. Berlin: Erich Schmidt (Grundlagen der Germanistik Bd. 33).

Selting, Margot (1999): Kontinuität und Wandel der Verbstellung von ahd. *wanta* bis gwd. *weil*. In: Zeitschrift für Germanistische Linguistik 27/1999, S. 167–204.

Siebs, Theodor (1898/¹⁹2000): Deutsche Aussprache. Reine und gemäßigte Hochlautung mit Aussprachewörterbuch. Hrsg. von Helmut de Boor, Hugo Moser und Christian Winkler. Wiesbaden: VMA-Verlag.

Sinner, Carsten (2014): Varietätenlinguistik. Eine Einführung. Tübingen: Narr (Narr Studienbücher).

Sitta, Horst (1973): Kritische Überlegungen zur Textsortenlehre. In: Sitta, Horst/Brinker, Klaus (Hg.), Studien zur Texttheorie und zur deutschen Grammatik. Düsseldorf: Schwann, S. 63–72.

Söll, Ludwig (³1985): Gesprochenes und geschriebenes Französisch. Berlin: Erich Schmidt.

Sowinski, Bernhard (²1999): Stiltheorien. Stuttgart: Metzler.

Sperber, Hans/Polenz, Peter v. (1966): Geschichte der deutschen Sprache. Berlin/New York: de Gruyter Mouton.

Spiekermann, Helmut (2007): Standardsprache im DaF-Unterricht: Normstandard – nationale Standardvarietäten – regionale Standardvarietäten. In: Linguistik online 32, 3/2007.

Spillner, Bernd (1989): Stilelemente im fachsprachlichen Diskurs. In: Dahmen, Wolfgang/Holtus, Günter/Kramer, Johannes/Metzeltin, Michael (Hg.): Technische Sprache und Technolekte in der Romania. Romanistisches Kolloquium II. Tübingen: Narr Verlag, S. 2–19.

Spillner, Bernd (⁴2001): Stilistik. In: Arnold, Heinz Ludwig/Detering, Heinrich (Hg.): Grundzüge der Literaturwissenschaft. München: Deutscher Taschenbuchverlag, S. 234–256.

Spranz-Fogasy, Thomas (2014): Die allmähliche Verfertigung der Diagnose im Reden. Prädiagnostische Mitteilungen im Gespräch zwischen Arzt und Patient. Berlin/Boston: de Gruyter (Sprache und Wissen Bd. 16).

Steger, Hugo/Deutrich, Karl-Helge/Schank, Gerd/Schütz, Eva (1974): Redekonstellation, Redekonstellationstyp, Textexemplar, Textsorte im Rahmen eines Sprachverhaltensmodells. Begründung einer Forschungshypothese. In: Engel, Ulrich/Moser, Hugo/Steger, Hugo (Hg.): Gesprochene Sprache. Jahrbuch 1972 des Instituts für Deutsche Sprache. Düsseldorf: Schwann, S. 39–97.

Steger, Hugo (1988): Erscheinungsformen der deutschen Sprache. ‚Alltagssprache' – ‚Fachsprache'– ‚Standardsprache' – ‚Dialekt' und andere Gliederungstermini. In: Deutsche Sprache. 16/1988, S. 289–319.

Steger, Hugo (1990): Über Sprachvarietäten und Existenzformen der Sprache. In: Große, Rudolf (Hg.): Sprache in der sozialen und kulturellen Entwicklung. Beiträge eines Kolloquiums zu Ehren von Theodor Frings (1886–1968). Berlin: Akademie-Verlag, S. 39–50.

Steger, Hugo (1991): Alltagssprache. Zur Frage nach ihrem besonderen Status in medialer und semantischer Hinsicht. In: Raible, Wolfgang (Hg.): Symbolische Formen. Medien. Identität. Jahrbuch 1989/90 des Sonderforschungsbereichs 321 „Übergänge und Spannungsfelder zwischen Schriftlichkeit und Mündlichkeit". Tübingen: Narr, S. 55–112.

Steger, Hugo (1998): Sprachgeschichte als Geschichte der Textsorten/Texttypen und ihrer kommunikativen Bezugsbereiche. In: Besch, Werner/Reichmann, Oskar/Sonderegger, Stefan (Hg.): Sprachgeschichte. Ein Handbuch zur Geschichte der deutschen Sprache und ihrer Erforschung. 2. Auflage. Band 1. Berlin/New York, S. 284–299 (Handbücher zur Sprach- und Kommunikationswissenschaft Bd. 2.1).

Strasser, Hermann/Brömme, Norbert (2004): Prestige und Stigma/Prestige and Stigma. In: Ammon, Ulrich et al. (Hg.) Sociolinguistics/Soziolinguistik. 2. Auflage. Band 1. Berlin: de Gruyter, S. 412–417 (Handbücher zur Sprach- und Kommunikationswissenschaft Bd. 3.1).

Stukenbrock, Anja (2005): Sprachnationalismus. Sprachreflexion als Medium kollektiver Identitätsstiftung in Deutschland (1617–1945). Berlin/New York: de Gruyter (Studia linguistica Germanica Bd. 74).

Szmrecsanyi, Benedict (2013): Variation und Wandel. In: Auer, Peter (Hg.): Sprachwissenschaft. Grammatik – Interaktion – Kognition. Stuttgart: Metzler, S. 261–284.

Thaler, Verena (2007): Mündlichkeit, Schriftlichkeit, Synchronizität. Eine Analyse alter und neuer Konzepte zur Klassifikation neuer Kommunikationsformen. In: Zeitschrift für germanistische Linguistik 35/2007, S. 146–181.

Trabant, Jürgen (2014): Globalesisch, oder was? Ein Plädoyer für Europas Sprachen. München: Beck.

Trömmel-Plötz, Senta (1984) (Hg.): Gewalt durch Sprache. Die Vergewaltigung von Frauen in Gesprächen. Frankfurt/Main: Fischer.

Veith, Werner H. (²2005): Soziolinguistik. Ein Arbeitsbuch. Tübingen: Narr (Narr Studienbücher).

Wandruszka, Mario (1979): Die Mehrsprachigkeit des Menschen. München/Zürich: Piper.

Weddige, Hilkert (²1992): Einführung in die germanistische Mediävistik. München: Beck.

Weinreich, Uriel (1953): Languages in Contact. Findings and Problems. New York: Linguistic circle of New York. (dt. Weinreich, Uriel (1977): Sprachen in Kontakt. Ergebnisse und Probleme der Zweisprachigkeitsforschung. München: Beck).

Weinreich, Uriel/Labov, William/Herzog, M.I. (1968): Empirical foundations for a theory of language change. In: Lehmann, William P. (Hg.): Directions for historical linguistics: A symposium. Austin: University of Texas Press, S. 95–195.

Wichter, Sigurd (1994): Experten- und Laienwortschätze. Umriß einer Lexikologie der Vertikalität. Tübingen: Niemeyer (Reihe Germanistische Linguistik Bd. 144).

Wiese, Heike (2012): Kiezdeutsch. Ein neuer Dialekt entsteht. München: Beck (Beck'sche Reihe 6034).

Sachregister

Reichweite 16, 25, 60–61, 67, 69, 72, 76, 79, 82–86, 97–98, 102, 106, 114, 129, 132, 136, 138, 143, 145
Religion/Weltanschauung 34, 97, 141, 146
Repertoire 44–45, 126, 156
Rhetorik 46–47, 163
Richtigkeit 35
Rollenkonstellationen 33
Rundfunksprache 140

Schriftlichkeit 26–28, 30, 102–104, 130, 164, 167–168, 170
Schriftsystem 64
Schulalltag 31
Schule 23, 31, 35, 80, 91, 97, 146
Schutzbedürftigkeit von Sprachen 23
Schweiz 9, 51, 63–64, 89, 109, 151, 163, 168
sektorale Varietät 155
Semantik 10–11, 17–18, 59, 63, 66–68, 73–74, 90–93, 96–99, 101, 112, 133, 135, 139, 141, 146–147, 155
Semantiktrias 92
Semantiktypen 92, 94, 97–98, 106, 111–112, 131–132, 134, 136, 139, 142, 145–147, 155, 162
semantischer Kampf 98–99, 124
Seniorensprache 75
signifikant 9–10, 34, 58–59, 63, 65, 68, 72, 74–75, 77, 79–80, 118, 122, 139, 142, 144, 153, 158–159
Situation 12, 14, 23, 29–34, 36, 43–45, 62, 73, 78, 86–87, 90–92, 115, 121–127, 140, 145, 149–150, 152–156
Situationstypen 28–29, 34, 44, 81, 86, 93, 126, 149, 153–154, 156
Sondersprache 8, 23, 75, 163
sozial 8–9, 12–16, 18, 22, 25, 27, 31, 33, 38–39, 44–45, 48–50, 52–55, 57, 59–60, 62, 64–67, 73–76, 78, 80–86, 92–93, 95, 97, 101, 111, 114–119, 121–124, 126–129, 138–140, 142, 144–145, 147, 149–151, 153–154, 156–158, 168–169
Sozialisation 21–22, 27, 31, 34, 139
Sozialprestige 87
– Siehe Prestige 14, 152
sozialräumlich 68, 82–84, 90, 93, 115–117, 138
Sozialstruktur 64, 82, 116, 138
sozietär 81–84, 90, 93, 102, 115, 138, 162
Soziolekt 23, 25, 38, 45, 53–54, 65, 75–76, 87, 119, 138, 144, 152, 162
Soziolinguistik 7, 13–14, 18, 48–49, 57, 126–127, 145, 163–167, 170

Spezialsemantik 97, 101–102, 106, 111–112, 132, 137–139, 141, 145–146
Sprachatlas 52, 58, 90, 151, 165, 169
Sprachbewusstsein 39, 65
Sprache in der Sprache 8–9
Spracherwerb 20, 34
sprachexterne Faktoren 13–14, 159
Sprachgebrauch 8, 14, 30, 34, 36, 39–43, 45, 48–49, 55, 75, 77, 83, 85, 92, 101, 119, 121, 126, 139–140, 145, 158, 165
Sprachgemeinschaft 8, 22, 25, 33, 39, 41, 44, 50, 117
Sprachhandlung 21, 31–32, 34, 46–47, 72, 83, 98, 127
sprachinterne Faktoren 158
Sprachkompetenz 8, 31, 35, 152, 164
Sprachkonventionen 27
sprachliche Handlung 33–34
Sprachoberfläche 25, 32, 34, 127
Sprachrealisierungsvariante 44
Sprachrepertoire 44, 68
Sprachrichtigkeit 25, 35, 47
Sprachstil 31, 36, 99, 120
Sprachstufe 107–108, 111, 113, 152
Sprachvarianten 9, 19, 30, 33, 36, 38–39, 41, 57, 78–80, 105, 118, 122, 149–151, 153, 158–159
Sprachwandelprozesse 38, 43, 117
Sprachwirklichkeit 15, 54, 56, 78, 80, 86, 100, 108, 142, 145, 149–150, 154
Standard 9, 23–25, 38, 40, 76, 83, 88–89, 98, 102, 104–105, 108, 136–137, 143
Standardnorm 25
Standardsprache 12, 18, 20–21, 23–26, 75, 89, 108–109, 113, 131, 133–136, 143, 155, 162, 166, 169
Standardvarietät 23–25, 35, 38, 52, 56, 90, 109, 143, 169
statisch 8, 126
Stil 43, 46–51, 96, 100, 106, 118, 163–164, 166, 168
Stilprinzipien 46–47, 163
Struktur 8, 10, 12, 49, 81, 115, 117, 121, 126, 155–156, 158, 163–164, 167
Stufenabgrenzung 86
Subsprache 9, 19, 44–45, 51–53, 55, 74, 86, 141–142, 151
Substandard 89, 165
Subsystem 9, 33, 43, 51, 53, 58, 78, 104, 132–133, 141–142, 155–156
Symbol 69
synchron 9, 17